U0943630

辽宁红色“六地”廉洁文化系列丛书

辽宁省作家协会　辽宁省纪委监委驻省委宣传部纪检监察组　组织创作

辽阔

关捷

著

辽宁人民出版社

图书在版编目（CIP）数据

辽阔 / 关捷著 . — 沈阳：辽宁人民出版社，2024.
7. —（辽宁红色“六地”廉洁文化系列丛书）.
ISBN 978-7-205-11229-5

Ⅰ. I247.5

中国国家版本馆 CIP 数据核字第 2024Q52Q41 号

出版发行：辽宁人民出版社
地址：沈阳市和平区十一纬路 25 号　邮编：110003
电话：024-23284325（邮　购）　024-23284300（发行部）
http://www.lnpph.com.cn
印　　刷：辽宁新华印务有限公司
幅面尺寸：170mm × 240mm
印　　张：20
字　　数：300 千字
出版时间：2024 年 7 月第 1 版
印刷时间：2024 年 7 月第 1 次印刷
责任编辑：阎伟萍　孙　雯
装帧设计：留白文化
责任校对：吴艳杰
书　　号：ISBN 978-7-205-11229-5

定　　价：60.00 元

总序

ZONGXU

辽宁是抗日战争起始地、解放战争转折地、新中国国歌素材地、抗美援朝出征地、共和国工业奠基地、雷锋精神发祥地，在百年党史中熠熠生辉、独树一帜。辽宁红色“六地”文化以其鲜明的时代印记和地域特色，成为涵育新时代廉洁文化的宝贵资源和丰厚滋养。

新时代新征程，辽宁省作家协会持续加强新时代廉洁文化建设，充分依托辽宁红色“六地”文化，汲取精神养分、挖掘廉洁元素，在辽宁省纪委监委驻省委宣传部纪检监察组大力支持下，组织省内优秀作家，开展廉洁文化主题作品创作，从“廉”的角度讲述红色故事，全面展现具有辽宁特色的廉洁文化，引导党员干部激浊扬清、树立正确的政绩观，推动形成崇廉拒腐的良好风尚，以风清气正的政治生态引领形成正气充盈的社会生态。

长篇小说《辽阔》是“六地”廉洁文化系列图书的首部作品。作家关捷以金家几代共产党人的奋斗历程为叙事线索，以“爱我高天，爱我厚土；为官为民，清风亮节；社稷兴亡，赴汤蹈火”的家训贯穿全书，生动反映了中国共产党团结带领全国各族人民浴血奋斗、奋发图强，从胜利走向胜利的辉煌历程。书中刻画的人物形象丰满、个性鲜明，可观可感、可亲可敬。抗日战争时期，金昆仑不惧日军威逼利诱，断然拒绝关东军司令上门提亲；解放战争时期，金振之所在部队参加辽沈战役时留下了“不拿群众一针一线”、“不吃苹果”的故事；抗美援朝战争爆发时，77岁的金昆仑含泪送儿孙两代赶赴战场，变卖房产捐献战斗机支援前线；社会主义建设时期，金振雄三兄弟放弃部队提干的大好前程，自愿赶赴攀枝花支持祖国“三线”建设……全书巧妙地将金家的每一个人与承载辽宁红色“六地”文化的重大历史事件相映衬，生动展现了中国共产党人克己奉公、廉洁自律、全心全意为人民服务的光荣传统和崇高品格。

《辽阔》语言简洁精炼、情节紧凑明快、人物刻画真实，既深入挖掘、生动阐释了爱国主义、集体主义等崇高精神和时代价值，又以文学手段弘扬主旋律、传播正能量，教育引导广大党员干部严以修身、严以用权、严以律己，注重家庭家教家风建设，具有很强的现实意义和教育意义。相信通过阅读本书，广大党员、干部和群众会从中有所学、有所悟、有所获，进一步传承红色基因，涵养廉洁文化，凝聚起新时代推动辽宁全面振兴的强大精神力量。

辽宁省作家协会

辽宁省纪委监委驻省委宣传部纪检监察组

2024年6月

自序

/

ZIXU

应该是好长时间了，我一直有个愿望，就是好好写写我们辽宁人。

那些热血的人，那些铁血的人。

那些民族英雄，那些人民英雄。

那些中流砥柱，那些擎天之柱。

为此，我琢磨了许久，我也被折磨了许久。感谢这次“六地”廉洁文化系列图书写作工程，感谢各级领导的信任，现在我如愿以偿，写完了这部《辽阔》。

有人喜欢仰望星空，我也喜欢，但常常在仰望星空之后，仰望耸立大地之上的高山，这就是我的高山仰止。

本书如下一些情节，我将会永远记得，并且每当回忆起来，我都会心潮难平，而且我不可能控制我的热泪——

“九一八”的那天下午，地下党员金冰玉冒死在大街上奔跑，为的是在第一时间将情报送达中共满洲省委；

“九一八”的那天深夜，共产党员金昆仑率领全族之人“歃血明志抗战到底”；

二姑太为了拒绝日本军官霸占房子做关东军司令部，一把火烧了有200 多年历史的贝子府。为资助义勇军，她一出手就是3000 大洋。101 岁的时候去世，临终前，念念不忘地问儿子：“义勇军的人打到哪儿了？”儿子说：“快解放沈阳城了。”她说：“那我就放心啦。”

金昆仑假意答应关东军司令本庄繁向女儿金冰玉的求婚，暗中却帮助女儿投奔义勇军。本庄繁前来问罪，他却在院中为一个棺材刷漆。他的回答，充满了轻蔑与讥讽。

本庄繁说：“罪不可恕的是，她居然在报上发表文章，说本将军逼婚，逼得她外逃。”

金昆仑说：“是吗？这她就更不对啦。要不怎么说她混蛋呢？您听我劝，将军，算了吧，别再想这事了。我把钻戒和刀还您，您一刀把我斩了，我就势躺在这口棺材里，让您出这口恶气。能死在将军您的刀下，那是我的莫大荣幸。将来有一天，说起我金昆仑，人们会说，那老家伙让关东军总司令本庄繁将军一刀给劈成两段。你看，我和我的家族脸上多有光，谁杀的咱？日本大将军呀！看咱们，死都比别人高出好几层宝塔。这不比寿终正寝强百套呀！人哪，真是不能跟命争，我命就是这么好，和将军您一样，命好。要不咱俩怎么能成朋友呢？您跨山跨海地和我来交朋友，还要结亲，这都是好命催的呀！”

缪秀芳和金冰玉姑嫂二人剪掉秀发，女扮男装，投奔义勇军，临走前对二位老人说：“爸，妈，多保重，打完鬼子我们就回家！”

金昆仑自己省吃俭用，为了支援抗日战争却卖了乡下的万亩良田。后来，又卖了大南关的四合院为志愿军捐赠飞机。

黄显声将军牺牲之前，委托人送还金昆仑赞助的50 根金条，他捎来话说：“我们共产党人不拿群众一针一线。”

金振世牺牲之前，在刑场上慷慨陈词宣讲抗日，同时请求乡亲照顾他的妻女，他说：“如果她们有一天要饭要到你们家门前，请给她们一口吃的。”

缪秀芳找到当年在抗联时的救命恩人岳大娘，“扑通”一声跳进水里，她游到对岸，跪倒在老人面前，大声说：“妈，咱们回家，我给您养老！”

在南开读书的爱国学生金振之被捕入狱，受尽酷刑，最后被胁迫去了日本帝国大学读书，卧薪尝胆四年，终于在老师藏本的帮助下逃回中国，他最后走上山东抗日战场，拿起了枪，赢得了英雄的称号。

连续一周的挖战壕出击作战，又加上一夜的急行军，战士们又饥又渴，忍不住盯着一个个又大又红的苹果。金振雄看到了这一切，他心疼战士们。但是，共产党军队铁的纪律在他心中更重。他命令各班把落在地上的苹果归拢到一起，然后大家坐在没有苹果的地方。金振雄说道："我现在带领大家背诵《中国人民解放军总部关于重行颁布三大纪律八项注意的训令》，来，开始。"

尖刀连全连齐诵那篇历史上绝无仅有的军令。

一幅圣洁的画面，一队饥渴难耐的军人，面对硕果累累的苹果园，他们纹丝不动。

两个战士掩护一个老百姓牺牲了，这位农民哭着说："共产党是咱老百姓的党，我这辈子就跟他走啦！"

夜深了，寒风呼啸。在炮火中打了一整天的战士们，御寒用的绒毯和单军衣都烤煳了。这些大多来自关内的士兵，在深冬的寒风里，瑟瑟发抖。

杨司令员发出一道命令："纵队机关干部，速速脱掉大衣，拿起你们的绒毯，给我送到战壕里去，给战士们披上。"他说罢，脱下了自己的棉大衣交给了警卫员。金振之和金振雄等师部机关工作人员见状，纷纷脱下棉大衣，拿出绒毯，送到警卫连，请他们送给各个战壕里的战士们。

很快，带着纵队各级首长、战友体温的大衣和绒毯送到了前线的战壕，披在了战士们的身上。

战士们不冷了，纷纷流下了热泪。

金昆仑总结参加革命的大半生，得出一个结论："我们共产党人成功的秘密，那就是冰雪般的情操。"

在潘家岭，一个连的战士都牺牲了。全村的男女老少上山去与国民党军队抢遗体。敌人吓得目瞪口呆，他们不能理解，这些老百姓这是怎么了？他们放下了枪，沉默不语，任凭村民们把解放军烈士的遗体一一抬下了山。

金振雄含泪在日记上写道：“人民，我们最亲的母亲！”

在老秃岭下，乡亲们说，他们想念唐聚五，想念杨靖宇，想念义勇军，想念抗联。逢年过节的时候，他们都要面对大山高唱《义勇军进行曲》。他们说烈士没走，烈士就在对面的大山上，他们说烈士们能听见。那样震撼人心的千人大合唱啊。

金振一利用手中的权力办了一生当中仅有的私事，将不够参军年纪的儿子和侄女送到抗美援朝的前线，他说：“我们共产党高干的孩子就应该冲在前面。”

战争结束了，金振之、金国栋、金国梁、金毅回到地方，积极参加社会主义建设。金振之、金国梁拒绝干部岗位，直接到车间当了一线工人；金毅是烈士的女儿，她不要保送上大学，不要照顾毕业留校，她对校领导说：“谢谢校领导的好意，但我爸是我爸，我是我。我要是答应了你们的照顾，那我爸在天之灵会不安的。他会骂我对人民变了心。”最后，她分配到沈阳东北机器制造厂技术处，成为技术革新能手。

党中央一声令下，改变工业布局开展“三线”建设。抗美援朝的功臣金振之、金国梁叔侄俩立即报名，三天之后，带着妻儿坐着闷罐车奔赴四川攀枝花报到。金昆仑激励儿孙说：“我们共产党的坐天下，我的理解不是坐享天下，而是为人民建设天下。‘三线’是苦，可是，正因为我们苦，我们共产党人才要走在最前面。”而这位年逾九旬的老人面对儿孙的磕头告别，却也老泪纵横；

我永远不会忘记航空英雄金世栋为本部作品讲的最后一句话——

“这不是辽河，这是千百年来流不尽的英雄热血……”

这些细节，有的是我三十多年对英雄人物采访的积累，有的就发生在我的亲戚朋友身上。

无论是在我写作的时候，还是在我修改的时候，这些生动的人物都环绕着我。我好像听到他们批评我拔高了，我好像听到他们指责我不准确。我常常是一边流泪，一边暗自提醒自己一定要写好。否则，太对不起他们了。

那些奉献者，那些牺牲者，那些手握日月照耀神州大地的人，那些杰出的共产党人，那些中国人民最优秀的儿女，他们永远是我们这个国家的精神楷模。

这种写作越是沉浸得深，越是能深刻地感受到，这些仁人志士太值得我们尊敬了，无论是在历史上还是在现实中，我们都太需要这样的人物了。而且，我们辽宁，我们辽宁人民真是太可爱了。

我写的不一定是史诗，但我临摹的那些模特却是史诗那样的级别。在这部作品中，我塑造了鲜明的人物形象，我倾泻了真挚的感情，我讲述了生动的故事。我尽我所能表达了我的热爱与忠诚，面对辽宁这块红色大地，面对大地上的英雄。

必须说明的是，本书是一部小说，除了重大的历史背景、著名历史人物之外，其余故事细节、各类角色均为虚构，来自生活又不同于生活。有素材的影子，有原型的轮廓，但它仍然是小说的部件，它属于亦真亦幻的小说。是小说，那就只能当小说来读。

主要人物表

金昆仑　沈阳城望族金氏的族长，曾为官绅，后为中共地下党员，抗日英雄。

二姑太　金昆仑的姑祖母，抗日英雄。

黄显声　著名抗日英雄。

高鹏振　著名抗日英雄。

唐聚五　著名抗日英雄。

赵亚洲　著名抗日英雄。

孙铭宸　著名抗日英雄。

张凤岐　著名抗日英雄。

金振一　金昆仑的长子，在上海工作的中共地下党员。

金振世　金昆仑的次子，抗联烈士。

金振之　金昆仑的三子，抗日战争中参加革命的军医。

金振雄　金昆仑的四子，曾为军人，后为支援“三线”建设的劳动模范。

金冰玉　金昆仑的女儿，曾为中共地下党员、抗联战士，后为记者。

缪秀芳　抗联英雄，金振世的妻子。

金国栋　金振世的长子，抗美援朝的空军功臣，后为战斗机设计师。

金国梁　金振世的次子，抗美援朝的空军功臣，后为劳动模范。

金　毅　金振世的女儿，曾为抗美援朝功臣，后为技术革新能手。

金国强　金振一的儿子，曾为抗美援朝功臣，后为机器人研发设计者。

叶　氏　金昆仑的夫人，数十年来，一直默默地支持丈夫和儿孙的事业。

张铁石　金冰玉的丈夫，抗日英雄。

岳大娘　山沟里的普通农妇，在最残酷的环境中，收留了缪秀芳、金毅母女。

罗劲峰 金毅在朝鲜战场救活的伤员，后来成为她的丈夫，解放军军官。

张德福 金家的管家，张铁石的父亲。

二林子 金昆仑的保镖、司机。

孟 泰 著名劳动模范，金冰玉的采访对象，金振雄的师傅。

王铮安 著名劳动模范，金国梁的师傅。

赵奎元 著名劳动模范，金毅的师傅。

本 庄 繁 日本关东军司令。

佐 原 笃 介 日本特务，《盛京时报》社社长。

小 野 日本宪兵队长。

富贵小松子 日本姑娘，被宪兵指派做金振之的陪读。

目录

/

MULU

楔子

2023 年清明节的前夜，沈阳城雪花洁白。

两位七旬老人金国盛、金兴旺领着家人来到沈河区小南关六合巷。

他们是叔侄二人，同龄人，都是 1955 年出生。

他们从遥远的攀枝花市来。

他们是回家来祭祖的。

他们是当年支援“三线”建设的第二代，跟随父辈走的时候，他们才 11 岁。金国盛的父亲叫金振雄，金兴旺的父亲叫金国梁，金振雄是金国梁的叔叔。因此，金国盛也就是金兴旺的叔叔。

他们的父亲客死他乡没有回来，他们今天回来，也是代表父亲来祭祖。

巷子，原先叫六合店东胡同。

原先这胡同里的金家大院，住着爷爷、奶奶、父亲、母亲、叔叔、大爷、姑姑，还有兄弟姐妹。甚至在更古久的年代里，还住着他们的历代祖先。

如今，他们在哪里?

叔侄二人拿出当年父辈带走的一卷书法作品放在雪地上。那是他们的爷爷、太爷爷用颜体写的祖训，方正大气的字迹在星月的光辉下闪亮——爱我高天，爱我厚土。为官为民，清风亮节。社稷兴亡，赴汤蹈火。

他们点燃一炷香，面向胡同口，面向夹在楼群中间的唯一残存的那棵古老的大榆树，率领家人跪了下去。

“亲人们，我们回家来看你们了！”

此刻，3000 公里之外的攀枝花城和沈阳城一样灯火辉煌，它已由当年只有七户人家的小山村变成了拥有 110 万人口的“万里长江上游第一城”，一个全面小康的城市。

而这一切，都是包括金家在内的千千万万辽宁人援建的结果。从金振雄算起，金家人到今天已经付出三代人的劳动与心血。

报纸上有一句话形容“三线”的建设者，叫做“献了青春献子孙”，读起来令人特别感慨。

然而，金氏的奉献却远远不止这些。

雪花飘飞，香火缭绕……

一

故事必须要首先回放到 92 年前，那个燥热的下午，还有那个悲壮的夜晚——

路过天主教堂，顺着小南街一直南下，很快你就到达了这个故事的发源地之一。

小南关六合店东胡同，是个古老的胡同。它位于小南街四段，按当年沈阳市公安局长黄显声部下公务人员的划分，这里的行政区属于省城第三署第二分署。

这个胡同西起小南大街，东至驿骏西胡同，北邻六和店胡同，南邻永安胡同。

南行 10 公里，一条宽阔的大河在前面奔腾不息，这就是辽河最大的支流——浑河。

浑河，发源于辽宁省清原县长白山支脉的滚马岭。滚马岭是中国最早的原始森林，那里风景奇绝，唐朝大将薛仁贵因为惊叹这里的景致而滚落马下，“滚马岭”的名字由此而来。

浑河长途跋涉流经抚顺、沈阳、辽阳、鞍山，到盘锦与太子河汇流成大辽河，然后，一声吼叫奔向渤海。她全长 415 公里，在沈阳境内全长 172 公里。

千百年来，浑河日夜奔腾，满载雄性的力量、愤怒的呐喊与壮丽的歌声奔向大海。

据老辈人说，很久以前的早年间，在夜里，在城市的喧嚣散尽之后，这个胡同里的居民，那些不眠的人，那些多情的人，可以听见浑河的涛声，那也是辽河的涛声，那也是渤海的涛声。

清光绪三十二年（1906）的某一天，胡同西面隔着小南街开设了一个六合店客栈。胡同从此得了这个名字。原先有没有名字不知道，但原先这里就住着金家，而且是朝廷给的官房，金家是乾隆年间从北京搬过来的。

这个胡同安静得有些神秘，仿佛珍藏了好多故事。

特别是在教堂钟楼上浑厚的钟声响起，在成群的鸽子向云天飞去的时候，你会觉得真是有好多故事藏在胡同里呢。

胡同的中西部，坐北朝南一顺水并排三个大院，80 号、75 号、72 号。

三个大院都属于金氏家族，中心是 80 号的族长金昆仑的家。

此刻是下午，金昆仑和夫人叶氏正在议论天气。

“都九月下半月了，应该凉快一些了，你看报上说今天还是 25 度。上午在项轩茶馆，喝得我一身汗。这心也跟着燥热呀。”金昆仑指着《白话醒时报》，对太太叶氏说。

叶氏瞟了一眼那张报纸，说：“这也没有什么，往年这样的时候也是有的。八月节快到了，总会凉快一些。你别急，咱东北的天气说变就变，我已吩咐马武去筹办过节的事了。”

天空之上，远去的雁鸣，仿佛在提醒这个三进四合院里的人们，现在的确已经是秋天。

金昆仑刚刚过了六十岁生日，阖府上下的喜气尚在。再有八天，就是中秋了，自然又是一番热闹。

他今天的兴致很高，浓眉下的一双大眼睛闪闪放光。祥和而又暗藏锐利的目光，是他们金家人的特点，尤其是金家男人的特点。

金昆仑气质威严，说话声震屋瓦，走起路来特别像戏台上的武生。

熟悉他的人都知道，他的马骑得好，跤摔得好，枪也打得好，他的气质与他这些爱好也有直接关系。

“嗯，对啦，跟他们兄弟姐妹几个说好，十五那天谁也不能出去，请二姑太也过来，我们金家还要大团圆哪。”

“好的，你还不知道呢，二姑太一大早晨就来了，这会儿怕是在读帖呢。”

“哦，我怎么一点儿也不知道？”

“你是在外面吃的午饭，回来我也忘告诉你了。”

“天哪，我得去问安呀，不然，一会儿还不骂死我。”

叶氏听到这里，忍不住轻轻地笑了，说：“你也知道怕个人？”金昆仑说：“二姑太谁不怕？你不怕呀？”

金昆仑刚要起身，突然，外面响起了急促的敲门声，那铜制的门环被来人打得“嗡嗡”地响。胡同最东面的109号蔡家的厨娘已隔着门缝向外悄悄张望了。

门房里的张德福飞速冲出来，去开门，一边说：“老爷，我该死，我眯过去了。”金昆仑眯起眼，说：“不急，不要紧的。”

金家的规矩是，无论外面的情况有多紧急，主人是不去开门的。

门开了，急匆匆闯进来一个青年。

这是张德福的儿子铁石，他这是从本溪老家匆匆跑过来，看起来是有特别紧急的事情。

张铁石肌肉发达，线条刚毅，言行举止特别具有男子汉气概。他从小长在金公馆，高中毕业本来是要在沈阳城继续读书的，可是他却回了老家。

张家是金家的世仆，两家至少有四代人的感情，金家要供他读大学，这是金昆仑心里早就设定的章程。可是，铁石非要和同学回老家搞矿业。张德福管不了，金家也不好说什么，正好金家在那边也有土地，也希望有可靠的人照顾。

张德福刚要问儿子为什么这么急三火四，铁石却先向金昆仑鞠个躬，并且急切地说："不好啦，老爷，鬼子要闹事啦。"

金昆仑示意他到屋里说，同时站起身来，带领铁石进了院，穿过大厅，直奔书房。书房的门楣上挂着一块横匾，那是盛京将军赵尔巽题写的"琴剑阁"三个字。字体清峻而有力，与金昆仑的气质很是契合。

进了书房，小丫鬟珍珠倒好茶，然后悄悄退出，随手关严了房门。坐定了之后，金昆仑微笑着对张铁石说："喝口茶，慢慢说。"铁石点点头，却并没有坐。

"我得到一份密报，就从本溪坐火车跑回来了，下了车租一匹马跑回了咱家。老爷，不好了，鬼子今晚要动手。"

金昆仑啜了一口闽北的水仙茶，耐心地听张铁石说。

院子里的张德福激动得有些慌张，他在金家当了四十多年的差，也没有进过琴剑阁与老爷谈话呀。这琴剑阁与金公馆同龄，是金家从京城迁到沈阳的第一代祖先修建的。200 多年了，一直是金家家长读书议事的地方。别说是下人，就是少爷、小姐也是轻易不得进去的。

老爷喜欢铁石，而且不是一般喜欢。

然而，张德福忽然变得不安了。

张铁石带来的到底是什么消息？鬼子要闹事，他们又要闹什么事？

琴剑阁里的谈话正在进行中。

"老爷，我得到确切消息，小鬼子今晚要在沈阳采取行动，要在咱们柳条湖动手。"

"这个消息是怎么得到的？"

“我们事先在小楼里安排了人。”

“你们？”

“老爷，别问了。我回来是想通知东北军的弟兄做好防备，通知你们也做个准备，毕竟一家老小的，还有财产……”

“哦……”

“老爷，我要到第七旅找王以哲旅长那里，让他们做准备。”

“你应该先找王以哲，我这没这么重要。但话说回来，你未必能见着他。等等，我先给他挂个电话。”

金昆仑拨了好一阵王公馆的电话，都没有人接，他只好放下话筒。

“别骑马了，坐我的车去北大营找他，带上我的条子。”

“好的，老爷！”

金昆仑找来便笺，用小狼毫飞快地在上面写了几个字，然后递给张铁石。

张铁石起身打开书房的门，请金昆仑先走，然后，自己紧跟着走出琴剑阁。

金昆仑走出中堂的大门，叫了声“二林子！”他的司机二林子立马从南院的耳房里跑出来。

二林子是金公馆原先的老总管谭永久的二儿子，练八卦掌，又会开车，既是金昆仑的保镖，又是司机。小伙子看似安静，但行动起来却十分敏捷。

“你跑一趟，送铁石去北大营七旅旅部。”

“好的，老爷。”

二林子发动了汽车，那边张德福打开了大院的门，张铁石上了车。

“克莱斯勒”牌的小轿车轻轻叫了一声，便跑出了六合店东胡同，上了小南关大街直奔北大营。

1913 年，沈阳城小汽车刚刚时兴的时候，金昆仑便买了一辆“别克”，成为沈阳城第一批坐上轿车的十几个人之一。

女儿金冰玉拍拍锃光瓦亮的车门，问道：“爸爸，我们太奢侈了吧？”金昆仑说："我就是图个新鲜，我奢侈？可是国家和百姓有难的时候，我也没含糊呀。日俄战争过后，光修城墙我就捐了 3000 两白银，500 多个无家可归的老人和小孩吃住在我家，足足小半年呀，我眼都没眨一下。"

金昆仑有个特性，那就是凡事求新要强，凡事都要跑在前面。至于钱，他是从来不大考虑的。

1910 年，沈阳人开始用电照明，金家是第一批用上电灯的人家；1915 年，沈阳人开始用自来水，金家是第一批用水龙头的人家。

金昆仑也喜欢与人斗狠，至今老沈阳人还讲他看戏砸金元宝的笑话。

说是有一年在庆丰茶园看戏，一个旦角亮相，惊艳了全场。

一个北市场的流氓就往人家身上砸金镏子，一枚一枚地砸，叫着要包人家一宿。小旦有点发蒙。

金昆仑见了，命令身边的管家谭永久往台上扔金元宝，一边扔一边喊："别理他，继续唱！"小旦当然要唱下去。

流氓丢了面子，带人冲过来要打金昆仑。一旁包厢里的孙烈臣孙督军看不过，命贴身侍卫出去相助。

这样，就打得流氓跪地求饶。

两天后，那个流氓带 200 两银子到金公馆赔罪。金昆仑接受了赔罪，200 两银子出门分给了街上那些要饭的，还有摆小摊的。

他的父辈哥儿三个，只留下他这一条根，他因此继承了三份遗产。

他在沈阳东陵、铁岭、本溪、海城、营口都有土地，四平街的丰源号金店、茂源号绸缎庄也是他的。同时，他还有一定的政治地位，他是奉天省第一届国会议员。但是，他为富而仁，讲究大义，特别是 1927 年，成了中共秘密党员之后，他的变化特别大。

在这座古城里，只要提起金公馆，人们都要顺口说上一句："老金家，沈阳城数一数二的人家。最主要的还不光是有钱，而是有血性好仗义。人家是巴图鲁世家，历朝历代都出英雄好汉。”

巴图鲁，是满语“英雄”之意，金家在历史上出现过多位巴图鲁。在小南关、在沈阳，人们叫他们“巴图鲁世家”。

二

张铁石的心情特别沮丧，车开到北大营，他找到了东北军独立第七旅的驻地。任凭说什么，士兵也不让他进去。

张铁石出示了金昆仑的条子，卫兵瞄了一眼，这才打电话给旅部。

不一会儿的工夫，慢慢踱出来一位军官，张铁石看他的肩章，像是个中校。

卫兵介绍说：“这是旅部齐副官。”

铁石连忙向齐副官问好，齐副官接过他递过来的条子，客气地说：“不巧，旅长真的不在，有什么事跟我说，我一定传达到。”铁石说：“我这有份文件，请您务必尽快送到。十万火急呀！”齐副官想了想，说：“放心吧，包在我身上。”齐副官收下张铁石装文件的信封。

张铁石刚一上车，就听外面有人高喊，“齐副官，走哇，致乐轩喝酒去！”他摇下车窗，说了句：“麻烦齐长官了。”齐副官说：“请放宽心。”

车开出不远，从后视镜里，张铁石还是看到那位齐副官和三五个军官勾肩搭背，向东面的“致乐轩”酒楼的方向走去。

二林子问道：“铁石哥，我们还去别的地方玩吗？”铁石说：“回家吧，不，先去报馆接小姐。”

车开到大西门外的《盛京时报》报馆的小楼前停了下来。二林子一看手表，正是下午 4 点 30 分。

《盛京时报》是日本特务中岛真雄在 1906 年 10 月 18 日创办的。

这张报纸几乎包罗万象，它对当时我国内政、外交、经济、军事、文化、教育、社会风情都表现出了高度的关注，换句话说，它每天都在公开搜集我国各个领域的情报。

1926 年，这家报社领导核心重新组合，由佐原笃介担任社长，这个人同样也是个大特务。

《盛京时报》在佐原笃介的鼓捣下，在日本关东军的强行推销下，销量猛增到两万份，成为传播力强大的反华工具。报纸歌颂日本一切政策，竭尽全力愚化、麻醉中国人民。

一年前，也就是 1930 年秋，金冰玉从东北大学国文系毕业应聘进入这个报社做记者。当时，金昆仑还有些不大情愿，因为他素来不喜欢日本人。但女儿说了一句“爸，我有我的想法，我想看看日本人到底要干什么”，他也就无话了，他相信女儿，他相信自己的孩子。

金昆仑有四个儿子，女儿是他的心肝，比宠小儿子振雄还要宠。况且，冰玉自幼聪明伶俐，从不让他操心。就是脾气有点厉害，人们都说这一点很像二姑太。

金冰玉从报社的大门走了出来。三五个男同事与她擦肩而过，她与他们礼貌地打招呼，脚步却并未停下来。男同事们停下脚步，在后面目送她。

金冰玉，身体强健、面目秀美，端庄的气质里略带一点奔放。在大学里，她不仅文笔好，体育也好，是全校的女子短跑冠军。现在她看到了台阶下面的家里的小汽车。本来，她想对二林子发点小脾气，怪他不该开车到报馆里来。可是，看见张铁石坐在副驾驶的位置上，她笑了。

二林子连忙下车给小姐开车门。

“小姐好！”

“铁石，你什么时候到的？”

车开了起来，张铁石就将此行的来龙去脉都说了，事已至此，他觉得无须保密了。

张铁石以为金冰玉听了会满不在乎，出乎意料，金冰玉听了却是大惊失色。她说：“二林哥，掉头往北市场开，快！快！”

二林子掉转了车头，一直向北开去。

车子刚开到实胜寺门前，忽然，金冰玉又改了主意，“二林，不去了，我们回家。”“好！”二林子掉转车头，又往小南关方向开去。

车子路过领事馆大街（今三经街）北头的时候，金冰玉突然说：“停车，你们在路边等我。”车子停了下来。

金冰玉下了车，拿出短跑冠军的速度，跑到 81 号的寓所的门前，她拼命敲门。

终于，门开了，出来了一位守门人，金冰玉对他说：“请转告你家大人一句话，就说今夜鬼要下界！”守门人点点头。

金冰玉松了一口气。她慢跑了几步，然后改步行，回到了领事馆大街北端，二林子下车打开了车门，金冰玉进了小车。

金冰玉之所以费这样一番周折，是因为这个时间不对，中共满洲省委机关的同志都下了班。跑到 81 号，是因为那里住着省委常委、宣传部长赵毅敏。不敢上楼，是因为最近形势特别复杂，7 个月前，上任省委书记在哈尔滨被捕……

上了车，金冰玉又在笔记本上写了一些什么。然后，对二林子说：“开到公安局。”

好在从领事馆北大街一拐弯，就到了昭德大街，往西开不到两华里到了沈阳市公安局。

金冰玉跳下车，快步走进门岗，“请向黄局长通报一下，就说金记者来了。”卫兵拨通了局长电话，只说了一句话，马上一扬手，放行了。

也就 20 分钟的样子，金冰玉飞快地跑了出来。

上了车，金冰玉对张铁石说："黄叔叔说，他刚刚接到另外一情报，说是日本特务机关长土肥原贤二今天早晨来沈阳了，与本庄繁见了面，会谈的内容与你掌握的一样，他们今晚要动手。黄局长说，他做了一些准备。"铁石点点头，说："那你这一趟也没算白跑。也不知那位齐团副能不能告诉王旅长。看那样子不像，太含糊了。"

金冰玉说了一句话，让张铁石感到意外，"我就觉得这帮子人指望不上，我早看出来了，中国的希望不在他们身上。"

是的，正如你所猜想的，金冰玉是共产党人，而且是全东北第一批共产党员。

在中国共产党成立的第四年，1925 年 9 月，通过党派到东北的播火者任国祯、吴晓天的介绍，她光荣入党。那年她只有 16 岁，成为中共满洲省委最小的文字秘书。

党选中金冰玉，是有根据的。

她经常参加高校联盟推广的进步话剧演出，比如《秋瑾与徐锡霖》，在沈阳都很有影响。在校园里，她结识了好多女青年会干事，从她们手里，她借阅了大量进步书刊和宣传马列主义的书籍，其中有《社会科学概论》《新青年》等。这年 6 月 10 日，她不顾校长的阻拦，带领同学冲出校门，进入全市学生游行队伍。她向群众演讲上海五卅惨案的真相，并且高喊"打倒日本帝国主义"的口号……

入党是秘密的，父母不知道，哥哥们不知道，连最疼她与她无话不谈的二姑太也不知道。金公馆上下几十号人，谁也不知道。

她的秘密不止一个，进入《盛京时报》做记者，其实也是党的指派，党让她在那里密切关注日本人的动向。

张铁石偷偷瞟一眼金冰玉，觉得这几年她的变化很大，似乎更加沉稳了。这一点，金昆仑也有同感。

就在他们三人快到家的时候，金昆仑对叶氏说："我听见咱家车的喇叭了，要是小玉也一起回来多好。我说，你发现没有，小玉现在不蛮横了，明白事理了。"叶氏说："人家是大姑娘了呀。"这个回答，并不能让金昆仑感到圆满，他始终觉得女儿的变化另有原因。

正说着呢，车到大门口了，张德福听到声音，赶紧去开门，车子就开进了院子。

往常总是第一个下车的金冰玉，今天最后一个下来，表情略为严肃，她在想那个看门人能不能把情报送到赵部长手里。

金昆仑一猜就是铁石对她说了日本人今晚要动手的事，他一笑，问道："怎么了，老姑娘？"金冰玉说："没怎么。"

"爸知道，不就是小鬼子今晚要动手吗？你怕了？"

"怕？我才不怕呢！"

"对，这才是我们金家人的气魄。小鬼子也没有什么，光绪三十年（1904）日俄战争时我见过，现在不也是老见到吗？北大营那边的关东军，那些小矮人常到四平街来嘛。来吧，我们先不管他们，咱们先吃晚饭。珍珠，告诉刘师傅，我老姑娘回来了，多做几个菜，把今早佟三送来的'辽河三宝'做了。"

珍珠答应一声，小跑奔向厨房。

"辽河三宝"，说的是辽河蚶子、辽河刀鱼和辽河浦笋。这是辽河里最美的美味，金家人一向是不吃河鲜的，嫌弃那种土腥味。但辽河这三宝除外，金昆仑就特别爱吃辽河刀鱼，这种鱼生在辽河与渤海交界处，味道特别鲜美。

佟三是金昆仑的远房外甥。

他昨天去了趟新民买一块苇塘，带回来这三宝孝敬舅舅。其实，金昆仑明白，是想让他给新民地面的"老梯子"高鹏振过个话儿，日后多多照应。

高鹏振是黑山县英城子乡朝北营子村歪脖山人。在辽宁的江湖上威名赫赫，很快，我们就会看到他惊天动地的英雄壮举。

三

就在金冰玉驱车直奔北市场中共满洲省委机关所在地的同时，也就是1931 年 9 月 18 日下午 5 时左右，板垣征四郎和建川美次已从本溪乘车到了沈阳。

他们与关东军作战参谋石原莞尔会合。

这是罪恶与罪恶的集合。

东条英机、板垣征四郎、土肥原贤二、花谷正、本庄繁等恶魔精心密谋多时的九一八事变，现在一触即发。

板垣征四郎和建川美次来到了关东军铁道“独立守备队”第二大队的驻地虎石台。

在这之前的 7 月，建川美次费了一番苦心，特地从日本国内的野战重炮旅团中调了两门 240 毫米重型榴弹炮，并秘密运抵虎石台营地。

240 毫米重型榴弹炮，是当时日本国内口径最大、杀伤力最强的大炮，军国主义分子得意地称它是“日本陆军之宝”。

罪恶的行径由关东军司令本庄繁亲自操刀，本庄繁下令给“独立守备队”第二大队长岛本正一少佐，岛本正一下令给第三中队长川岛正夫大尉，川岛正夫下令给河本末守工兵中尉。

川岛正夫悄悄地把他那个仅有 105 人的中队开到文官屯。

105 人不足一个连，而且是铁道守备队，并不是经过严格军事训练的关东军正规军。

他们面临的却是拥有 7000 多人的东北军独立第七旅，步枪、机枪、大炮应有尽有，纯粹的王牌军。

力量对比，是如此悬殊。

本庄繁哪里来的这么大的勇气？他凭什么敢这样赌？莫非嗅觉灵敏的日军间谍嗅到了什么？莫非是嗅到了国民政府“力避冲突”的对日政策？

当晚 10 时许，沈阳城已进入深夜。一个漆黑的深夜。

河本末守中尉率领部下数人，他们假装巡视铁路，偷偷靠近距离七旅驻地北大营只有 800 米的柳条湖。

北大营是清光绪三十三年（1907）东三省总督徐世昌为加强沈阳北部防务而修建的一个兵营，面积 400 万平方米。

现在驻扎在这里的，是东北军王牌独立第七旅。

柳条湖，本来是一个不起眼的小村。即将响起的震惊世界的一声爆炸，就成了第二次世界大战的起点。

在清朝初年的时候，沈阳城的东北部有一个天然的大水池，水池里莲花密布。每到春夏之季，莲花盛开，芳香飘逸。这个地方被东北文化巨匠缪润绂赞为“盛京八景”之一，就是在他诗歌里一再出现的“花泊观莲”。

这里本是荒郊之地，几乎没有人居住，甚至也没有名字。缪先生的诗歌，让来这里观赏游玩的人越来越多。

久而久之，人们便将这个形状犹如柳树枝的湖叫成了“柳条湖”。

到了光绪三年（1877），盛京将军完颜崇厚兴修水利，在整个沈阳城北部开凿水渠，引浑河水用以灌溉。这条水渠修成后，湖里的水消失了，柳条湖的名字却保留了下来。

这是石原莞尔和花谷正选择的地方，这里偏僻，下手比较方便。同时，这里又离北大营驻地非常近。爆炸过后，很容易让人们想到这是东北军干的。也就是说，在这里下手，日后栽赃也比较方便。

河本末守激动得心跳加速了。从内务大臣、“陆军之父”山县有朋提出“大陆政策”的1890年到此刻，正好41年。

这些年，日本人对中国先后做了一系列试验，比如1894年的甲午战争、1895年的侵占台湾、1900年的入侵北京、1904年发动日俄战争、1914年侵占青岛、1915年提出“二十一条”……现在，他们又要冒天下之大不韪进行试验了。

试验罪恶，他们居然成功了。

柳条湖旁边有条“南满铁路”，是1903年沙俄在我国东北境内修成的中东铁路的一部分，即长春至大连段。日俄战争后，这条铁路划归日本人所有。

按照花谷正的设计，要炸毁这段铁路，然后，污蔑是中国军队干的，再拿这个作为借口，向沈阳以至于全中国大举入侵。

纯粹的流氓加强盗。

此刻，月明星稀，一片红高粱在风中“哗哗”地响。

河本末守摸摸胸口，让自己镇定了一下，又向左右看了看，那只罪恶的手一摆，他率领几个恶徒把42包小型炸药放置在铁轨的下面，抬头又向北面的北大营方向看了看，他没有看到什么意外。

一切都正如他所愿，一切都在酣睡之中。

他得意地笑了笑，带着导火索飞速跑下路基。跑到安全距离的地段，河本末守命人伏在地上，他亲手点燃了导火索。

火光划破黑夜，“轰”的一声，一段铁轨和枕木飞了起来。

罪恶的时间节点：1931年9月18日22时20分左右。

河本末守将事先准备好的三具身穿中国士兵服的尸体抬了过来，企图以此证明这是中国军队在破坏铁路。

于是，他们就找到了杀入北大营杀入沈阳城的理由。流氓的逻辑，流氓自己往往带头相信，并且笃信不疑。

爆炸的巨响，就是日军入侵的信号。

日军第二大队第三中队在川岛正夫大尉的鼓动下，从埋伏地点文官屯立即冲向北大营。

第二大队队长岛本正一像猎狗一样跳起来，在队部所在地奉天驿（今沈阳站）迅速集合全队主力，乘临时列车进入柳条湖地区。

10分钟后，第二大队所属的第一、第三、第四中队共600多人，从西、南、北三面包围了北大营。

至此，日军在沈阳的杀人机器全部都开动了起来。

23时，他们开始主攻驻守北大营的东北军独立第七旅第六二一团第三营。

尽管上峰不断传达“不抵抗”的命令，但第三营还是有士兵在英勇抵抗。

在漆黑的夜里，愤怒的子弹一串一串射出，炮弹也一发接一发地射出。

日军的中尉野田身负重伤倒下，炮弹片把士兵相泽善夫左肋下的肠子飞快切断……

阵地上，一位叫蔡海江的三营士兵光着膀子，抱着轻机枪，一面痛击，一面高唱七旅的军歌——“痛我民族屡受强邻压迫，最伤心割地赔款主权剥夺，大好河山成破碎，神州赤子半漂泊。有谁人能救祖国？救祖国，我七旅官士兵夫，快，快来，快负责！……救祖国……”这位战士就是金昆仑的邻居，六合店东胡同最东面的蔡家，他的父亲是讲武堂的教官。

“日本陆军之宝”榴弹炮发了疯，每隔三五分钟就发射一发炮弹。炮声隆隆，火光冲向墨黑色的天空。

天塌了，地狱从天而降。

国民政府长期“不抵抗”的训诫，使东北军陷入深深的麻痹之中。

就在此刻，就在关东军悍然入侵的时候，第七旅旅长王以哲外出参加水灾赈济会，有三名团长居然还请假回了家。

无奈，旅参谋长赵镇藩代替他们指挥。

在进入阵地后，赵镇藩打电话请示东北边防军司令长官公署参谋长荣臻，得到的居然是这样的回答——

“不准抵抗，不准动，把枪放到库房里，挺着死，大家成仁，为国牺牲！”

这个人在这个时候下这样的命令，其实也没有什么奇怪，在日军全面侵占华北后，他干脆就沦为了汉奸。

接到这样的命令，七旅的官兵一时犹豫不决。

23时，日军的枪炮声更加密集，七旅7000多官兵被荣臻一句话缴了械。

面对蜂拥而来的鬼子，如同一群待宰的羔羊。

四

刚刚吃过晚饭，金冰玉扶着二姑太回屋休息。

金昆仑兴致不减，几杯老酒之后，他满面红润，领着家人喝茶赏月。

金冰玉很快回到了院子当中，挨着母亲叶氏和奶妈乔氏坐下。

金昆仑的旁边右侧是二儿子金振世、四儿子金振雄。

老大振一和老三振之，一个在上海，一个在天津。

金振一做什么，没有人说清楚。东吴大学法律系毕业后，好像就在上海的一个什么机关里面，但总是写信向爸爸要钱，说是做正事用。三年五年回家一次，回来就对父亲说：“爸，你要支持我，你也要相信我，我做的是大事，是正事，是关系到救国救民的大事，是祖训上说的那样的大事。”金昆仑听了，每次都会说：“我相信我的儿子，钱的事你不用愁，不行，我就卖地。”

地，就这样一块接一块地卖掉。

金振之在南开大学读书，反倒没有什么操心的事。

兄弟俩都已有小半年没回来了。

别人都是高高兴兴的样子，只有张铁石和金冰玉面呈忧思。金昆仑看了看他们俩，不由得笑了。

金昆仑问："怎么，冰玉，你真以为鬼子今晚会动手？"

金冰玉答道；"爸，非常危险。"

金昆仑转身问张铁石，"铁石，你也这么看？"

张铁石说："金爷，确实非常危险，今天上午确实有人听到了坂垣和建川美次的密谈，不然我不会跑回来。按照计划，这两个人现在已经赶到了沈阳，金爷，危在旦夕呀！"

金昆仑哈哈大笑，"我就不信小鬼子的胆子有那么大！区区百十来号的铁道守备队，竟敢动 7000 多人的七旅？"

张铁石说："金爷，你是不知道内情呀！如果说这次出了大事，南京政府还是力避冲突的那一套，7000 多人那也就是稻草人而已。"

金冰玉说："铁石的话有理。我看我们报纸近段时间，不断报道日军在朝鲜北部增加驻军，进行军事布置，关东军在长春野外天天操练，在我们沈阳北部不断进行实地演习作战，比如在北大营以北地区增加地理标识，遍插太阳旗，有恃无恐地开枪开炮。爸，这些还不是信号吗？"

金昆仑听了这话，眉头微微皱了起来。

"老二，老四，你们怎么看？"他开始征求儿子的意见。

金振世说："我觉得妹妹和铁石分析得差不多，况且，铁石是有密报的。"

金振雄说："爸，如果这是真的，那我就报名参军，打小鬼子们那些狗日的。"

金昆仑掏出德国"莱福"牌怀表看了看，说："现在是 10 点 20 分，今晚我不睡觉，就在院子里等着啦。"

金昆仑的话音刚落，突然，城北方向传来惊天的爆炸声。

金振雄飞速攀登到二楼的楼顶，他对着下面大喊："爸，城北一片火光……"

金昆仑把手里的茶杯"啪"的一声摔在地上，骂道："他妈的，还真来啦！"

榴弹炮的爆炸声更大，仿佛就在小南教堂附近，二百多年榆树上的乌鸦惊叫着，纷纷从老巢里飞出，绕着大院的上空盘旋。

一时，金公馆大院的灯全亮了起来。

金昆仑对张德福和珍珠二人说："你们去叫金家的人都到祖宗祠堂集合，我有话要说。德福呀，老四房你也要去一下，请他们过来。"他说的老四房，是指同一高祖下的第四支，就是他堂弟金昆华留下的两个儿子，振中、振国。他们住在大套院里东侧的院子里。

张德福到男人们的门前，珍珠到女眷们的门前，轻轻地呼叫，"老爷有要事要说，在祠堂里候着呢……"

很快，金家的男女老少陆续走进祖宗祠堂，有叶氏、振世和夫人缪氏、振雄、冰玉、振世 7 岁的儿子国栋和 5 岁的儿子国梁，还有五服之内老四房的族人们，悄无声息，大门轻轻合上。

张德福、张铁石、马武、二林子、珍珠等一干人在门口侍立。

祠堂里灯光明亮，照着祖宗们的画像，也照着人们的面孔。

金昆仑看了看大家，说："想必大家已经知道了，小鬼子在北城开了炮，接下来恐怕就要进城。我召集大家来，是要大家重温一下祖训。意思是请大家不要做辱没国家辱没祖宗的事，有愿意投军报国的，我出盘缠，家里老小我管着。不能去前线的，在家做好中华的忠良之民，这也是爱国，这也是报国。以我们家的情况，日本人轻易不会动我们，如果上门来为难，你们不要与他们发生冲突，不要做以卵击石的傻事，留得一条命，我们会为国家做更大的事。他们要是来了，我自有办法与他们周旋。总之，我金氏子孙决不叛国。现在，大家跟着我念一遍祖训——爱我高天，爱我厚土。为官为民，清风亮节。社稷兴亡，赴汤蹈火。"

金昆仑的表情如大理石一般。家人们也受到了强烈感染，变得庄严起来。

金昆仑刚念完，家人们也刚跟着他念完。

祠堂的大门"嘎吱"一声开了，一位梳妆十分整齐的白发老妪，在一个小丫鬟的搀扶下，颤颤地走了进来。

金昆仑连忙走下台阶，叫了声“二姑太”。二姑太也不看他，径直向历代祖宗牌的前面走，一面说：“你还知道有个二姑太？拜祖宗怎么不叫我？难道我不是金家人吗？”

金昆仑连忙赔笑说：“我怎么敢呢？我这不是怕影响您休息吗？”

二姑太是金昆仑祖父的妹妹，光绪九年（1883），嫁与爱新觉罗氏贝子博俊，住在东城水簸箕胡同。

1905 年，为保卫皇宫，博俊被日本军官杀死。从那时起，她一直和儿子善继生活在那个空旷的府第里，直到儿子娶媳妇，人口才多了起来。

她喜欢回娘家，弟弟不在了，侄子不在了，她要回家看看侄孙金昆仑一家。看着他们好，她心里就舒服。金昆仑本应叫他二姑奶，但孩子们叫姑太太，他和夫人也就这样叫了，况且，在沈阳叫“姑太太”，是一种很高的尊称。

二姑太是金府里辈分最高的人，她曾不止一次自豪地说：“我见过金家七辈人，我爷爷，还有小国栋小国梁他们这一辈……”二姑太有故事，而且平日是威风凛凛。她的威风不只在水簸箕胡同，而且在六合店东胡同，在领地郭大桥，在领地铁岭的晓明镇。

金昆仑是沈阳城一跺乱颤的人，回到家里见到二姑太也要毕恭毕敬。只要二姑太开口，他就没有不答应的。当然，二姑太也轻易不会开口。

现在，二姑太走到祖宗牌位的前面，从头上取下一支金钗，向左手的食指肚上一刺，然后，对着大铜盆里的白酒，左手的拇指一挤，一滴鲜红的血就滴到了里面。然后，老人家声音低沉地说：“昆仑，如果我违背祖训当了汉奸，你就乱箭射死我。”

金昆仑说：“二姑太，您也是我金家的巴图鲁，您断然不会。”

二姑太嘟囔了一句：“巴图鲁呀……”

接着，从金昆仑开始到金国梁截止，全族人一一学着二姑太的样子，完成了

“歃血明志”的仪式，最后将那盆白酒喝个一干二净。

月亮，破碎的月亮照耀着这个院子，照耀着六合店东胡同，照耀着小南关大街，照耀着古老的沈阳城。

五

18 日夜 11 时，旅长王以哲终于从沈阳城给旅参谋长赵镇藩打来电话，内容和荣臻的电话是一样的，仍是南京政府的指示精神，强调不抵抗，必要时可以退出北大营，留待政府与日方交涉。

王以哲将军后来在中国共产党帮助下，终于走向积极抗战，但在“九一八”之夜，他还蒙在鼓里呢。

19 日零时 30 分左右，日军的第四中队和第二中队先后从北大营西面和南面闯入，向七旅六二一团第一营、第二营疯狂进攻。速度异常迅猛，面对东北军的不抵抗，他们如入无人之境。

1 小时后，六二一团各营驻地全部被日军占领。北大营西侧沦陷于敌人之手。

日军开始向东部进攻，他们要打掉六二〇团。没有想到，他们在这里碰了一根硬钉子。

是的，六二〇团不是六二一团。这个团，在这个重大历史关头，以自己的血性选择了英勇抵抗。

起初，部队同样也接到旅长王以哲和参谋长荣臻的“不抵抗”电令。鬼子攻了进来，就是一场没有任何抵抗的大屠杀。

一开始，日本兵都是用刺刀扎，东北军士兵赤手空拳，被扎死的很多，钻到床下的士兵，全部被机关枪扫射而死。

忍无可忍，这个团的军官们决定反击。

为了带领兄弟们突围，军官们冒着违抗军令的风险，命令全团士兵等日军一走近，就立即开火。

10 时 25 分许，爆炸声刚过，埋伏在北大营围墙外面的日军独立守备队第二大队的步兵在炮兵掩护下，以坦克开路，向北大营发起攻击。

凌晨 1 时 40 分，进攻的日军开始接近六二〇团，并炮击营房。这时，参谋长荣臻再次来电话，严令不准抵抗。接电话的军官激愤地回答："敌人正在炮击本团营房，我们不能持枪待毙！"

400 多名日军向六二〇团发起新一轮进攻。六二〇团军官大声下达命令，"他妈的，给我狠狠地打！"霎时间，迫击炮、平射炮齐放，所有的机关枪同时开火，全营用火力压住日军的进攻。

渐渐地，日军的火力终于弱了下来。他们的伍长新国六三阵亡，上等兵佐藤勇夫、一等兵内文太郎、米山政一等人受了重伤。

六二〇团毙伤数十名日军。

19 日晨 4 时许，日军独立守备队第五大队由铁岭到达北大营，加入侵略行列。

凌晨 5 时，就在日军遭到顽强抵抗之际，全团却接到旅参谋长赵镇藩的命令，这样，他们含泪撤出了北大营。

5 时 30 分，东北军第七旅退到东山嘴子，日军占领了整个北大营。

与此平行的另一条战线，是这样的——

18 日下午 5 时 30 分，金冰玉离开公安局长办公室，黄显声暗暗叹道："看来，真是有一场大仗要打了呀。"

黄显声是一个英武的军人。

他是金昆仑堂弟金昆华的讲武堂同学。前年，金昆华病逝前，黄显声曾来金府看望，金昆华说："以后，你需要什么，就和我大哥说。金家如遇化解不开的事，你也要多帮忙。"黄显声说："你放心好了。"

金昆华逝世后，黄显声依然是金家的座上宾，每每在闲暇之日，他就到金公馆与金昆仑推杯换盏。北京大学预科班的学生与奉天大学堂的毕业生一边喝酒，一边谈论学问与人生。

事实上，8 月底黄显声就接到了相关情报，他下令将所属 58 个县的警察队公安队扩充成 12 个总队，给他们发放枪支弹药。

18 日上午，再次接到情报后，他对沈阳的警察也进行了充分的部署，将 2000 名警察组织起来，编成一个总队。他给他们配发枪支弹药，从 9 月初开始，他昼夜不离办公室，随时准备应对突发事变。

金冰玉这份来自神秘渠道的情报，让黄显声更加坚信了这一夜的悲剧发生。

22 时 20 分，北大营的爆炸声一响，黄显声率领警察总队离开机关，进入事先设计的伏击位置。

19 日一大早，日本侵略军占领了沈阳市区商埠及大小西关，并继续向西扩张。

在二经街一带，黄显声率领 2000 多名警察与日军展开了激烈的巷战。战斗打了一个白天和半个夜间。"黄家军"不吃不喝，坚守在阵地上。

20 日夜，日军坦克攻开了各个城门和公安总队防线。

战局对"黄家军"相当不利，装备相差悬殊，敌众我寡，伤亡较多……他们又坚持了一个整天，最为悲壮的是警察六分局的 30 多名警察。

这些勇士奋力抵抗日军进攻 3 个多小时，最后因寡不敌众，弹药耗尽了，他们全部牺牲。

到了 9 月 21 日的夜间，黄显声下令以各个分局为独立单位，尽数携带武器弹药，有序地撤出阵地。

部队浩浩荡荡，经过新民向锦州方向开去，黄显声准备在锦州地区重新集结部队。

在队伍出发前，一个戴墨镜的神秘青年，穿过层层警卫，他说他是黄显声的亲戚。

终于来到黄显声身边，对他悄声说："这是 50 根金条，金爷说你用得着。"说罢，递过来一个青花布口袋，然后，悄然消失在人海中。这个人就是二林子。

黄显声向小南关金公馆的方向望了望，一拱手。

到了 1936 年 9 月的一天夜晚，金公馆忽然来了位神秘客人，客人与金家发生了一段插曲，让金昆仑感到十分震惊。到那个时段，我们再细说。

此刻，星月无光，大街上一片沸腾，市民们有向队伍扔火烧的，有扔香烟的，有扔铁盒罐头的……

秋风猎猎，队伍一路西行。

在这之后，黄显声以全省的警察队伍为军事骨干组织义勇军，转战于辽南、辽西一带，屡屡给日伪军以重创，消耗他们的有生力量，为我国反法西斯战争的最后胜利做出了重大贡献。

六

昨晚搞得太晚，金昆仑这一夜睡得很沉。

19 日早上醒来，已是上午 8 点多钟。二经街那边传来鞭炮一样的枪声，让金昆仑想起了鬼子入侵的事儿，忍不住骂了一句："他妈的，什么玩意儿！"

洗漱完毕，金昆仑走进小餐厅，夫人叶氏和女儿冰玉，还有珍珠等他一起吃呢。他的早餐很简单，一碗小米粥，一个煮蛋，一盘清炒羊肉，一盘大葱拌豆腐。

张德福从外面走进来，“老爷，今天的报纸到啦。”金昆仑接过《盛京时报》，报纸一版头题文章大字标题“北大营兵炸毁南满路寻致南满各地成战场”，相邻一文题为“炸路之华兵曾被击退一次”。

金昆仑说：“冰玉，你看看你们的报纸，真是贼喊捉贼呀。”金冰玉说：“一向如此，这有什么好奇怪的？”

“你还会在这家报馆干吗？”

“会的，爸爸。”

“你别看表了，多忙也得陪爸爸吃完这早饭。”

“好的，爸爸。”

小餐厅里恢复了平静。

金昆仑刚拿起筷子，忽然问道：“二姑太的早点送去了吗？”珍珠说：“回老爷，送去一会儿了，二姑太说她临完帖就吃。”

二姑太喜欢颜真卿，每天早起必先写几页《多宝塔》，然后，才可以安心地用早餐。

尽管内心都有波澜，但金家上上下下表现得特别平静。从这个早餐就可以看出来。金昆仑和夫人叶氏像往常一样，悄无声息地用完了，其他人也一样。

金昆仑看了看大家，说：“都别害怕，该干什么干什么，一切有我呢。我这就去家塾看看去，看看我的宝贝孙子学得怎么样了。”金冰玉说：“爸，那我走了。”金昆仑上下打量一下女儿，说：“走吧，路上加小心。”叶氏说：“机灵点，这兵荒马乱的。”

“你放心吧，咱姑娘这身份，鬼子兵也不敢怎么样。闹着玩儿吗？《盛京时报》就是日本人办的，社长佐原笃介不是一般人，本庄繁都得给面子。”

“爸，别说啦，我心里堵得慌……”

叶氏看看丈夫，又看看女儿，眉宇间出现一丝隐忧。

金家在东跨院建了小学堂，专门为族中孩子启蒙。

学堂的课程分中西两大类，也就是除教授国文，还讲简易的算术和地理。

聘请的是本城最有学问的王先生和李先生。

王先生早先是私塾馆的，在小南关一带很有名，后来觉得金家给的价钱更高一些，又省心，就到了金家的学堂。

李先生是留日的学生，回家无事可做，本来是托人找金昆仑谋一个事的，金昆仑看了看他，说："还去哪儿呀？就在我家做吧，我保证比谁给的都多。"这样，他就留在了金公馆。

金昆仑走进东跨院，正是李先生上洋课的时候。隔着玻璃窗，他看到满教室齐刷刷的小脑袋，他很高兴，心说金家有人哪，有人就什么都不怕。父亲当时怕什么，不就是怕我这根独苗夭折吗？老四房不也是金昆华一根独苗吗？现在好啦，黑压压一片哪。

李先生眼睛尖，一看金昆仑来了，连忙开门出来迎接。"金爷，您来了？""嗯，我来看看孩子们。"

金昆仑走上讲台，李先生喊了一声："起立！"孩子们"唰"的一声全都站了起来，大喊一声："族长好！"金昆仑一面微笑，一面示意大家坐下。

金昆仑说："我来看看你们，我现在问你们个问题，就是我们辽宁，辽宁这个名词怎么讲？"

课堂上呈现片刻的宁静，孩子们似乎是在思考。忽然，国栋举手了。金昆仑说："好，国栋讲。"金国栋开口了，语气很沉稳——

"辽宁省，过去叫奉天省。前年，也就是1929年的时候，国民政府将奉天省改为辽宁省。辽宁这个名字，是取的辽河流域永远安宁之意。这就必须说到我们为之骄傲的辽河，在汉代以前，它叫句骊河，汉代叫大辽河，到了五代以后正式叫辽河。辽河，它全长1345公里，流域面积21.9万平方公里，是我们国家七大河流之一。辽河，养育了我们世世代代的辽宁儿女，我们辽宁人民拥有自强不息的精神长河……"

金昆仑忍不住叫了一声："好！"接着又问道："你们谁还能说得更古代一些？好，国梁等不及了，那好，让国梁说。"

5岁的金国梁怯生生地站起来说："据史书《尚书·禹贡》记载，我们辽宁上古的时候就有了建制……李世民、尉迟敬德、薛仁贵、康熙、左宝贵等大英雄都曾在这里抗击外敌的入侵，这里有尚武精神，这里有家国情怀，这里是英雄的故乡……"

金昆仑赞许地点点头，然后，问道："这些都是李先生教你们的吗？"金国栋说："我刚才答的那段，是李先生教的。弟弟答的那段，是王先生教的。"金昆仑说："好，我知道了。那我还问你们个问题，岳飞你们知道不？好，国柱，你说说。"

那个叫国柱的，是远支的一个孤儿，金昆仑叫他，是想让他感受到温暖。因为一直是自己的两个孙子在答题，他担心国柱和别的孩子心里不舒服。

金国柱说："我知道，岳飞是我们中国的大英雄，他能开360斤的弓，朱仙镇他……"金昆仑接着问："那他留下一首词，你们知道吗？""知道，《满江红》！"这回是全体回答。

"那么，这首词还有一首歌，你们知道吗？"

"不……不知道……"

"不会，先生没教……"

孩子们七嘴八舌。

金昆仑说："那我今天就教你们。在6年前，也就是1925年5月15日，日本人在上海枪杀了中国工人。5月30日，上海2000多名学生上街游行抗议，又遭到英国巡捕的枪击。为了这个，光华大学一个叫杨荫浏的学生，将《金陵怀古》的曲调填上岳飞的《满江红》词，就成了这首歌。杨荫浏出身于无锡的杨氏，也是世代忠良之家。他12岁就学习音乐，是个神童。这人前年我在上海见过一次，我请他在功德林饭店喝酒，他亲自教我唱的这首歌。也是个民族英雄啊，好，我现在就教你们唱，我先唱一遍……今天咱们不学别的，就学这首歌。”

于是，金公馆就响起了悲壮的《满江红》，是金昆仑的男中音——

怒发冲冠，凭阑处、潇潇雨歇。抬望眼，仰天长啸，壮怀激烈。三十功名尘与土，八千里路云和月。莫等闲、白了少年头，空悲切。

靖康耻，犹未雪。臣子恨，何时灭。驾长车，踏破贺兰山缺。壮志饥餐胡虏肉，笑谈渴饮匈奴血。待从头、收拾旧山河，朝天阙。

唱到最后，金昆仑泪湿眼眶，孩子们轻轻哭了起来，王先生、李先生两人紧紧握手……

七

从家里出来，金冰玉叫了一辆人力车，直奔小西边门中共满洲省委秘书长詹大权的家。

出来开门的，正是詹大权，见她十万火急的样子，詹大权就快步将她领进屋里。

“詹秘书长，鬼子真的动手了。现在全城沦陷，我听车夫说，东北边防军长官公署、辽宁省政府机关、东三省兵工厂等地都被占了。现在全城戒严……”

“是的，我知道了。你昨天的情报赵部长也转给了我，你先等一下，我到里面和张书记他们开个会。”

中共满洲省委正要在詹家开紧急会议呢。

我们说过金冰玉在中共满洲省委机关担任秘书，公开的身份是《盛京时报》的记者，也可以说，她是打入《盛京时报》的中共地下党员。白天，她外出采访写稿，夜间，她跑到省委机关抄写党的文件。她编写的党内刊物叫《工农兵》，是一个小册子，刻钢板、油印以及收发文件和分发生活费都由她和另一位名叫张光奇的同志来做。

现在，金冰玉正焦躁不安地在外屋等候会议的结果。

里屋，新任满洲省委书记张书记、组织部长何成湘、宣传部长赵毅敏、秘书长詹大权、军委书记廖如愿正在召开紧急会议。

张书记说："同志们，敌人动手了。其实我们党对日本人早有警惕。1927 年底，成立两个月的省委就在关于中共满洲省临委工作情况给中央的报告中指出，'整个满洲的政治，完全是仇俄亲日的政治，不但新闻的统治是日本，金融的统治是日本，产业的统治是日本，即军事的统治也是日本'。1928 年底以来，我们中共满洲特科搜集了大量日军加紧入侵的情报。1929 年，刘少奇任书记时，在他主编的《政治通讯》中也提出日本侵略加剧的必然性。今年年初以来，省委更是在多份报告中列举了种种日军侵华的动向。现在情况紧急，我们应该立即打报告给中央，并且，我们还要尽快发表一份抗战宣言。"

赵毅敏说："宣言我昨晚已经连夜写好了，大家看看有什么意见？"

赵部长说罢，将宣言手稿拿出来供大家一一传阅。这篇文章是赵毅敏根据中共历来反对帝国主义和国民党反动派的总方针，结合沈阳被日军突然侵占的沉痛事实写成的。赵毅敏犀利的笔触，让这篇宣言成为一篇战斗檄文。

大家看了基本没有什么意见，张书记只在文稿上改动了几个字，说："我看可以了，让秘书处赶紧印刷吧。"

听了这话，秘书长詹大权从张书记手中接过文稿，走出屋子，对金冰玉说："金秘书，赶紧印出来，争取今天上午就发出去，现在军人和各界人民都需要鼓舞呀。"

金冰玉接过文稿一看，题目是"中共满洲省委为日本帝国主义武装占领满洲宣言"，全文如下——

工农兵劳苦群众们：

万恶的日本帝国主义侵略者已经将奉天、营口、安东、抚顺、辽阳、海城、铁岭、长春，还有许多别的大小城镇完全占领了，这是如何惊人的事件啊！

这一事件的发生不是偶然的！这一政策是日本帝国主义者为实现其“大陆政策”、“满蒙政策”所必然采取的行动！这一政策是日本帝国主义者为更有力地统治满洲、侵略蒙古，以致使满蒙成为完全殖民地的政策，是以满蒙为根据地积极进攻苏联与压迫中国革命的政策，是不让美国及其他帝国主义者指染满蒙的政策！

日本帝国主义者宣传“这次冲突是奉天北大营中国军队破坏南满铁道所引起的”。这完全是骗人的造谣，三岁小孩子也不会相信这些话！

日本帝国主义者之所以能占据满洲，完全是国民党军阀投降帝国主义的结果，所谓“忍耐”“镇静”“莫给人以可乘之机会”“和平以示奋斗”等所谓策略及其极力压迫一切反帝运动的行动，必然要使日本帝国主义者更急进地更肆无忌惮地来占领满洲！

本来已经贫困不堪的工农兵劳苦群众，目前的生活更加痛苦了！失业，死亡，流离，恐慌，饥饿，贫困，已达空前的境地！一切物品与粮价突然高涨数倍，而且仍在有加无已地继续着！

国民党投降帝国主义的罪恶，已经被惊动世界的事实完全暴露无余了！谁也不应再相信国民党军阀反对帝国主义了！不管国民党的那一派，不管中国任何政治派别，都不能不用投降帝国主义的策略来解决满洲事件！他们一定又要来高呼其“镇静”、“忍耐”、“慎重”的无耻口号，他们一定又要来欺骗民众，来依靠所谓“国际正义”！他们一定又要来声嘶力竭地高喊：“目前唯一的问题仍然是剿共”，来混乱群众视线。他们一定又要利用这一事件来互相攻击，企图取得“群众信仰”。但是无论他们怎样来欺骗，无论他们再玩些什么新花样，过去的一切事实已经教训了每个群众，应当坚决地来反对来揭破这些无耻的欺骗！

只有工农兵劳苦群众自己的武装军队，是真正反对帝国主义的力量。红军两年来和帝国主义国民党英勇战斗的光荣历史，便是万古不灭的证据。只有工农劳苦群众自己的政府（苏维埃政府）是彻底反对帝国主义的政府。只有在共产党领导之下，才能将帝国主义逐出中国！

工农兵劳苦群众们！唯一的出路久已摆在我们面前了！伟大的任务久已放在我们肩上了！只有我们以英勇的斗争〔才〕能完成它！

1. 要关饷要饭吃！

2. 要工钱要米贴！

3. 反对抬高粮价！

4. 反对拒用奉票！

5. 不交租、不还债、不纳税，到地主家分粮去！

6. 反对携款潜逃发还学生膳宿费！

7. 罢工、罢课、罢市，反对帝国主义占据满洲！

8. 驱逐日本帝国主义与一切帝国主义的海陆空军！

9. 反对进攻红军！

10. 反对进攻苏联，拥护苏联！

11. 不投降，不缴械，带枪到农村去实行土地革命！

12. 发动游击战争！

13. 反对白色恐怖——屠杀，逮捕，监禁！

14. 反对军阀战争！

15. 打倒外交协会！

16. 打倒投降帝国主义的国民党！

17. 打倒帝国主义！

中国革命万岁！

中国共产党万岁！

金冰玉大略数了一下，全文有 1148 个字，还好，不算长文。她对张光奇说：“张姐，快取蜡纸来，我们一人刻 500 多个字就可以了。”“好的，冰玉。”

张光奇的家也是小南关的，两人是从小在一起玩儿，特别合脾气，金冰玉参加革命，张光奇是领路人之一，张光奇是东北第一位女共产党员，是最早的播火者。

两个人都受过严格的书法训练，楷书写得又好又快，也就是半个多小时，蜡纸刻好了，两份合在一起，金冰玉校对了一番，说：“张姐，一个字也没有错，打开油印机，开印。”

油印机“唰唰”地滚动，墨香就飘逸起来。

这份《中共满洲省委为日本帝国主义武装占领满洲宣言》，后来就叫《九一九宣言》。

张书记说：“大家都要上街散发。小金，你就不要去撒传单了，免得引起鬼子和汉奸的注意，你现在的身份很好，千万不能暴露。以后，你可以多多与日本人周旋，保护我们的同志，保护沈阳的百姓。你现在从后门悄悄出去，回到报社上班。其余的同志等小金走后，从前门陆续出去，找你们的各种关系人，把传单都发出去。再说一遍，千万要注意安全。好，分头行动吧。”

金冰玉和张光奇早把传单分好了，除了张书记和金冰玉之外，人手一摞。

金冰玉看到同志们又在想办法让她避险，心里很有些不安，她向大家摆了摆手，飞快走出后门，故意向北面走了一段，然后，在浩浩人流里悄悄折回，进了小西门再折回。然后，直奔昭德大街上满铁附属地内的隅田町，直奔《盛京时报》社的二层办公小楼。

就在这时，金冰玉发现马路上已经有人在阅读那份传单了。她心说，同志们的动作真够快的。

动作是很快，到了下午 3 时，传单就传到了工厂、学校、商铺和居民的院子里，有的直接散发给大街上的行人。

八

金昆仑正在院子里的小石桌上喝茶呢，一张传单从门缝里悄悄塞进来半截儿。张德福要出去看，金昆仑示意他不要出去。

张德福就将那张传单从门缝里抽出来，然后，一路碎步走过来，将传单递给金昆仑。

金昆仑说："我记得我过去说过。凡是这种情况，你不要去开门，你怎么忘了呢？你知道他是什么人？这个都忘了，岁数是大了。"张德福说："是是，老爷！"

"是不是铁石回本溪了，你惦记他，心乱了？"

"可不，兵荒马乱的，万一遇见日本人查问啥的，他那个脾气……"

"放心吧，德福，我早看清楚了，铁石不是一般人。现在比过去稳当多了。我们小玉好像也不像以前那样不讲理耍蛮横了。"

"老爷，您这是偏爱他。他怎么能跟大小姐比呢？"

"哈，都是我的孩子，为什么不能比呢？"

"谢谢老爷！"

金昆仑看了看这份传单，微微点头。

中堂大厅里的电话忽然响了起来，珍珠拿起话筒刚一接听，就转头来说："老爷，大少爷请您接听。"

金昆仑听说是长子金振一来电话，快步走向八仙桌那边，从珍珠手里接过话筒。

“振一吗？你有大半年没给家里打电话了，你妈想你想得睡不着觉。”

“爸，局势突变，我很好，您不用惦记，我想提醒您，您要顺势不要逆势，古城需要青山而不是焦土，必要时可以白皮红心……爸，我挂啦。”

叶氏走过来，刚要与儿子说两句，金振一那边早挂了。叶氏叹了口气，眼圈红了。

“振一说了什么？”

“问全家好，对啦，特意问你和二姑太好。”

“我才不信哪。”

“这我还会说假？他还问弟弟妹妹们好呢。唉，珍珠呀，重泡一壶水仙茶，我要到琴剑阁歇一会儿。”

金昆仑说罢，独自向琴剑阁走去。他要好好想想振一刚才说的话，他要想想下一步棋的走法。

珍珠把沏好的水仙茶端了进来，看到金昆仑正在闭目养神，悄悄把那壶茶放好，又悄悄走了出去。

金昆仑恍惚中，眼前出现几张英俊的面孔，在福安巷那个小院出出进进的人，他都在不同场合见过，那气质那谈吐令他折服。

“就凭着这些人，我们共产党就能成就大事业，人民大众的大事业。”他这样暗暗地想。

这些心里话在家里，他不便跟谁讲，头年春天，大儿子从上海回来，在琴剑阁，爷儿俩进行了一番密谈。

金昆仑说：“我看准了，咱们中国的希望在这些人身上，他们……”金振一说：“说得对，爸爸，他们是中国的希望，您也是，我也是。”

“我？我算什么呀？”

“您算，您实际上已经做了大量工作……”

“哦，那算什么呀？那是……”

“爸，你且记好，为这些人做事，就是为国家与民族做事。爸您说，为什么大清不行、民国不行？”

“因为他们从上到下没有手脚干净的人，用咱们沈阳的土话来说就是爱小，用书面上的话，就叫贪鄙。”

金振一说：“爸，我给你讲个故事。早在民国十五年八月，在中国共产党成立五年后，中共中央扩大会议通过了关于《坚决清洗贪污腐化分子》的通告。谁知 6 个月之后，竟然有人以身试法。”

“1927 年 4 月 27 日，中共山东区执行委员会委员王复元到武汉出席党的第五次全国代表大会。会后，中央让他带回拨给山东党组织的活动经费 1000 元。他回到山东后，撒谎说这笔钱被人偷走，其实是他据为己有了。当时，组织上相信了他。转年的 4 月，他又以去上海与党组织联系工作为由，从中共山东省委机关的集成石印局支取 2000 元。当时这个印局承担印刷山东党内刊物《红星》及党的文件的重任，石印局因为他的这个做法经济困难而被迫停业。王复元贪污的丑事，被中共山东省委领导发现，依据《坚决清洗贪污腐化分子》的通告，省委书记邓恩铭把这个王复元开除出党……”

金昆仑说：“就凭这一点，我就信共产党，而且我认为，他们非得人心不可，他们非成大事不可……”

其实，金昆仑没有跟儿子说实情，他甚至是在试探儿子。他当然知道这些人是共产党，他在很早就接触过共产党人。比如 1924 年到沈阳来传播火种的共产党员韩乐然。

韩乐然是大画家，金昆仑是收藏家。

在小南门金家开的“墨香斋”字画店里，两人很快成了朋友。

韩乐然身上吸引金昆仑的不完全是绘画艺术，而是他讲的那些救国救民的道理。发展到后来，金昆仑总是出全城最高的价钱来收购韩乐然的画，用这个方法帮助解决他经费上的困难。但这些，他对任何人都没有讲过。

1927 年，经韩乐然介绍，他秘密入党，成为中共满洲省委的地下交通员。但他这条线更隐蔽，除了省委几位常委知道外，谁也不知道。

以金昆仑的洞察力，他不可能不在振一和冰玉的言谈举止中发现一些苗头，但孩子们不说，他也从来不问。

想到这里，想到昨天振一来的电话，金昆仑真的有点想大儿子了。

金振一，在四个儿子中间，是长得最像他的。高高大大，宽阔的前额，深沉的目光，挺直的鼻梁，说话的声音也一模一样。老三振之也好久没消息了，这小子就知道用功，别的一概不问。

“珍珠，你过来一下。”

“老爷，我来啦。”

“你去叫老二老四过来一下……”

“好的，老爷。”

振世、振雄住在后院，珍珠到后院轻轻喊了一声，“二少爷、四少爷，老爷叫”，两人就从各自的房间出来，振世稳步走向琴剑阁，而振雄则一路小跑跑到了琴剑阁门前，在那里等候二哥。

三步两步，振世也到了。兄弟俩整整衣襟。振世轻轻敲了一下门，说：“爸，我们来啦。”金昆仑在里面说：“进来吧。”

兄弟俩一前一后走进去，先给父亲请了安，然后，站在父亲面前等候训话。

金昆仑将两个儿子打量了一番，问道：“你们说说，你们俩谁像大哥，谁像老三？”振世愣了一下，问道：“爸，你是说长相还是说品行？”振雄笑嘻嘻地问：“爸，你是不是想他们了？”

金昆仑听了这话，没有正面回答，而是问了另外一个问题，“你们今天怎么没上班上学？”振世说：“全市罢工罢市罢课抗议小日本，我接到公司通知，就没去。”振雄说：“我们学校也是，大家都不上课了。”金昆仑说：“嗯，你们回房吧，这个时候，是不应该出去，保护好自己和家人。看看书，别什么都不做。回吧。”

兄弟俩转身走了出去，轻轻带上了门。

金昆仑在心里悄悄对自己说：“金爷，你这是干吗呢？”

就在这时候，外面传来隐隐约约的哭声。

“德福啊，怎么像是咱们胡同有人哭？”金昆仑隔着小窗向院中喊了一声。张德福听了，连忙跑了过来，站在外面答话，“老爷，是东头109号的老蔡家，他们家的老四，叫海江的那个，昨天晚上阵亡了。”金昆仑没吱声，半晌，他才说：“让振世来一下。”

金振世快步跑了过来，“爸，你找我？”金昆仑说：“你拿100块大洋，代表我代表我们全家去蔡家看看，我们与他家虽然没有什么太深交往，但也是一向彼此尊重的。况且，海江是为国捐躯呀。”“好的，爸，我这就去。”

傍晌午的时候，张德福那边又来报，“老爷，佟三来了。”金昆仑说：“让他到中堂大厅等我。”“是！”

金昆仑在琴剑阁里面整理好衣襟，这才慢慢地踱出书房，一点一点地向中堂大厅走去，在正房里与二姑太聊天的叶氏隔窗看到丈夫威武的样子，不由得抿嘴一笑，心里满是幸福感。二姑太眯起眼睛，叹道：“像他爷爷一样，真的像我三哥。”

“大舅，我打扰您了。”

“没有，坐吧，你什么时候到的？”

“才刚儿……”

“我见到‘老梯子’了。”

“他说什么？”

“他们刚回到新民，就做了一件大事。”

“大事？什么大事？”

“原来，这些日子他一直在文官屯养伤。昨晚出事，他连夜召集了弟兄十四五个人，杀了三个日本兵，抢了12支大枪，手枪9支，2000发子弹，现在回到新民柳河沟，正准备成立镇北军呢。你听，他写的《誓词歌》：‘起来！起来吧，不愿意做亡国奴的人们。山河碎，家园毁，父母成炮灰，留着我们的头颅有何用？拿来起刀枪向前冲！杀！杀！杀’！”

“好！好！好样的，我没看错他。”

高鹏振，1897年出生在小康之家。父亲高品仲经商兼务农。他本可以不出来冒险参加革命，他本可以听父亲的安排经营家里的产业。

但是，他在民族危亡的关头，选择了抗日。

1920年，在奉天会文中学毕业，到了新民县就任警察巡长。不久，因为抗击奉军阚朝玺的部队抢劫百姓而被革职。无奈，他投身绿林，率领500余人在黑山、新民一带除暴安良。

很快，他成为辽西一带绿林的盟主。

1929年7月的时候，高鹏振到抚顺一带活动。

经一位好朋友的介绍，他与中共抚顺特别支部书记杨靖宇多次会面。意气相投，两人很快成为挚友。

杨书记的谈话，让他看到更辽阔的天空与大地。杨靖宇根据他的表现，介绍他加入了中国共产党。

从那以后，高鹏振身上的绿林气少了，而天地正气更多了。

金家在阜新有一牧马场，本来是“老梯子”的目标之一。但是，“老梯子”不但没有动，反而喝令三山五岳的大小人物谁也不能动。这里有个小细节，让“老梯子”觉得有义务保护金家的马场。

当年，少帅张学良听说高鹏振打死阚朝玺部的9人，特别气愤，准备彻底剿灭他。这时，黄显声与他的老同学金昆华一起为他说情，说是阚朝玺的人确实先抢了百姓的财物，高鹏振作为巡长也是执行公务。这样，张学良就给他一个革职处罚。高鹏振因此对官府不再抱有幻想，回家干起了绿林。

金昆华去世的时候，高鹏振专程到金公馆来吊唁，并和金昆仑做了换帖兄弟。

金昆仑沉吟了一番，低声对佟三说："这样吧，你的事暂时就不要麻烦他了，国难当头，个人的事先放一放。你再跑一趟新民，给'老梯子'传个信儿。就说我说的，我送他 200 匹好马，给他装备镇北军。但是有个条件，必须是到马场公开去抢，让人觉得是抢不是送。你也告诉我们马场的家丁，不要反抗，假装放几下空枪就得了。记住，这事千万要保密，咱们爷们儿还要在鬼子眼皮底下混，记住，我们混好了，沈阳城少吃亏，老百姓少吃亏。"

佟三听了这话，眼圈儿一下红了起来，他说："大舅，我也献一份力，那苇塘正好当地的赵老抠惦记，我贱卖给他，得了钱，我就给'老梯子'，您说得对，国难当头，我们都要出力。"

金昆仑说："你这才像我的外甥，大舅看低了你，以为你就是个古董商呢。你这样行事，大舅我亏不了你。记住，这样的事，不要在外胡乱吹牛。"

"大舅。你真看低了我，我也是堂堂中国人哪。"

"走，跟我到小餐厅喝点，我有嘉庆年间的老龙口，还是少帅送给昆华你二舅的呢。走！"

进了小餐厅，刚一坐下，金昆仑好像忽然想起了什么，他悄声说："还给你个活儿，就是仿照故宫里的那些宝贝，你找你的朋友一样给我做一个，要绝对逼真，做好给我拉回来，放到后院的大库里。我有用。钱呢，我一分不会少给你们。"

佟三说："我的大舅，十多万件，我做得过来吗？即使我做了，怕你的大库也装不下呀。这样，你拣点主要的说。"

"先喝着，一会儿我开个单子给你。"

"好的，大舅，你只要说出来，我就做得出来。最好以字画为主吧，金银铜器仿真难度大，瓷器嘛，最近的地方也要去海城，现在交通不便利呀。您知道，铜器和银品做旧比较难，金器根本就做不了，金器一般不能做。”

“我知道，你什么快就先做什么。”

“大舅，你要干什么用呢？我记得你是只收不卖的，而且，你跟我讲过，卖赝品都是混账王八蛋。”

“你先别问，以后你自然会知道。”

“好的，大舅，我敬您一杯。”

“你是得敬我，你单这一项，就比你弄那个苇塘要强。你按月生产，我按月给你发大洋，听我的安排。”

“好的，大舅。”

正在这时，珍珠一路小跑过来，对金昆仑说：“三少爷来电话了，太太正在与他说着呢。”金昆仑对佟三说：“你等一下啊。”

金昆仑快步走进中堂大客厅，他来到八仙桌前，耐心地等太太说完，这才接过话筒。

“喂，振之，我身体很好，目前没有受到什么危害。什么一定要回来？你千万不能回来，现在沈阳城你都进不来，到处抓抗日分子，抓共产党。你从外地赶来，容易引起怀疑。把你当共产党抓起来，一是为邀功，二是为诈钱。他们什么事都干得出来。”

“我想回家照顾你们，这书念不得了，说不定哪一天要打到华北，打到天津。我要回家尽孝，我也要为咱沈阳人做些事。”

“你听话，不要回来，等一段再说。”

“爸，我不回去是不孝呀……”

金昆仑听出振之在哭，但马上那边就响起了忙音，儿子不想让爸爸听自己的哭声。

金昆仑对太太说：“他就是个书呆子，能保护好自己就不错了。”叶氏红着眼睛说：“你就知道说他，不会安慰几句呀？”金昆仑说：“我这不是对你说吗？你听我刚才与他说话，不是一直很温和吗？”叶氏听了，说：“你那也叫温和？摆足了当父亲的派头。”

金昆仑笑笑，没说什么。忽然，他那台荷兰“飞利浦”电子管话匣子里，日本播音员播出了一则新闻——

“21日，沈阳兵工厂共党分子梁永盛鼓动劳工抢劫皇军军粮，并发展党徒吴国发、孙熙凤、韩庆生等人，目前，警察署正在追剿。”

金昆仑听到这里，轻轻说一句：“好！中国不亡啊。”

九

《盛京时报》报馆里的气氛比从前更诡异，以社长佐原笃介为首的日本人，更加满脸得意。而普遍的中国编采人员，脸上或多或少地都有些惨淡。

只有金冰玉表现得和从前一样，好像从来没有发生过什么事变。她正常穿行于大街小巷采访，正常伏在案上写作消息与评论，就像没事一般。

秘书长詹大权不止一次地告诉她，“你工作在敌人心脏，你必须要有百倍的冷静，唯有冷静，方能对每一桩突发事件做出正确判断，并想出应对办法”。

这些话，让她在复杂的环境中能够保持一种高度的冷静。

9月28日早上一上班，新一天的《盛京时报》上的一则消息引起了金冰玉的注意。报道的标题是“匪首老梯子再聚山林”，文章说：“27日，辽西匪首老梯子啸聚黑山朝北营子镇，约200匪徒呼应，名曰‘镇北军’。知情人透露，该匪军主要是与大日本皇军对抗。匪军匪性不改，成立当天，第一桩生意就是抢了本城名士金某在阜新的马场……”

金冰玉看到这最后一句，内心萌生了些许的欣慰。父亲那天与佟三的谈话，她当时就偷听到了。她为父亲感到骄傲，她在心里叹道：“真真是金家的男人。”

这时，社长佐原笃介端着一个紫砂茶壶，悠悠地踱了过来。他细致地观察金冰玉的表情，然后，声音略带一些沙哑地说：“金小姐，《匪首老梯子再聚山林》一文你也看了吧，文中说的金某，是不是令尊啊？”金冰玉连忙站起身来，说：“正是家父，这土匪太可恶了，我就盼着皇军早早剿灭他们。”“好，你是直接受害者，你写篇评论吧，我明天就给你发出来。”“遵命，社长。我这就写。”“好，你真是好记者。”佐原笃介假装漫不经心地打量了一下金冰玉，然后，迈着方步踱回了社长办公室。

金冰玉重新伏在书案上，开始写那篇小评论，500 字很快就写好了，无非是谴责高鹏振的抢劫行径，言辞激烈一点而已。她拿起文稿，交给了编辑部主任。然后，拿起小皮包走出了报社。

忽然，她想起二姑太有好几天没来家了，她要去看看，她想二姑太了。于是，她叫了一辆人力车，直奔东城的水簸箕胡同的博贝子府。

贝子是清宗室的四等贵族，这座贝子府是努尔哈赤的孙子杜度受封之后建的。乾隆年间，第六代贝子有善从京城回到沈阳就住在这里。一直传到第十一代贝子博俊。博俊就是二姑太的丈夫。

府第很有气势，坐北朝南，分为中东西三路，由五进院落组成。中路有府门 3 间，南面有影壁，门内有丹樨；过垂花门进二院，有正房 5 间，都是硬山大脊灰筒瓦顶，大吻，垂兽，前有月台，东西厢房各 3 间。三进院有穿堂门 3 间，明间带雀替，左右顺山房各 3 间。四进院有正房 5 间。五进院有后罩房 7 间。

博贝子府占据了大半个胡同，其余七八个住户，大都是当年贝子府的服务人员和他们的家属。

金冰玉和门房打了个招呼，就直奔二姑太住的四院正房。

一个小丫鬟早飞跑进屋，对正坐在黄花梨圈椅上养神的二姑太悄声说：“太奶奶，金家大小姐来啦。”二姑太睁开了眼睛，说：“在哪儿？”“在这儿！”金冰玉一撩门帘跳了进来。二姑太嗔怪地说："就这么跳着进来了，也不怕下人笑话你？"

"我姑太不笑话，这奉天城里谁还敢笑话我？"

"那倒是，你这鬼丫头咋就知道我疼你？"

"我当然知道啦！"

二姑太让金冰玉在另外一张黄花梨圈椅上坐下，敏感的金冰玉在老人坚毅的表情里发现一丝隐忧。

于是，她口气委婉地问道："二姑太，发生什么事了吗？还是谁惹您生气了？"二姑太愣了一下神，说："有点事，但没有什么了不得。前天，关东军司令本庄繁派个副官来，要征我这个院子做司令部。"金冰玉吃了一惊，"我的姑太，这事还小呀？你答应他们了？"二姑太抽了一口水烟袋，说："我说给我一个礼拜的时间，让我收拾收拾东西。"

"您真要把这个院子白给他们？"

"不给怕是不行的，可是我……一会儿你回去给你爸爸带封信，正想让俞升送去呢，正好你来了，你带回去吧，让你爸按我信上说的办。"

"那我表爷爷、表奶奶什么主意？"

"他们听我的，孙子在北京念书，也顾不过来。沈阳警察局新任局长张凤岐是咱家老朋友，也是黄显声的旧部，我已打好招呼，出沈阳城进铁岭城一点问题没有。"

金冰玉感觉二姑太要办一件大事，但老人没说，她也就不好再问。

她看看二姑太，眼圈不觉红了起来，她问道："这么说，二姑太要回领地了？那我何时才能再见到您？"

"是，我要回铁岭的乡下，小鬼子何时滚蛋我何时回奉天。宝贝儿，记住了，姑太我今年七十五岁了，小鬼子不滚我不死。"

"二姑太……"

“宝贝儿，不哭，二姑太将来还要喝你的喜酒呢。听姑太一句，我看准了，可能只有共产党才能真心救国救民，你将来要与他们共事。”

“二姑太，我……”金冰玉想到这是与老人生离死别，很想告诉老人她的真实身份，但又想到党的纪律，她把后半截话咽了回去。于是，她又改口说道：“二姑太，我记住了，我会找机会接触他们。二姑太，天不早了，我先回家了。”二姑太目光热烈地看着她，说：“好，我不留你啦。”

金冰玉走出博贝子府，叫了人力车，直奔小南关的家。出门迎她的是张德福。有好长时间了，张德福用父亲那样慈祥的目光看着她，这让她有些说不出的难为情，一面又忍不住想起铁石哥。走了快十天了，什么消息也没有。“谢谢张叔……”金冰玉刚要往二院中堂那边走，张德福悄悄叫住她，“小姐，铁石托人给您带信来了。”说罢，悄悄塞给金冰玉一封信。金冰玉脸一热，快步跑向中堂。

金昆仑刚眯了一觉，正准备喝茶呢，一抬头，看见了女儿。

“冰玉，什么时候回来的？”

“爸，我刚回来。爸，我去看二姑太了。”

“她好吗？好几天没过来了，我正想问呢。”

“爸，我二姑太给您带来一封信。”

“哈，什么事值得写封信，这么近一点儿。”

“爸，大事……”

金昆仑迅速从信封里取出六页信笺，飞快读了起来。最后几句忍不住读出声来——“你千万不要来送我们，你的目标太大，你一动，恨不得全城都知道，你要保护好自己，因为更多的人等着你保护呢……你只要按我说的办，就是孝顺我……”

“我们金家出了佘太君哪……”读完那封信，金昆仑不禁赞叹道。叹罢，操起电话打给了二姑太：“二姑奶，我知道了，我一定按您说的办。您要多保重。”二姑太在电话的另一边说：“好，就这么办！”

放下电话，见女儿眼睛湿润地看自己，金昆仑就说："这就是金家的家风，你看懂了吗？"金冰玉说："爸爸，我看懂了。"

"冰玉呀，我看报纸，老梯子的镇北军起事了，我的马他们也抢了。又有传言说黄显声成立了东北民众自卫义勇军，也有好几万人马。佟三说今天早上耿继周在新民聚集了上万人，成立了辽宁义勇军第四路军。不知道确实不？"

"确实，黄显声据说是得到共产党的帮助，我听说他的秘书刘澜波就是共产党，给他出了不少点子。"

"你怎么知道是确实的呀？"

"我是记者嘛。对啦，爸爸，二姑太劝我跟共产党干，说他们才是真心救国救民……"

"哦，她是有体会的，民国十三年秋天，二姑太在大东门轿子被土匪劫了，幸亏几位青年拔枪相助，后来，才知那几个人是共产党的地下党，领头的就是韩乐然。"

"爸，好像这位韩乐然是位画家，是你的朋友，到我们家来过的。"

"哦，后来，他成了我们金家的朋友，救命恩人嘛。好几年不见了，也不知跑到哪里去了。"

"听说，去了北边儿。"

金昆仑注视起女儿，半晌，问道："你是怎么知道的？"金冰玉迟疑了一下，说："我也是听人家说，也不一定准。"

金昆仑听了这话，目光就从女儿的脸上收了回来。

金冰玉忽然想起张铁石的来信，就先去母亲那里请了安，然后，匆匆回到卧室里，拆开了铁石的信。信写得很简约——

冰玉，你好吗？我离开沈阳半个多月了，心中总是晃动你的影子。告诉你一个好消息，我放弃了煤矿，决定跟唐将军一起救咱们的国。不多说，有时间面谈。

读到这里，金冰玉从卧室里跑出来，在琴剑阁里找到父亲，她欣喜地说：“爸，好消息，唐聚五将军也要起事了。”“是吗？哪来的消息？”金冰玉就将铁石那封信递给爸爸看。

金昆仑看完，也是满脸的喜色，他悄悄叮嘱道：“这可千万不能对外讲呀，不能坏了唐将军的大事。前几天，报上说少帅委任他为省防军一旅一团团长，命他回东北抗战。现在就有了响动。唐将军我认识，是你二叔在讲武堂的学弟，第六期的。和黄显声他们一起到我家来玩过。唉，铁石这孩子有眼光有出息，我支持他……”

听父亲夸赞铁石，金冰玉冲金昆仑温婉一笑。

十

10月1日零时，水簸箕胡同突然起火了，大火如同一条环绕着大院燃烧的龙。

博贝子府的五进大四合院烧了三个多小时，有着200多年历史的价值连城的贝子府，连同里面家藏的文物，烧了个一干二净。

这火烧得奇怪，左邻右舍毫发无损。

有人说，着火时，有不少仆人手持扫把和水桶阻止火势蔓延到邻居，可就是不去救主人家的宅院，眼睁睁地看着它一点点烧毁，烧完了，仆人们四散逃去。

有人说，纵火者就是博贝子府的仆人们。

普遍的说法是，二姑太及其家人全部遇难，人们都说，这是这一门爱新觉罗氏为抗议本庄繁强占府第而自焚。

与此同时，一封爱新觉罗氏老太君的遗书，传得满城都是。遗书中说：“本庄繁将军多次威逼征收本府，本府乃蒙御赐所造，不能沦为外人之手。为此，我全家宁愿自焚而成玉碎之志。”

10 月 1 日早上的时候，金昆仑命人购置三口楠木棺材放在贝子府的门前，分别将二姑太和他的儿子善继、儿媳姜氏生前用过的遗物入殓。

金昆仑还特别从实胜寺请来了 81 个和尚念经。他率领合族大小数十口人为二姑太守灵。同时，他通报了盛京宗人府末代宗令恩良。恩良心领神会，立即传达给在沈的宗室各支代表，前来吊唁，并要求大家三天后的出殡日一定前来送葬。

10月3日，古城沈阳一个声势浩大的葬礼，送葬的队伍由水簸箕胡同出来，进入四平街，再由四平街进入小西门，从大北关出去，直奔塔湾博俊支的祖茔莹，一路数百人，白茫茫一片，鼓乐声一片，哭丧声一片。

半个沈阳城都动了起来，学生、工人、市民趁此机会，跟着送葬队伍游行，抗议日军侵华的罪行。

金昆仑非常满意这样的效果，同时，他也深深折服于二姑太的智慧。

这也算是一箭双雕，一是保全了名声，二是鼓舞了人们的抗日激情。

五天之后，关东军司令部本庄繁发出布告，取缔一切反日活动。

也就在这一天，10 月 6 日这一天，门外响起汽车的声音，接着是敲门声。张德福推门一看，吓了一大跳，原来是七八个小鬼子，但这些鬼子与街上的鬼子不大一样，好像不那么凶神恶煞。

几个卫兵护卫着一穿西装的光头。

“你们是？”

“金先生在吗？”

“你们是？”

“我们是日本朋友，专门来拜访金先生的，我是本庄繁……”

“哦，我通报老爷一声。”

张德福让自己镇定了一下，心说我是金公馆的门房，我得有个样子。

张德福快步走向中堂大厅，正好金昆仑在里面与夫人说话呢。

“老爷，老爷，日本人来啦，叫本庄什么的……”

“哦，我猜他也该来了。好，请他进来吧。”

“老爷，你不出去迎迎？”

“我迎到二门。”

金昆仑起身示意叶氏回避，他掏出象牙梳子梳了梳头，这才慢吞吞地走出中堂大厅。

本庄繁已走过了影壁，两人四目相对。

金昆仑朗声笑道：“欢迎司令长官光临寒舍。”“哪里，我今天是特地来赔罪的。”本庄繁略一哈腰，并且尽量低姿态地微笑。

“司令官这样说，昆仑我承受不起呀。”

“我的，真心话。”

说话间，两人就都进了中堂大厅。金昆仑请本庄繁落座，然后，他这才坐下。

珍珠把茶水端了过来，先给本庄繁倒好，接着给金昆仑也倒好了，一时，茶香四溢。

金昆仑笑着问道：“将军阁下，十年前在少帅家那里相见，那时您是张家的高参。这十年，您是一路高升呀，我当时就说您是将军的料。”本庄繁假装谦逊地说：“哪里，都是天皇眷顾。是的，那一年在少帅家打麻将，我们还都年轻一些。”

“将军刚才说是来赔罪的，兄弟怎么没听懂呀？”

“就是贵家的老千金呀，嗨，我那天就是那么一说，她怎么就……”

“二姑太是认真的人，她不会认为您是开玩笑。要是换了我，直接就给您了，不就是一个小院子吗？您看我这院子怎么样？您若是看中了，我明天就搬家。”

“金先生开玩笑了，末将不会那么做。司令部已另外选址了。嗯，我带来3000块大洋，表达对令前辈后人的问候，听说他们在北京读书，请有机会代为转达。”

“唉哟，那谢谢您了。”

“嗯……我们成立了辽宁商工农学会四民联合维持会，金先生可有兴趣？如有，我与阚朝玺会长说说搞个副会长？”

“别价，让阚将军一个人干吧。我是个游手好闲的人，干不了正事。”

金昆仑见本庄繁眼睛不时地瞟一眼墙上挂着的郑板桥的墨竹立轴，心中不觉一动。

“将军，您也喜欢郑燮的作品？”

“那当然，普天之下谁人不喜欢？”

“喜欢就好，那这个立轴就是你的了。朋友嘛。这不算什么！”

“唉，那可不行，我怎么能夺人之爱呢？”

金昆仑笑了，心说：“那你是什么？你不就是强盗吗？”

“来人哪，把这个立轴摘下来。”

外面的二林子听见了，快步跑进来，轻轻摘下了立轴，卷好放进了一个书画筒里。

金昆仑接过那轴画，双手捧到本庄繁的面前。

“将军，这是郑先生当年画给我八世祖的，那时我们家还在京城。我现在赠送您，不为别的，就为您今天能上门来看我们家，就为交个真心朋友。”

“这……”

“别客气，这就是您的啦！”

本庄繁缓缓起身，先给金昆仑敬个军礼，然后，庄重地接过那幅画。

“昆仑君，我们是朋友啦！”

“将军阁下，我是这么认为的，真心朋友。”

两个人的手紧紧握在了一起。

“昆仑君，我们的，真心朋友，我军务在身，改日再聚。”

本庄繁起身告辞，侍卫官要帮他拿画，他拒绝了，亲自捧着那个画筒，向外走去。

金昆仑起身相送，走到影壁墙的时候，本庄繁忽然对金昆仑说：“听说故宫里还有很多宝物？”金昆仑正色道：“将军别听外行人乱讲，我实话对您讲，故宫陈列的绝大多数是仿品，而真品在另外一些人手里，宣统元年的时候，就被人换过了，您如果有兴趣的话，您就说话，只要您能叫出名字，我就能给您淘弄出来。”

“昆仑君，一言为定。”

“一言为定。”

“再会！”“再会！”

说着话，两人来到了大门外，本庄繁上了美国福特 48 型 4 门军官轿车，金昆仑向他挥手告别。

回到中堂大厅，金昆仑对二林子说：“打几桶水，把这大厅的地面，和院子里的地面好好冲冲。以后，这个人来一次，你给我冲一次地，记住没？贼眉鼠眼的，我看着就恶心。”

二林子说：“金爷，我记住了。”

这时，叶氏从内室里走出来，问道：“那幅画就这么给鬼子了？”金昆仑笑道：“先给他点甜头，就当喂养一条狗，喂好了，也省得他咬我们。”

“那可是祖宗传下来的宝物啊。”

“祖宗传下来的宝物多了，庚子事变我们家被抢多少？日俄战争我们家被抢多少？好钢用在刀刃上，送他，总比有一天他来明抢好一些。”

本庄繁所以来到金公馆，是因为他逼迫二姑太自焚的事让他有些被动，竟闹起了一场风波，而且引起沈阳地区爱新觉罗氏的强烈对抗。这对日本人要拉拢满人搞所谓“满人治满”大为不利。为此，东京方面来电把他臭骂了一顿。

但是，他没有想到金昆仑就这么轻松化解掉了这件事，甚至还送他一幅郑板桥的真迹。

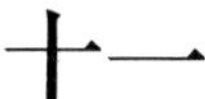

十一

每天早上，金冰玉都要溜一眼全市的各大报纸，特别是她所工作的报社编辑出版的《盛京时报》，她要从中看到日本人的各种动态，分析出他们相关的信号，然后，为满洲省委机关领导提供决策依据。

张德福将一摞报纸给金冰玉，《盛京时报》上的一条醒目消息让她惊叫了起来，“天哪！我三哥！”

这条消息是这样写的——

共党分子金振之从天津渡海来营口上岸，企图到沈阳从事联络反日匪军活动，近日被营口水上警署捕获。几经拷问，宁死不招。目前羁押在宪兵队。

金冰玉立即跑到琴剑阁，把报纸递给了金昆仑，“爸，怎么办呢？”金昆仑皱起了眉头，说：“老三不听劝呀。先别告诉你母亲，我马上带你二哥四哥去营口。把这张报藏起来。”

正巧，这时太太叶氏走了过来，金昆仑就对她说：“正要对你说呢，营口那边粮庄上有点事，我要带老二老四去一下，三两天就回。”叶氏愣了一下，问道：“怎么，莫非又有胡子绑了庄头？”金昆仑说：“哪儿那么多胡子？是庄头刘大与人发生点纠纷，我们去帮个忙。这就走。珍珠，叫二少爷、四少爷来一下。”“唉！”珍珠答应了一声，传话去了。

很快，金振世、金振雄跑了过来，兄弟俩刚一进屋，金昆仑就说：“把门关严，我们马上去趟营口，老三出事啦。”接着，他简要地把事件说了，振世说：“我们听爸的。”振雄带着哭腔说：“那我三哥现在怎么样了？”金昆仑说：“人应该还活着，看你那点出息，哭能救人哪？你连你姐姐都不如。冰玉，我们走了，这两天家里就靠你了，你二嫂的孩子小，管不过来。”“爸，你放心走吧。”

金昆仑带领两个儿子，从沈阳乘火车到了营口，住进了日本人开的清林酒店，并在这里大摆宴席。他宴请了水上警署署长崔财利和日本宪兵队长山田。

由于是朋友介绍，双方的气氛还比较融洽，而且金昆仑很快就让气氛更融洽了。他就有这个本事，即使怒火中烧，但依然可以做到满面春风。

金昆仑举起杯子，说：“认识各位，我金某三生有幸，犬子误闯两位的地界，多有冒犯，我连干三杯为敬。”

连干了三杯酒，金昆仑越发显得面如朗月、目若明星。他的相貌他的气势，让山田和崔财利惊呆了。他们不明白，儿子生死未卜，酒居然还喝得如此忘情，仿佛没事一般。

金昆仑开始轮番敬山田和崔财利了，依然是一口一杯，就像喝水一样。

男人架不住挑战，很快，山田和崔财利也不再端着，索性纵情喝了起来。

金昆仑趁着两个人还明白，他说：“我宴请两位，是有事相求，什么事，我想两位已经知道了。这样，只要保证我儿子不缺胳膊不少腿地出来，我就重谢两位。”说罢，向振世递个眼色。

金振世站起来，走过去给山田倒酒，同时，将装有 20 根金条的大红布包塞在他毛乎乎的手上。

山田也不推却，顺手放在了自己的大皮包里。然后，一仰脖干了酒。

这时，振雄也起身走到崔财利的身边敬酒，拿出一张地契，对他说：“崔叔叔，小辈的在营口有块闲地，共 106 亩，现在归你啦。来，咱爷儿俩喝了这杯。”崔财利见 100 多亩地就这样到手了，“吱”的一声就把酒干了。

金昆仑这时讲话了，他说：“既然两位给了我面子，那我就不客气了。我请求现在就放人，我明天早上就带儿子回家。”

崔财利看了看山田，山田刚要犹豫，金昆仑连忙又敬了一杯，说：“这家清林酒馆，一年之内两位随便吃喝，年底我来结账。我思儿心切呀，请多多理解。”山田听了这话，终于下了决心，说：“哟西，来人。”两个宪兵从门外跑了进来，山田对他们说：“快去，到羁押所，给金振之先生洗个澡，换个房间，让他休息好，明天早上，他，可以回家啦。”

金昆仑大叫一声：“好，痛快！”说罢，走过来，与比自己矮半头的山田又干了一杯，崔财利赶紧陪着干了一杯。

金昆仑又让酒店老板安排了两个艺伎，让她们尽态极妍为山田和崔财利歌舞。

第二天早上，山田亲自开摩托车将金振之送到宾馆。金振之虽然西装革履、穿戴整齐，但脸上青一块紫一块，走起路来一瘸一拐。

振世、振雄两兄弟，快步上去抱住他，金振之疼得大叫一声。

金振世掀开他的衣襟一看，处处是烙伤，伤口还在滴血。振世怒视山田：“你们怎么把他打成这样的？”山田的脸一下子青了。

金昆仑表情如同大理石一样冰冷，冲金振世摆了摆手，说：“没有什么，这也是他们的工作！”

山田本来要对金振世动粗，但听了金昆仑这番话，也就放弃了这个想法。他转而皮笑肉不笑地对金昆仑说：“昆仑君的公子也是豪杰一个，硬是一个字也没说，一句求情的话也没说，他不像个书生。”

金振之说：“我他妈说什么呀？我根本就不是共产党！要这么说，我早晚要加入这个共产党，看看他们身上到底有什么你们这么害怕！爸，我什么都尝过了，老虎凳、灌辣椒水、电刑、烙铁……也他妈没有什么……”

山田讪讪地说：“哈，金先生，手续都办完了，回到沈阳，会有关东军司令部下面的宪兵队小野队长监管公子一年。”

金昆仑说："好，咱们争取奉天见。赶明儿个，我与本庄司令官说说，把你调到沈阳当差。还得大城市有趣儿，这个小地方有什么好玩呀？实在是委屈你了老弟。到时候，我好好领你玩玩儿。"

"哈依！"山田听了这话，心中猛地一怔。他觉得金昆仑来历不凡，他同时也觉得自己的机会好像也来啦。接下来的笑容里就明显多了一些巴结。

金昆仑看见了，多少也就有些享受。

金昆仑与山田、崔财利挥手告别，振世、振雄搀扶着振之上了火车。

当天晚上，父子四人回到了沈阳，进了金公馆。

在中堂大厅，金昆仑向大家说明了实情。

叶氏抱住儿子刚要哭，金昆仑的脸一沉，说："振之现在身体虚弱，禁不住你哭。"

叶氏轻轻抽泣起来，说："一个学生，他们怎么下得这样的狠手？"

金昆仑说："他们？他们就不是人！"

金冰玉轻轻抚摸哥哥的右臂，一面擦眼泪。

振雄说："姐，你就别干那个记者了，我听说你们报馆的馆长佐原笃介是个大特务。"

金冰玉说："姐自有主张，你不必多说。"

金昆仑说："大人的事，小孩子少议论。"

振雄听了这话，低下了头。

金昆仑看着不忍，就又说："不过这次在营口，振雄表现不错，彬彬有礼不卑不亢，像个大家公子。"

这时，珍珠走过来悄声说："老爷、太太，厨房刘师傅说饭菜齐了。"

金昆仑说："好，今晚我们欢迎振之回家，听说他在牢里表现得很硬气，没说一句熊话，没向鬼子服软。走，振之，爸今天为你接风。"叶氏擦擦泪花，说："我儿平安回来，我也要喝两杯。"

金昆仑故意和女儿走在后面，悄声问道："有黄显声的消息吗？"

金冰玉说："听说他在23日奉少帅之命，将东北军政中心迁到了锦州，他被任命为前敌总指挥。现在正在锦西、义县、兴城、绥中、北镇、黑山、盘山、台安等地培训民众抗日武装。刚刚出台了《收编加委方案》，各地义勇军纷纷去投奔他。辽宁抗日义勇军的大旗下，现在已有56路27个独立大队，还有6路的骑兵。还有特种编制的义勇军辽西第二军、辽南义勇军、辽东义勇军。他很能干，他还有个秘密武器，就是共产党出身的秘书刘澜波。"

金昆仑兴致勃勃地听着，听到这里，忽然插话道："如果你能捎话，就带捎一句，跟他说，用钱吱声。不行我就再卖几块地。另外，我准备搞个地下商会，专门为义勇军筹钱的。我把全城的有良心的商人都联合起来。唉，我听说，那个警察局长张凤岐就是黄将军派回来的，不知真假？"

金冰玉点点头，说："哦，这个不知道。"

说到这里，她暗暗想，要向组织汇报一下这个情况，如真是，那有机会可以打个配合。

一股盛京老酒的香味从大餐厅那边传来……

十二

1931年11月，开始了一个高寒的冬天。

形势变得特别严酷，22日，中共满洲省委张书记、军委书记廖如愿、宣传部长赵毅敏先后被捕。省委机关遭到整体性破坏。

12月底，新组建的中共满洲省委机关迁往尚未被日寇占领的哈尔滨。临行前，新任省委书记罗登贤秘密接见了金昆仑，对他说："你可以多多与日本人周旋，保护我们的同志，保护沈阳的百姓。”同时，组织上也通知金冰玉继续留在《盛京时报》工作，随时关注日军动态，关注各地义勇军的发展状况。

工作越来越难做了，金冰玉觉得自己就是在虎狼窝里。

近一段时间，那个佐原笃介的眼神越来越不对劲。金冰玉想，这也就是金家在沈阳的影响太大，也就是父亲在沈阳的影响太大，不然，别说别人，这个佐原笃介就把她先吃了。

当然，这也是她的智慧保护了自己，她业务精良，什么难跑的新闻她都搞得来，包括去中日两国的兵营，她都如入无人之境，关系网庞大而细密。出稿子也快，观点新奇，不偏不倚，文章表面看是没有什么情感的，或者说，金冰玉从不在文章中流露自己的情感。

这让佐原笃介特别看好她，说她是天生当记者的料。但同时，佐原笃介也一直在研究这个姑娘超冷静的意志是从何而来，难道仅仅是继承了金昆仑的禀性吗？

有一次，报馆到北郊兵营的靶场玩儿，先生们练射击，佐原笃介把自己的南部十四式手枪递给了金冰玉让她试试，她握枪的姿态特别标准而熟练，一点也不像其他女同事那样大惊小怪。可是，结果却是一枪也没中靶。佐原笃介怀疑金冰玉是有意打不中。那么，她怕暴露什么呢？特别是她在射击之后又补充了一句：“我爸以前也有这么一把，我玩儿过，可是我总打不准。”她为什么要这么说呢？

正如金冰玉所想，她身陷虎狼窝，而且虎狼正一步一步向她逼近。

金冰玉感到现在自己是孤军奋战，接不到上级的任何指示，有了新情报，她也不知送往哪里。她想找原先的同志张光奇，也联系不到了。有一天，她到小南关西板井胡同张光奇的家里去问，家人说好久不回来了，可能到山东教书了，也可能是去了四川。总之，连音讯也没有，她真有点想念张姐了。

直到 30 年以后，1962 年 5 月，两人才在小南关的第九中学的校长室里见面。

“冰玉！”

“张姐！”

两位老战友的手紧紧握在一起了。

“张姐，我以为你……我以为我们这辈子再也见不着了。”

“我不看到革命成功，我怎么能死呢？这次回沈阳，我第一个找的就是你，姐姐想你呀……”

接着，张光奇说她与党组织失去联系后，先后在山东、四川等地办学、演话剧，培养抗日青年奔赴延安。这个月，终于调回了沈阳，在市第九中学当教师。金冰玉讲了自己参加义勇军、参加抗联的往事。

说着说着，两位坚强的女英雄忽然抱头痛哭起来。

1931 年深秋的时候，凤城岫岩边界传来喜人消息，让金冰玉在茫然中感到了一丝的振奋。

凤城县公安局局长邓铁梅接受黄显声指派，从 10 月起，建立了东北抗日民众自卫军，到这个月已聚集起 2000 多人。这让金冰玉因为省委机关的破坏而灰下去的心情又亮了起来。

金冰玉把这一消息告诉了父亲，金昆仑听了，一拍书案，大叫一声：“好！”但同时，老人家的热泪也夺眶而出。

金冰玉停顿了一会儿，又说：“还有，共产党人巩天民等人正在搜集、编写日军侵华罪证，准备向国联调查团投递，向全世界揭露他们。”“嗯，也是一个办法，但我看主要还是要靠打。我不大信国联会向着我们，洋人哪，都是一伙的。对啦，你怎么知道巩天民是共产党人？”“我？……我猜的。”“……哦，那个，那个……铁石在凤城本溪那一带，如果有机会，让他给邓将军捎点大洋，让他们的人马买武器用。”“爸，现在铁石一个多月没有消息了。”金昆仑看了看女儿，目光满是慈爱。这番谈话，让他更加坚信女儿是共产党。

一个多月的调养，金振之的身体好多了，已经可以和弟弟振雄自如地打网球了。

在这期间，奉天日本宪兵队的小野队长是隔三差五就要到金家来一次，表面上询问病情，实际上是监视他的动向。

这一天，小野还特别问他对前途的想法。

金振之说要回南开继续读书，希望宪兵队能够放行，但都被小野连连摇头否决。

小野摇摇头，说："司令部看了你的口供，我们在天津南开的人也看了你的档案与论文，你的确不是共党，但你是个人才，是个大人才，我们要培养你为我们（东亚共荣圈）服务。所以，我们要送你到日本读书。"金振之说："我的历史专业还有三年就毕业了，我喜欢历史，到日本我还要重新考试，听说你们日本国考大学非常难。"

小野说："不，振之君，这个你不用考虑，我们保送你去读帝国大学。"

金昆仑在一旁听了他们的对话，仿佛忽然就来了兴致。

"振之呀，你的脑子不大好用呀，我看这事行。"

"爸，我……"

"我什么？答应下来。小野队长，你放心吧，这事我做主了，咱们就去日本留学。"

"好的，金先生，您的痛快人的。我先走啦。"

"好的，小野先生，就这么说定了。"

"好的，金先生，听说您麻将打得有名，择日可以切磋一下呀。"

"那太好啦，你可以带两个高手，你们三个对我一个。"

"好的，好的。"

金昆仑一眼看出这个小野是个赌鬼，而且是个贪婪的赌鬼。他心说，我就不怕你贪，我怕你不贪。

金昆仑和金振之客客气气地把小野送走了。回到中堂大客厅，金振之满脸迷茫地看着父亲。

金昆仑说："你瞅什么呀傻小子？这事就这么定了，留东洋。"金振之说："爸，我怎么能给敌寇服务呢，还什么东亚共荣圈？"

"儿子，你就是个书虫子，读书读傻了，服务不服务，还不都在于咱们自己的那颗心哪。"

"您的意思是？"

"你听我说，小鬼子是他妈不是玩意儿，但是他们的教育和技术是好的，不然，他们凭什么打进来？ 1868 年明治维新以后，他们因为改了制度，现在很发达。我们去把他们的技术学来，为我们国家服务不是很好吗？"

"爸，这么说也说得通，魏源先生说过师夷长计以制夷，对，可以！那具体我该怎么办？"

"四年本科下来，你要随时选择机会逃回来，不能等着他们给你安排职位，否则，到时你干也得干，不干也得干了。逃回国内，不要回东北，要到上海找你大哥。让他给你安排，我感觉他能帮你，他会给你找一条救国救民的路。"

"爸，我听懂了，对呀，就这么办。"

"小鬼子出钱出力供咱们留洋，为什么不干？这买卖干得过。"

说到这里，金昆仑就拉着振之向夫人叶氏的房间走去，向她通报振之赴东洋留学的事儿。

叶氏明白之后，不免有些担心，她说："人家肯定是要监视你的，你往回逃是有很大难度的。"金昆仑说："你就放心吧，振之是南开的高才生，脑子够用。再说，我金家哪个是吃素的？这点事难不住他。振之智勇双全，这次在日本人的监狱里表现得特别爷们，连小鬼子都服。"金振之说："妈，你放心吧，我一定会学成回国，用我的知识救国救民于水火。"叶氏说："那好吧，我吩咐他们给你准备准备。"

一周以后，金振之在两个日本宪兵的"护送"下，从旅顺口上船去了日本，在帝国大学读医学系。四年后，在上海中央码头成功登陆，十年后，他在辽沈战役中有了一番奇异的作为。

金振之伤好留洋，让金昆仑暂时了却一桩心事。还有一件开心事，金冰玉对他说老梯子在这个月，也就是 1932 年 1 月，在攻打新民五台子取得大胜利，打死敌人 73 人，其中一名日军中队长、一名大尉、一名中尉，缴获长短枪 76 支，子弹两车，战马 64 匹。

金昆仑越听越兴奋，忍不住问道："你说老梯子打仗时是不是骑我们家的马呀？"金冰玉说："那应该是，那当然是喽。"金昆仑自语道："我家的马跑得快呀。嗨，我要再年轻 20 岁，真想跟他们一起干呀。"金冰玉说："爸，你一直是在作战呀。"金昆仑听了，起初很满意，继而又摇摇头。

这一天，就在金昆仑想在琴剑阁喝茶休息的时候，忽然，张德福来敲门，"老爷，是我……"

"进来！"

"老爷，赵亚洲最近可能要攻咱们奉天城，打鬼子！这是让老梯子给激的呀，较上劲了。"

"赵亚洲是谁？你坐下说。"

"是，老爷！"

十三

"赵亚洲是抚顺富尔哈村人，今年 28 岁，原先叫赵殿生。他放过牛，扛过活，当过保甲和铁路警察。这个人为人豪爽，讲义气，好交朋友。9 月 20 号那天早上，在抚顺、铁岭交界的北大岭，他发现东北军第七旅撤退时丢掉的枪支弹药，他找来一辆地车子推回家里。那天晚上，他把几个同乡好友请到家里，弄几个菜，喝了起来。喝着喝着，他突然站了起来。他说：‘我捡回来这几支破枪，就是要和小日本比划比划，收拾他一个够本，收拾俩赚一个……’几个人拍案叫好。第三天，他就拉起一支20多人的队伍，报号‘亚洲’，这号大不？现在已经有了300多人的骑兵队伍。他规定所部官兵一律戴红袖标，袖标中间写一行‘宁做战死鬼，不当亡国奴’的大字，下面是一个‘亚’字。‘赵亚洲’三个字远近闻名，赵殿生反而没有人叫了。上个月，就是11月，他带人打退了日本保安队的进攻，俘虏敌人6人，缴获‘三八大盖’枪5支，匣枪2支。前几天，他还抓获处决了刺探军情的日本特务安次武太郎，那家伙化装成讨饭的……黄显声领导的东北民众救国会已经委任他为东北民众抗日义勇军第三十九路军司令了。”

张德福说到这里，金昆仑忍不住赞叹道：“是条血性汉子呀。”

“还有个秘密呢，老爷！你猜谁是这赵亚洲的后台老板？”

“谁呀？”

“我们的二姑太。”

“嗯？”

“有一天，二姑太听说赵亚洲的队伍路过铁岭，就秘密和他接上了头，一出手就是三千大洋，让他招兵买马买枪买炮。你看，二姑太还给您带来一封信。”

金昆仑疑惑地看看张德福，然后，接过那个长方形的大信封，从里面取出白雪斋出产的信笺，只见上面写四个大大的颜体字：助赵灭倭。

金昆仑问道：“二姑太没说怎么个助法？”张德福说：“就是让我们注意城里鬼子的动态，随时报告，一旦他们防备松了下来，立即通知赵亚洲他们。”

“怎么个通知法儿？”

“由我送到四平街老天合丝坊门前那个要饭的小伙子手上。”

“哦……你？你是谁？”

“老爷，你别再问了，别看我是个门房，但我也是个中国人，共产党在传单上号召全民抗战，那也有我的份儿。”

“好啦，我知道了，别大声大气的，这事就不是大声说的事儿。”

“是，老爷！”

1932 年 3 月 8 日，溥仪在“新京”正式就任“满洲国执政”，“满洲国”宣布成立。

金昆仑看了这条消息，特别气愤，大骂溥仪是民族败类。和东北民众救国会的黄显声等人想的一样，金昆仑也想就抓住这个当口儿给日本人点颜色看看。

8 日晚些时候，一封书信送到赵亚洲的手上，只见上面写道——

“奉天城内日军很空，大都调至北部打马占山去了，只剩下伪奉天警备旅一部分人和日本宪兵队，如若打沈阳，可立即行动。”

正巧，这天小野来邀请金昆仑打麻将，说得清楚一点，他是对自己的技术盲目自信，他想狠狠赢下这沈阳城有名的财主。

虽然听说金昆仑是沈阳城的赌神，但是他有点不相信。

金昆仑心说我正想找你玩一把呢，估计赵亚洲接到情报后最迟 10 日也能动手了。于是，他就定在了 9 日傍晚在四平街西头的“豪乐劝业场”连开十局，小野一听，嘴角咧到耳根子，使得两只耳朵一支棱一支棱地抖动。

金昆仑看了，心说：“这点出息，一看就是没见过钱。这样也好，我找到了你的死穴。”

1932 年 3 月 9 日的晚上，赵亚洲率领三十九路军的 3000 多人开拔到沈阳城东的伯官屯一带，友邻部队“金山好”部 1000 多人开到了城北辉山，“长江好”部也有 600 多人进驻城东北望滨屯。“君子仁”部 1000 多人埋伏在塔湾。

各部队加在一起有近万人，他们悄悄逼近沈阳城。

路过彭楼村的时候，义勇军召开了研究攻打沈阳的军事会议。

在会上，赵亚洲部署完战斗任务之后，宣布了纪律——“进城后不准乱杀、乱抢和奸淫妇女，行动听指挥，违者处死。”

会议决定“金山好”、“长江好”率他们的部队作为先锋，由小北门、大北门向里面打；赵亚洲率部由小东门、大东门向里攻打，其余各部集结东陵、马官桥一带作为接续部队，陆续向前进攻。原计划金、赵两部入城后，直取日本租借地浪速通，捣毁日军司令部，活捉关东军要人，进而光复沈阳。

那天晚饭后，“豪乐劝业场”二楼的麻将之战正在激烈进行。按照金昆仑的习惯，他先让了三局，小野队长和他带来的两个尉官赢了个钵满盆满，三个人乐得一佛出世二佛升天。小野咧着嘴说：“什么奉天赌王，支那人的不过如此。”金昆仑说：“是是是，我哪里是大日本皇军的对手？”但接下来七局，金昆仑一路凯歌，不断地叫着“和啦”，转眼 3000 块大洋到手了。

小野和同伙眼睛都血红了，但又没有别的办法。

金昆仑一推窗子，说：“我散给街上那些穷苦的人吧。”说罢，将那些“袁大头”像下雹子一样抛向窗外，楼下的四平街上响起一片片欢呼声。金昆仑站起身来，向窗外继续抛银币，楼下的人群里有人认出他来，不断高呼：“金爷！金爷！”

金昆仑重新坐下来，见小野等三人的脸上发紫，他淡淡地说：“就是玩儿呀，别当真。这样，我再让你们赢七局。”于是，又战了七局，小野等三人赢回了 4000 大洋。小野总算找回了心理平衡，脸上露出僵硬的笑。

这时候，金昆仑看看怀表，说：“快 11 点了，这样，我送你们去宝发园吃夜宵，你们随便点，我来付账。我年纪大了，喝不动了，回家休息，改日咱们再玩儿。”说罢，带领三人下楼，二林子正在楼下的车上等着呢，一边等，一边悄悄地练八卦掌的空手夺白刃功。

“二林子，先上宝发园送三位皇军吃饭，然后咱俩回家。”

“是，老爷！”

小野等三人虽然被金昆仑的气势压得不舒服，但是碍着本庄繁的面子，又不好表露什么。况且，最后还是让他们赢回了 4000 大洋，更何况还要请他们到宝发园这个张少帅曾多次光顾的名店喝酒，这面子也算给得足够。

宝发园在小东门，离“豪乐劝业场”很近，二林子一直向东，车开出了大东门，然后，再向北一拐就到了。

宝发园是个二层小楼，创办于宣统元年（1909）。当年，河北省宁河县北塘村有一家农户姓国，有国钧璋和国钧瑞哥儿俩，因家乡兵荒马乱，连年闹荒灾，生活没有出路，就学别人闯了关东。

他们来到沈阳不想走了。于是，在小东门外开了一家小饭铺，起名叫宝发园。当家菜是熘肝尖、熘腰花、熘黄菜、煎丸子，闻名全城。大前年，也就是1927年张学良特意来吃这套“四绝菜”，宝发园因此名声更大了。

金昆仑请小野等三人到了二楼，对正在柜台上“噼里啪啦”打算盘的国钧璋说：“我的朋友，照顾好，菜要最好的，酒也要最好的。都记我账上。”

国钧璋一看是金昆仑，满脸喜色地说：“金爷，您放心吧。”

金昆仑说：“我先走了，玩儿了一下午，困了，岁数不饶人哪。”

国钧璋说：“金爷在我眼里，还是当年的金爷。”

金昆仑说：“你就是会说话。我走了。队长，你们慢慢用，天还早着呢。”

小野冲着金昆仑“嘿嘿”一笑，饭店里的香味让他有点发晕。

金昆仑下了楼，坐上车，直奔小南关的金公馆。他让珍珠泡好一壶“水仙”，静静地等待着。

小野中佐和两个尉官喝得山呼海啸，很快进入了神仙境界。他们早忘记了回队部，反正本庄繁司令长官已带兵外出了。今晚，在这沈阳城，小野就是王了。

3月10日天刚放亮，赵亚洲等三支义勇军就向沈阳城发起了总攻。

部队出发前，特别斩杀前几天俘获的两名日军军官用来祭军旗。

这支部队经过猛打猛攻，赵亚洲部的前锋王子安参谋引路，掐断大东门一带电源线后，进入小东门。

出乎意料，守城门警队在队长率领下，居然将枪架起来乖乖投诚。

在宝发园里喝得酩酊大醉的小野中佐被枪声惊醒，带着两个尉官，跑回宪兵队，集合了百余名宪兵仓皇应战。

他们先在大东门、小东门一带，遭到赵亚洲部的痛打。

凌晨3时，宪兵队撤到大北边门，正好“金山好”部在这里，一阵激烈的枪响过后，数十名日宪兵应声而倒。

这支部队趁机占领了沈阳市第十一警察分局，击毙了伪分局长张振东。缴获机枪4架、载重汽车3辆、小汽车1辆、电汽自行车2辆。

沈阳城里的人们听到义勇军攻入城里的消息，纷纷起大早上街张贴标语，欢迎义勇军攻打沈阳，有的人还给部队送去火烧和“八王寺”汽水。

赵亚洲部顺利闯过了小东门。他们原计划去洗劫一家兵工厂，但行进到兵工厂附近的地方，就遭到伪奉天暂编陆军步兵第一旅的阻击。

义勇军的子弹打光了，被迫退到大东门外，集结于马官桥一带伺机再次发起进攻。

天已经放亮了，义勇军不便继续行动，赵亚洲决定全部撤退。

就在这时又出现一个意外的情况，后续部队在东陵高坎旧站地区袭击了日军的军列。这样，集结地点和进军路线一下子就暴露了。

日军如临大敌，派出7架飞机轮番轰炸义勇军的后续部队。这支队伍的整体军事素质比较低，除少数东北军旧部军人之外，大多数是农民，很快，他们就被打散了，各部之间失去了联系……

“金山好”部、“长江好”部、君子仁部和赵亚洲部一起，悄悄撤出了沈阳城。

义勇军这次进攻沈阳，虽然没有最后成功，但这却是中国军队第一次有组织、有计划地主动进攻日伪盘踞的大城市。尤其是发生在溥仪就职伪执政的第二天，国联李顿调查团即将来沈之际，意义特别。同时，也向世人展示了辽宁人民不甘为亡国奴的战斗精神。

六天以后，即3月16日，远在江西瑞金的中华苏维埃共和国临时中央政府机关报《红色中华》，在显著位置报道了“东北义勇军大举进攻沈阳”的消息。

如星火燎原，在此后的一年当中，各路义勇军袭击沈阳11次，袭击南满地区115次，袭击安东128次，袭击辽阳48次。

尽管屡遭日军残暴绞杀，但义勇军的抗击却始终在沸腾的状态中。

特别是1932年8月底，共产党人、著名抗日英雄李兆麟率领第二十四路东北民众抗日义勇军攻打沈阳城的战斗。他们攻破东塔飞机场，烧毁日军机场油库，烧毁飞机、击毙日伪军，缴获了大量的枪支弹药。

李兆麟这一壮举，轰动了全中国。

金昆仑每每与家人聊起这些事，都要说：“这都是赵亚洲的首创之引发的，二姑太没有看错人。她老人家这3000大洋没白花，是花在了刀刃上了，赶明个儿，我给她老人家补上。”而每逢这时，金冰玉都要叹息道：“我想二姑太了。”

听说李兆麟将军在小南关边门的边家胡同有套新居，金昆仑曾想偷偷拜访，但考虑到双方的安全，他一直也没有去。

10个月后，1933年6月22日，金昆仑得到一个情报，说是鬼子已经查清了李宅的地址，马上要抓捕李兆麟。

“金爷，怎么办？”来人急切地问。

“别急，我来办。”金昆仑沉着地回答。

傍晚，一位老大娘神不知鬼不觉地敲开了李宅的大门。

老大娘递给门房一封信函，说：“速交你家大人。”说罢，三步两步消失在小南边门外的苇塘里面。

李兆麟打开信封一看，只见便笺上四个大大的颜体字：鬼降速逃！

李兆麟连夜撤离了小南关边家胡同，鬼子宪兵队扑了个空，队长小野愤愤地朝天开了几枪。

十四

回过头来，继续说 1932 年 3 月的事。

具体时间：3 月 11 日那天下午 2 点左右。

火烧火燎地，本庄繁从长春溥仪就职大典上赶回来。

在关东军司令部，他把小野等人臭骂一顿，耳光也“啪啪”扇了几十个。

他想对金昆仑发威，又觉得不大妥，金昆仑在沈阳城的威望，让他担心一旦矛盾激化，会对关东军在这里的统治不利。

本来，前天溥仪在长春“登基”是请金昆仑前去祝贺的，但金昆仑说：“我身体最近不大好，别把‘登基’的喜事给冲了。再说，他原来当皇帝就没当好，让孙中山给轰下来了龙椅，那他现在就能当好？这人面相不好，妨国家，我会看相。大清朝都让他妨完了，你们选他？真是的……”本庄繁虽然不信这些，但听了这话心里也不舒服，但又想不出别的办法，说到底，他对金昆仑总抱有一丝幻想。

本庄繁认为只要怀柔的手段用到了一定的程度，金昆仑迟早会是他的人。对金昆仑这样的人不能来硬的，要攻心。

攻心，就要有耐心。比如对那个爱新觉罗氏贝子老太太，就是太急了，结果闹得沸沸扬扬，太被动了。

这次溥仪长春“登基”，在沈阳的爱新觉罗宗室，请谁去谁都推辞，都说自己是远支。最后，只有熙洽等零星三五个没骨头的去了。

这样的“登基”仪式，尽管也搞得鼓乐喧天花团锦簇的，但终究感觉上有些冷场，就好像一个气血严重不足的角儿上台，一开口就输掉了整部戏。

骂完了小野，本庄繁还是决定要探探金昆仑。

尽管小野说是自己主动找金昆仑打麻将的，但请小野下馆子喝酒总是金昆仑主动的吧？他会不会与赵亚洲有什么勾连？

这个金昆仑让他觉得是个谜，一个似乎永远也猜测不透的谜。

虽是司令官，但每次到金公馆来，本庄繁还是要做出仪式从简的样子，带上三五个士兵，坐着那辆美国福特 48 型 4 门军官轿车就来了。让随从礼貌地敲门，张德福一听，心里也猜得八九不离十。开门一看，果然猜对了。

“哦，是将军阁下！将军请进！”

“金爷在家吗？”

“在，我马上通报。”

本庄繁就站在影壁的前面恭候，不一会儿，金昆仑快步走了过来。

“哟，将军阁下，怎么不先来个电话，我好去接您哪。”

“哪里，那怎么敢劳烦金爷的大驾？”

说罢，随从侍卫有三个站在院内，有两个紧随本庄繁的身边。

进了中堂大厅，金昆仑请本庄繁落座，两个侍卫一边站一个，昂首挺胸，特军人的样子。

金昆仑微笑着，等待本庄繁开口。本庄繁假意环视一周大厅，这才似乎轻描淡写地问道：“前天晚上，是小野请您玩麻将的吗？”“啊，他是怎么说的？”金昆仑手持紫砂小壶，有点关切地问。

“他正是这么说的。他还说他请您好几回了。”

“是呀，是这么回事。怎么了？如果因为这个要处罚小野，那我可以揽下来，就说是我主动邀请他去玩的。”

“那倒不用，可是，请他们去宝发园是您主动提出来的吧？”

“是呀，是我。可谁承想他们仨喝成那样，又谁承想就又来了匪军呢？这样吧，如果就为这要处罚小野，我都担着。”

“哈哈，那倒不是。看起来我没看错呀，金先生为朋友就是两肋插刀呀。”

“哈哈，我感觉将军是有点不信任我呀，是不是怀疑那群攻城土匪是我勾引来的？”

“金先生说的是哪里话呢？我怎么能这么想呢？”

两人对视了一下，又都似乎很真诚地大笑起来。

这时，金冰玉和金振雄姐弟俩说笑着走进中堂大厅，见有贵客，两人想退出去，但已经来不及了。

金昆仑连忙向本庄繁介绍说：“这是我的女儿冰玉，《盛京时报》的记者，这是我小儿子振雄，同泽中学的学生，明年就要升大学了。来，快来认识一下客人，这位是本庄繁将军。”

金冰玉和金振雄客气地与本庄繁打个招呼，本庄繁却像被电住了一样，呆呆地看着金冰玉一动不动。

金昆仑冷静地看着这个场面，并没有什么表情。

金振雄看了看本庄繁，说：“阁下，别忘了，您可是个堂堂的大将军哪。”听了话，本庄繁这才缓过神来，自觉失态，这才讪讪地一笑，说：“哦。真是翩若惊鸿呀。”金冰玉“哼”了一声，那边弟弟拉着她向后院走去，连招呼也没打。

“金先生，一双儿女也是龙驹凤雏，而且有个性。我来沈阳快半年了，头一回有人敢这么对我说话。”

“将军阁下，孩子少不更事，别生气。唉，想起来了，我们还是文玩同行哪，最近到宫里去了吗？看中宫里哪一件了？”

“金先生，对，我看好了一件乾隆款嵌珐琅缠枝花卉钵，难道这个也是假的？”

“哦，那个倒不完全是假的，它是道光年间的仿制品替换的，真的在我手里呢。”

“真的？”

“我从不撒谎，我丢不起撒谎的人，你到全奉天打听打听，我们金家的名声，我金昆仑的名声。”

“真品怎么会在您手里呢？”

“我上次没跟您细说，宣统元年的时候把宫内的文物都换了个遍，就是担心怕再来一次日俄战争，再出现一次抢劫。于是，旗务处的人就请来北京皇宫老内务府造办处的人，仿照真品造了一批摆进了咱们故宫的陈列馆，真的早转移了。实不相瞒，库房的钥匙在我手里。”

“哦……”

“我是看将军是个实诚人，我也诚心诚意交您这个朋友，所以我才这么做。我知道我这样做，会有人骂我，甚至留下千古骂名，后人们会骂我是汉奸，但我对这个国家绝望了，连皇帝都叛了变，我算什么呀？我都六十多岁了，还能活几天？我不如好好交你这一个好朋友。我只希望你不要对外人讲，这对你也不光彩，军部要是知道了，天皇也就知道了，到时候好说不好听呀。”

话说到这个份儿上，可谓掏心掏肺，既有自己的苦衷，又有对本庄繁设身处地的考虑。本庄繁至少目前没有再怀疑的理由了。他看了看两名贴身侍卫，眼睛里流露出莫可名状的一种神情。

金昆仑向外面喊了一声“马武”，管家马武就跑了进来。

“马武呀，你去地下库房把那个乾隆款嵌珐琅缠枝花卉钵拿出来，将军喜欢，让他拿家玩几天。”

“好的，老爷！”

马武领了命，急急地去后花园了。

金昆仑说：“我这样说，也是迷惑这个管家。什么玩几天？我就是送您了。现在不是我说了算了吗？实话说，这个地下库房就在我家的后花园里。当初选这里，就是因为这里离故宫远一些，没有人会想到能在我家，还有一层，是因为我懂保管文物，在我家轻易不会损坏。”本庄繁说：“金先生，您对我确是一片真心啊。”

“真心假心慢慢看。我还请求你一件事，回去不要难为小野队长，他也是我的一个很好的朋友。”

“放心，昆仑君，我也是讲情谊的人。”

“还有，朋友真的是要有真心，长相知不相疑。我听说上次我给您的郑板桥的墨竹立轴，您去紫云先生过眼了？他可是东北第一鉴定家呀，怎么样？他怎么说？”

本庄繁的脸有些发红，连连说：“他说是真的，他说是真迹无疑。”金昆仑哈哈大笑，说：“你呀，将军，不够朋友。”

这时，马武回来了，捧着那件乾隆款嵌珐琅缠枝花卉钵送到金昆仑的手上，金昆仑再捧到本庄繁面前，本庄繁站起身来，恭恭敬敬地抱在怀里。

“将军阁下，你可要拿好了，这可是乾隆爷玩过的，上面有龙气，真正的国宝。”

“放心，昆仑君，我会拿它当命。”

本庄繁好像担心这件宝物会飞了，急急地向金昆仑告别，起身向前院走去，金昆仑一直送到大门口，两人挥手告了别。

送走了本庄繁，金昆仑回到中堂大厅，叶氏和孩子们都聚在那里等他。他像没事一样，笑容可掬地看着大家。

叶氏说：“还笑呢，我们都替你捏把汗。”他反问道：“有什么可怕的吗？”

他看着振雄，高兴地说：“今天，爸得表扬你，你长大了。训斥本庄繁的话就得你说，我不能说。我有另外的招儿治他，你今天维护了姐姐的尊严，也维护了金家的尊严。午饭，我与你单喝两盅。”振世听爸爸这样说，高兴地拍拍小弟弟的肩膀，两人一起请父亲去了小餐厅。

两天后，关东军司令部抬出两具尸体，就是本庄繁的两个侍卫。两人是剖腹自杀的，留下了认罪状，承认自己是通了“匪首”赵亚洲，致使沈阳城一度失守。

金昆仑得到这个消息，轻轻一笑，心说“这个本庄繁可够黑的，杀人灭口。可我这不也等于借他的手消灭了两个吗？就用一个假罐子。消灭两个，就少了两个祸害。同时，我也保护了祖宗留下的宝贝。”

果然，本庄繁再来金公馆与金昆仑“密谈”时，就不让侍卫进入中堂大厅了，而是站在影壁之外。出来时携带的宝物，金昆仑也命马武给包得严严实实，谁也看不出里面装的是什么东西。

每次望着本庄繁匆匆离去的背影，金昆仑眼角的鱼尾纹都忍不住弯起来。

十五

沈阳的早春，和冬天没有什么区别，依旧是很冷。

这一天早上，金冰玉像每天一样坐在办公桌上读当天的报纸，这时，社长办公室的禾子小姐悄悄走过来，小声对她说：“社长请您过去一趟。”说罢，神秘一笑。“好吧，有劳禾子小姐。”“不客气喽！”

金冰玉在禾子小姐的带领下，来到社长佐原笃介的办公室门前，禾子先敲了门，接着，里面响起佐原笃介热情的声音——“是冰玉小姐吗？快请进！”这犹嫌不够，佐原笃介还亲自来开门。

佐原笃介比以往更加热情，热情当中已经有明显的恭维了。禾子小姐悄无声息地退了出去，佐原笃介请金冰玉坐下，然后，捧上了一杯刚沏好的茶。

“金小姐，最近还好吧？”

“还可以吧。”

“金小姐，向您报告一个喜讯。本社鉴于您的优秀表现，现决定任命您为编采三部的主任，同时，任命您为时评部的主笔。”

“多谢社长。”

“您先别急着谢，还有一件更大的喜讯在后面等着您呢。”

“哦，能是什么喜讯呢？”

“你听我说，本庄繁将军昨天特地来社里啦。”

“他来社里做什么？”

“他说是慕您的芳名而来，夸您的文章好……”

“哦……他看过我的文章？”

“当然，我们的报纸天皇还看呢，您的文章天下闻名啊。嗨，我直说了吧，本庄繁将军看上您了，就是前几天去您府上的时候，昨天特来报社托我做媒……”

“这……这怎么可以呢？”

“这怎么不可以？这太可以了呀。将军，用你们中国人的话来说是一品大员哪，相当于你们这里早年的盛京将军。您出身名门，人家也是有来历的呀。英雄爱美人，美人嫁英雄，我早看好了你们是一对，没等我开口，将军却先开了口。将军的夫人正好前年去世了，您嫁过去的名分就是正室。怎么样，金小姐？”

“这个……这太突然了吧？”

“喜事总是从天而降，往往都是突然的呀，突然就是惊喜呀，这没有什么，这是大大的好事。”

“这个……先请替我谢谢将军的美意。容我回去同家父商量商量。”

“这么说，金小姐您本人是同意的喽？”

“我也要考虑一下，况且，我二姑太刚刚故去，我守孝至少也要一年才敢谈婚论嫁。”

“这不要紧，只要您肯答应，将军等一百天二百天都应该是可以的。我跟您说实话吧，将军特别看好您，条件您尽管提，他什么都能答应。”

“我还是要回家跟父母商量一下再回话给您。”

“好的！好的！好的！”

金冰玉离开了报馆，叫了一辆车，直接回了家。

怕母亲担心，金冰玉先来到琴剑阁，先跟父亲说了这件荒唐的事。

金昆仑轻蔑一笑，说："他的想法倒是很传奇。可是姑娘，爸想听听你的意思。"金冰玉说："我当然是不能嫁这个野兽的，国恨家仇明摆在这儿哪。"

"这我知道，我是想问你如何应对。"

"我刚才对佐原笃介说，要回家跟您商量。"

"依我看，本庄繁目前倒不至于抢婚，可是时间长了，就不好说了。他现在对我抱有幻想，时间长了，我会让他失望，那他必然原形毕露。到那时候……"

"爸，我倒有个主意，估计这几天本庄繁要来跟您犯贱，您拖住他，就说全族都在为二姑太守孝，百天之内不能提亲，百天之后再做考虑。"

"那百天之后呢？"

"在这期间，我到桓仁找铁石去，就在几天前，唐聚五将军已经成立了辽宁民众救国会和辽宁民众自卫队，铁石一定在唐将军那里。他上次来信说过的。"

"哦……这倒是一条路。"

"他们一定需要我这样的人。爸，你是知道的，我枪打得也好，我还能写文章。还有，昨天我见到志城银行的行长巩天民，他说中共满洲省委印发了《告满洲各地义勇军书》，要派党员、团员到义勇军中去。我感觉唐将军的队伍里马上要有共产党了，有了共产党就能成大事。所以，我要去桓仁。"

听到这里，金昆仑大有深意地看了女儿许久。

"嗯，你准备什么时候走？"

"您先拖住本庄繁。我稍做准备，就给他来个无影无踪了，爸，你在我走之后，要立即报告警察署，要发布寻人启事。我现在要尽快做出逃设计。到那时候，还可以像二姑太那样，造一个声势，说是本庄繁逼婚，把我逼得走投无路。逃到哪里不知道，或者就说逃往上海吧，去找我大哥去啦……"

"好！"

"请我妈过来，我们商量一下……"

“好，珍珠呀，请太太过来，我们说点事。”

珍珠答应了一声，跑进内室里请太太去了。

十六

1932年4月21日，唐聚五将军在桓仁举起抗日大旗。张铁石投到其麾下，做了警卫参谋。

唐聚五，本来是吉林省双城县（今属黑龙江省）的正黄旗满族人。他读过私塾，16岁那年投奔了奉军，编入奉军第二十七师卫队旅。

在1924年第二次直奉战争中，他升任营长。1926年春，张学良保送他到东北讲武堂第6期步兵科深造。1928年12月29日，任辽宁省防军一旅一团中校团副，在凤城一带驻防。

九一八事变的第二天，日军突然袭击凤城，一团团长被俘后投降。唐聚五当时没有在凤城，惊闻事变之后，他只身来到北平，向东北军司令张学良请战。

张学良任命他为第一团团长，让他回东北就职。

1932年3月21日，唐聚五等人在桓仁召开秘密会议，出席会议的代表达30余人。

会议决定，成立辽宁民众救国会和辽宁民众自卫队。

救国会设政治委员会和军事委员会，唐聚五为军事委员会委员长。

军事委员会下面又设辽宁民众自卫军总司令部，公推唐聚五为总司令。

4月21日，在桓仁师范学校操场举行起义誓师大会，参加大会的豪杰有70000多人。张铁石是其中之一，他本是中共地下党员，但他没有对唐聚五说，他对谁都没有说，对父母对金冰玉，都没有说。

这一点和金冰玉一样，对谁也不能说，这是党的秘密。

唐聚五身材魁梧四方大脸，一双虎目闪着火苗，天生的一副英雄形象。张铁石见了他，觉得他与金昆仑很有些相像，只是金老爷比唐将军似乎多了一些智慧，但英武却都是一样的。

张铁石上前自我介绍说："久仰唐将军大名，我家老爷经常跟我们讲起您，说您是大英雄，让我们向您学习。"唐聚五细细端详这个英俊的小伙子，问道："你家老爷是谁呀？"

"沈阳金公馆的金昆仑呀。"

"哦，昆仑兄，那是我的兄长。那可是响当当的人物。你是他家门房张德福的儿子吧？瞅着长得像呢。"

"将军好眼力，张德福正是家父。"

"好小子，是来跟我打鬼子的吗？"

"将军，我就是奔这个来的。"

"好哇，我看你挺机灵，做我的警卫参谋吧。"

"谢谢将军！"

在誓师大会之后，唐聚五向全国发布了《辽宁救国会通电》《自卫军各司令就职电》《告民众书》《告武装同志书》，特别振奋人心的是《告武装同志书》，其中这样的句子让张铁石热泪滂沱——

"团结起来，团结起来哪能甘心做亡国的奴隶，振作起杀敌卫国的精神，要知道现在是中国存亡的关头。我们被压迫的同胞们，团结起来，响应起来，风起云涌起来，万众一心。我们东北民众已义愤填膺，故喊杀愈烈，不畏炮火，冒弹雨直进！进！进！"

这让张铁石想起去年9月末流行于沈阳地区的高鹏振镇北军的《誓词歌》——"起来！起来吧，不愿意做亡国奴的人们。山河碎，家园毁，父母成炮灰，留着我们的头颅有何用？拿起刀枪向前冲！杀！杀！杀！"

也让他想起去年10月流行于抚顺、清原、新宾一带的《血盟救国军军歌》——“起来！不愿当亡国奴的人们！用我们的血肉唤醒起我国民众；我们不能坐以待毙刚愎自用须奋起杀敌；中华民族到了最危险的时候，起来！起来！全国人民团结一致，战斗！战斗！战斗！战斗！”

这是血盟救国军总司令孙铭武写的，流传很广。

张铁石一边抹眼泪，一边自言自语，“这要是冰玉也能看到这一段多好，或许她会找人谱成曲，把这些都谱成曲，唱起来，让全中国的人民都唱起来，都战斗起来。那该有多好！”

张铁石没有想到，3年后，这三首歌词被唐聚五等人推荐给大诗人田汉，田汉把它们糅合到一起，写成了《义勇军进行曲》，聂耳谱写成曲，就成了著名抗战影片《风云儿女》的主题歌。

又过了14年，到了1949年9月27日，中国人民政治协商会议第一届全体会议通过决议，中华人民共和国的国歌未正式制定前，以《义勇军进行曲》为代国歌。

真的像张铁石当年所憧憬的那样，全国人民都唱了起来，而且还要世世代代传唱下去。

桓仁的抗日烈火熊熊燃烧，烧红了辽南的半个天空。

十七

本庄繁对佐原笃介转达的金冰玉的回复，有一点满意，有更多的不满意。

对佐原笃介，他也不让座，也不上茶。

佐原笃介说：“将军，我会继续努力。我上次说过，我早就替您物色了这个金小姐，我觉得你们是天生的绝配。没想到，将军也是这么想。”

本庄繁“嗯”了一声，总算示意让佐原笃介坐了下来。

“嗯，佐原君，我想这不是你的错，也不是冰玉小姐的错，而是我的错。”

“您的错？将军阁下您怎么会错呢？”

“当然是我的错。您想啊，我与金昆仑那么要好，我不直接跟他说，反而到你那儿拐个弯儿，冰玉小姐就是愿意，她父亲也未必会愿意。反过来，如果金昆仑同意了，按他们中国人的习惯，冰玉小姐是不会抗拒的。”

“那依您看，金昆仑会同意吗？那天金冰玉说回去与父亲商量，三四天了，也没有个回话。”

“是我丢了礼数，我应该上门去求婚呀。”

“阁下说得对，这样做才是对的。”

佐原笃介心想，你是让冰玉小姐迷得发昏了，这金家人是不好对付的，尤其是这父女俩，谁也别想算计他们。

“嗯，我还是要到金府去一趟。”

“是的，将军，我也是这么想的。金昆仑视尊严如性命，他要面子，他很可能是故意摆架子。而金小姐也早到了婚嫁的年龄，她也在等如意郎君。我相信金小姐是害羞，您是谁呀？关东军总司令，马上就要授大将了呀。”

“哦，我要授大将的事你怎么知道？”

“我是搞新闻的呀，能不知道吗？一旦授了，我们报纸要隆重贺一贺呢。”

“哦，我得去金公馆啦，我这就去。”

“好的，将军，那我先回去了。祝将军马到成功。”

本庄繁换了一身西装，出现在金公馆。

这让金昆仑想起十年前在张作霖家见到的那个日本军事顾问，是的，那个时候，本庄繁就是这副样子。

今天的本庄繁更加彬彬有礼，先说了一通日本军部来信，说金振之在那边学业很好，身体也很棒。意思是在强调，都是他国内的朋友在关照。

金昆仑连说“谢谢”，同时，笑眯眯地看着他。

本庄繁拿出一把天皇御赐刀，同时，拿出一枚精致缎面戒指盒。

本庄繁说：“我想您已经知道我的来意了，令爱恐怕也跟您说过了。”金昆仑说：“哦，我女儿还真没说什么。”

“他没说我向她求婚的事儿？”

“好像没说。”

本庄繁耐着性子，脸上尽量堆着笑，把那天请求佐原笃介为媒并向金冰玉转达爱意的事又说了一遍。

金昆仑听了，沉吟了一下。

“将军阁下，恕我直言，这就是您的失礼了。向我女儿求婚，却找了她顶头上司，不和她本人说，也不和我说，这是怎么个礼数呢？这不是以势压人吗？您在这方面不是挺在行的吗？我听说溥杰王子与嵯峨浩的婚姻就是您做的大媒呀。”

“是的，金爷，这是我考虑不周。也算是我的一种敬畏吧。这不，我没有接到贵千金的回话，我就来了。这把刀呢，是我临行前天皇赐给我的，我现在赠送给您，这只钻戒是我送给贵千金的。”

“按说呢，我没有什么不同意的，您是一品大员，是我们高攀了。但是，我有一件事不明白。”

“先生请说。”

“我们俩是朋友吧？是朋友就是兄弟吧，那你要是娶了我女儿，你岂不是矮了我一辈嘛，成了我的孩子呀。”

“这……这个，我没有想那么多，再说了，贵千金要是嫁了我，我也就是您的孩子了，那也没有什么，那很正常。”

“你们日本人兴这个？”

“哦，那倒也不是，但我们大日本在这方面比你们开化一些。”

“哦，你们管这个叫开化？我们不，我们大概要归到乱伦上面。”

“这……”

本庄繁脸上有些挂不住，金昆仑说：“请喝茶，今天刚到的明前龙井。”

气氛多少有点尴尬。

金昆仑长叹一声，继续说道：“将军阁下，我说归说，但心里还是挺高兴的，像您这么大的将军能够枉驾屈尊到我金家求婚，这也是我和女儿和金氏全族的光荣。这样吧，给我们两个礼拜时间，我二姑太一些后事还没有处理完，一个礼拜足够了。两个礼拜过后，我给你们办婚礼。”

“谢谢您，金先生。”

“谢什么？我们是一家人啦。那聘礼我就收下了。我总要回赠送一件吧，说说，你最近又看中宫里哪一件了？”

“嗯，这个……乾隆款剔红勾莲梵文高足碗，我的很喜欢。看上去，特别喜庆，我要摆在我的新房里。”

“好，马武，过来一下。”

马武听到招呼，立即从外面跑了进来。

“马武呀，去到地下库房把乾隆款剔红勾莲梵文高足碗拿来，加点小心啊，别弄打了。”

“哎，放心吧，老爷。”

很快，马武回来了，捧回一个金丝楠木盒子，到了本庄繁跟前轻轻打开，顿时红光一闪。这是铜胎佛堂用碗。碗里鎏金，碗外采用雕漆工艺，在绿地上雕刻番莲花卉、梵文、瓔珞纹及须弥纹。底足边上有绿地剔红“大清乾隆年制”六字篆书横款。

本庄繁喜欢得不得了，连连惊呼：“神品！神品！”

马武悄悄退了下去，本庄繁奇怪这个叫马武的人那么大的个子，走路怎么那么轻，忽而，他又想，这不应该是轻功，门房张德福那么胖的体格走路不是也悄然无声吗?

这个来自日本兵库县的农家子，开始惊叹中国贵族家的规矩之讲究。

金昆仑说:“这不算什么。我想问将军一个问题。”本庄繁赶紧说:“请讲。”

“您和冰玉成婚后住在哪儿呀?她总不至于住进关东军司令部吧?那里杀气太重，不吉啊。”

“我想好了，我先在大和旅社住一段时间，然后，在春日町附近找个风水好的地方盖个小楼。”

“唉，那多麻烦呀，不用啦，我在大南关闲着一个院子，规规整整的四合院，我送给你们了。本来也是给冰玉准备的嫁妆，你们住吧。还住什么旅社，那太委屈我女儿了。”

“这……这怎么好?”

“这没有什么不好，我看这很好!”

本庄繁兴高采烈地走了，金公馆恢复了平静。

十八

1932 年 4 月末的一个晚上，金公馆中堂大厅里灯火通明。

金冰玉坐在大厅里，金家的理发师高明将她的一头秀发改成了男式中分发型。高师傅感觉她在轻轻抽泣，悄声问道:“小姐，您心里难受?”金冰玉坚毅地回答:“没有!我女扮男装出城，是为赴国难，我没有什么好难受的。打跑了鬼子，我的头发再留起来。”

金昆仑看了看女儿，深吸一口烟斗，说道:“嗯，像个当兵的。”叶氏在一旁抹眼泪，说:“这一去，也不知啥时候才能回家。”“妈，打跑了小鬼子，我就回家。”

高明刚要收拾工具，就听坐一旁服侍婆婆的振世媳妇缪秀芳说：“等下，高师傅，我也要剪一下。”

大厅里的人们愣了。

这时，振世、振雄和缪秀芳站起来，走到金昆仑和叶氏面前，一齐跪倒。

振世说：“爸，妈，我们不孝，我们要和妹妹一起投奔义勇军，两个孩子就交给二老了。”振雄说：“对，我们是堂堂男儿，怎么能落在姐姐后面？”缪秀芳说：“我和振世早就发誓要生死相依，他走了，我会天天担心，我要跟他去，我要照顾他，我要和他一起打鬼子！”

叶氏睁大眼睛，满脸都是惊讶，半晌才说道：“你们……你们这是疯了吗？”振雄站起来扶着妈妈，说：“妈，我们不是疯了，我们是醒了。看看吧，鬼子欺负到我们家门口了，抢二姑太的房子，抓我三哥，现在又来抢姐姐，还有那么多的沈阳人、辽宁人、东北人、全中国的人将要死在他们的刀枪之下。我们不上战场，我们就是不死，也要做生不如死的亡国奴啊。”

叶氏捂着脸哭了起来，两个孙子国栋、国梁抱住奶奶，劝道：“奶奶不哭。”

缪秀芳抹了一把眼泪，说：“高师傅，剪头吧。”

这时，许久没说话的金昆仑放下烟斗，问道：“老二，你们打算怎么走？”振世说：“我们坐您的车出城，您的车有特别通行证，没有人敢拦，让二林子送我们到姚千户，警察局的张凤岐局长已与姚千户和本溪一带的警察打了招呼，没有人会查我们。我们先在五姨家住两天，风声过了，我们化装成串亲戚的，雇三匹快马，我们……”他刚说到这里，金冰玉接过话来说：“这就不用了，我也想先到五姨家，本溪会来人接我们，把我们直接送到唐将军那里。我早联系好了，可我并不知道你们也要去呀。这下好了，我有伴了，路上不寂寞了。妈，你说我命这么好呢？总有人保驾，在家爸爸保我，出外一哥一弟保我。”

叶氏说：“傻丫头，还当乐子呢，你不知道妈的心有多疼啊。”金冰玉说：“我小时你给我讲的花木兰是讲着玩的吗？二姑太都七十多岁了，还与小鬼子干呢，我们怕什么呢？”

金昆仑听到这里，一磕烟斗，说道：“孩子们说得对，我们金家是谁呀？我们是巴图鲁之家呀。就这么定了。这条路早晚要走，早反抗早自由。家里的事，我一个人顶着，你们去吧。匈奴不灭，不许回家！”

这时，高师傅轻声说了一句：“二少奶奶，好啦。”说罢，扔掉剪子，坐在凳子上哭了起来。他一边哭一边说：“老爷，你们这一家人哪，你们，你们才是真正的中国人哪！”

国栋看了看妈妈，说：“妈妈，像画上的花木兰。”

国梁说：“我背一句送给妈妈和小姑，嗯……嗯，万里赴戎机，关山度若飞。朔气传金柝，寒光照铁衣。爷爷，我背得对吗？”

金昆仑说：“国梁背得对，背得好。记住了，到外面不许说爸爸妈妈和小姑小叔的事儿，有人问，就说他们到上海找大伯去了，听懂了吗？”

两个孩子齐声回答：“爷爷，听懂了。”“爷爷教你们唱的岳飞的《满江红》还会唱吗？”国梁抢着说：“爷爷，会！”“会，那好，国梁你起个头，我们全家一起唱。”

国梁走到大厅中间，满脸严肃地唱了起来，全家都跟着唱了起来——

怒发冲冠，凭阑处、潇潇雨歇。抬望眼，仰天长啸，壮怀激烈。三十功名尘与土，八千里路云和月。莫等闲、白了少年头，空悲切。

靖康耻，犹未雪。臣子恨，何时灭。驾长车，踏破贺兰山缺。壮志饥餐胡虏肉，笑谈渴饮匈奴血。待从头、收拾旧山河，朝天阙。

歌，唱得人人泪光闪闪。

金昆仑与振世、金冰玉、振雄一起商议，决定明天上午，大大方方地从北关出城。有人问，就说到城北郭大桥串亲戚，出了城再奔南边的姚千户方向。口袋子里多装些银圆，随时打点各个地方的哨卡。

临睡之前，金昆仑把女儿叫到琴剑阁。父女俩进行了这样一段对话。

“冰玉，我们现在是生离死别了，跟爸说实话，你是不是共产党？”

“爸爸，我是，而且是沈阳第一批入党的人。爸，你要说实话，也许我这一去就回不来了，告诉我，你也是党员吧？”

“爸爸在党，但爸爸入党是前年的事，比你晚。爸爸所做的一切都是党让做的。为了支援你大哥和义勇军，我已把铁岭的土地卖了 4000 多亩了。对啦，上次我给你说过的要成立沈阳的抗倭基金会，现在成立了。归北平的东北民众抗日救国会管，归阎宝航先生管。但我是党的人。我怀疑你大哥也是，他的言谈举止有一股共产党人的正气。”

“嗯，我看也像。我们中国的希望在共产党身上，因为共产党清正廉洁。爸，咱们不说这个了。我们走以后，妈心里肯定难受，您要多体贴她，多照顾她，虽然她身边有珍珠，但您的照顾是谁也替代不了的。”

“嗯，爸知道。爸听你的。”

“还有，就是那个本庄繁不会轻易放过你，你要多多与他周旋，要以智取胜。我早与北京、上海报界的同学通了气，我走三天以后，京沪两地的新闻就会铺天盖地发出来，金公馆大小姐被关东军司令本庄繁逼婚出逃上海。造这个声势，一方面给他施压，给他的政敌提供攻击他的口实。他马上要晋升大将，他不能不考虑影响。这样，他也就不敢轻易对你下手，而另一方面还可以激起人们的抗日情绪……”

“好，好主意，就这么办。”

这时，叶氏来到琴剑阁，对女儿说：“今晚跟妈睡，妈要搂搂你。”金冰玉说：“妈，你别这样，你这样，我走不成了。”金昆仑说：“你呀，这让振雄听见，还不又得生气？”叶氏说：“他早不生气了，他说他是大丈夫了。他说姐姐可以长不大，他说他必须长大。”金昆仑笑道：“还别说，这小子还真长大了。”

到底是巴图鲁之家，本是一场生离死别，在他们家里却表现得谈笑风生。

十九

三天以后，金振世、缪秀芳、金冰玉、金振雄在联络员的带领下，从姚千户出发，骑着战马，在山里走了一天一夜，来到唐聚五的司令部所在地。

远远地，张铁石一眼就看到了金冰玉，他没有想到，二少爷和四少爷也一同来了。他愣了一下，和二少爷和四少爷热烈拥抱，然后，和二嫂握手，缪秀芳说："怎么偏偏不与我家大小姐握手呀。"张铁石不好意思地笑了笑，赶紧走上前与金冰玉握手，金冰玉大大方方地与他握了手。

"我这就去报告唐司令！"张铁石说。金振世说："好哇。我们就在这等着他召见。"

唐聚五听说金家一口气来了四口人，特别兴奋，他快步从后院走出来，一边走一边说："对不起，我来晚了，我来晚了。我正与几位将军开会呢，准备统一起来行动。振世，越发老成了，侄媳妇吧，这是冰玉，更漂亮了，振雄长高多了，快快快，上屋请，上屋请！"

唐将军一一与大家握手，握到金冰玉时，说："你是奔铁石来的吧？""唐叔叔，我是来打鬼子的。你看你，还是个叔叔呢。"唐聚五哈哈大笑，说："还像小时候那么厉害。"

这是一个东北的四合院，是唐聚五司令部的临时办公地点。

进了上屋，金振世看到里面坐着两个中年人，都威武异常。振雄和姐姐几乎同时叫出了声："高叔！"振世也认出了那个笔直坐着的人是高鹏振，而那个面目表情坚毅的人是陌生的。

唐聚五说："我知道高司令是你爸的老友，听说你们要来，他可高兴了。这位是辽宁民众自卫军第六路军的孙铭宸旅长。”

孙铭宸，是清原血盟救国军司令孙铭武的弟弟，1931 年 10 月，与哥哥一起组建血盟救国军。

三个月前，就是 1932 年 1 月 19 日，孙铭武被大汉奸于芷山枪杀。孙铭宸悲痛欲绝，他率救国军余部 500 余人参加了李春润率领的辽宁民众自卫军第六路军。李春润素闻他“有胆有识，精明干练，材堪大用”，就任命他为第六旅旅长。

从此，在李春润的指挥下，孙铭宸率领所部官兵英勇抗击日寇。这次他到桓仁来，一是祝贺唐聚五的辽宁民众自卫军成立，二是与唐聚五共商联合行动之大计。

金氏兄妹向两位将军行礼，孙铭宸一一打量着他们，心说金家人真的是名不虚传呀，金昆仑就不用说了，这少一辈的也个个气势不凡。思来想去，他有了新的想法。他与高鹏振交换了一下目光，聪明的高鹏振当即心领神会。

金振世将一只深红色的大皮箱放大桌子上，说：“这是我爸让我们带来的 3000 大洋，说是支援民众自卫军打鬼子，也是我们给唐司令带来的见面礼。”

高鹏振说：“金爷就是大义，我起兵那会儿，他送我 200 匹马，我至今也没倒出空来去谢呢。”

金振雄说：“高叔，国家兴亡匹夫有责，哪里还要说谢呢？”高鹏振定睛一看，好一副英雄形象，高高大大，像他父亲一样的浓眉深目高鼻阔唇，也是一样的声若洪钟。

唐聚五看了看那箱子大洋，说：“我只有打了大胜仗，才能回报这么厚的深情。这样，兄弟见面分一半，高司令、孙司令一会儿你们走，各带一千块。”高鹏振说:“大洋就不要了，你今天来了四位秀才，唐司令，我们的队伍上粗人多，就缺秀才呀。这样吧，把四贤侄让我带回去。”孙铭宸说：“听说冰玉是奔司令这里的张参谋来的，那我就把振世贤侄带走。”缪秀芳说：“我也去，振世到哪儿，我到哪儿。孙司令，我会骑马会打枪。”金冰玉说：“孙将军，我二嫂的枪比我打得好。”

唐聚五愣住了，半晌才说道：“你们这不是拦路抢劫吗？这比拿大洋还狠。好吧，既然两位司令都看好了，那就这么定啦。可有一样呀，我这三个孩子到了你们那里，可不许给委屈受，不然的话，我对金爷没法交代。”高鹏振说：“这个唐司令放心吧，我与金爷也是至交。他的孩子就是我的孩子。”孙铭宸点燃一支烟，说：“我和金爷虽没有什么交往，但金爷的为人我却是早有耳闻的，民国元年，我们清原发大水，他一人就捐出5000大洋，而且开着车带人亲自将善款送到灾民们的手上，至今清原人还念叨他呢。”

事情就这样定了，金振世和妻子缪秀芳跟孙旅长去了清原，金振雄做了高司令的贴身警卫，去了新民。金冰玉留在唐司令的司令部，做机要秘书。

金冰玉来到自卫军4个月之后，也就是1932年8月，在唐聚五的领导下，辽宁民众自卫军已经扩大到37路，拥有近20万人，与日伪军战斗100多次，收复东边道地区14个县。

辽宁民众自卫军成为东北义勇军的一支生力军。

这样如火如荼的局势，引起了敌人极大惶恐。日本关东军秘密调集部队，向辽东一带开来。

10月11日，本庄繁集结了三万多兵力，并配以飞机、坦克和重炮，向辽宁自卫军发起疯狂的进攻。

面对敌人强大的攻势，唐聚五电令自卫军各路官兵坚决反击。

十天的激战下来，自卫军消灭了大量的敌人，而他们自己的伤亡也相当惨重，唐聚五的部队弹尽粮绝。

金冰玉和张铁石都受了重伤。

10月19日，唐聚五无奈，只好率主力部队退入关内休整。

其余部队按照命令，留在当地继续抗战，张铁石和金冰玉所在百余人的小分队就留在了桓仁。

他们在大山里与敌人周旋了一年，也苦战了一年。

1934 年 11 月的一天，在一个叫二来户的小镇上，张铁石遇见了老战友，这个人是原先辽宁民众抗日自卫军第一路军的团长解麟阁，现在是东北人民革命军第一军第一师的参谋。两个人在自卫军时就特别要好，老战友了，三言两语之后，解麟阁就领着张铁石和金冰玉上了山。

终于，张铁石和金冰玉与共产党的著名抗日领袖杨靖宇接上了头，正式加入东北人民革命军第一军。

张铁石对杨司令说："我们家大小姐枪打得好。"杨司令说："是吗？打两枪试试？"金冰玉抬手向密林的高处开了枪，一个战士跑来拎回一只血肉模糊的猫头鹰。杨司令奇怪地问："你怎么知它在那里？"金冰玉说："我听到了它在咕咕地叫。"杨司令说："真是神啦，好极啦！"

1936 年 7 月，这个部队改为东北抗日联军第一路军。这样，金冰玉和张铁石就成了抗联的战士了。

二十

在金冰玉出走的第四天，北京的《晨报》《京报》，上海的《申报》《民国日报》，天津的《大公报》，武汉的《中央日报》等数十种大小报纸都刊登了《奉天名媛金冰玉小姐被日将军本庄繁逼婚出走》的文章，有的改了标题叫《盛京时报著名记者金冰玉被日将军本庄繁逼婚逃往沪上》，特别是那些抗日报纸，消息、评论更是排山倒海。

沈阳城的报纸一片沉默，佐原笃介本想发一寻人启事，转念一想，算了，不如装聋作哑，因为本庄繁怎么想的，他并不知道。

本庄繁在早餐后，忽然，秘书递给他来自东京的电文，电文是军部发来的，全部内容是报纸上那篇文章的标题《奉天名媛金冰玉小姐被日将军本庄繁逼婚出走》，在后面画个问号，并特别注上一句“天皇已知”。

本庄繁看了电文，努力让自己镇静下来，说：“回电，绝无此事，这是支那人在造谣滋衅。”秘书点头，痛快回答：“哈依！”

秘书刚一出去，本庄繁就把桌子掀了，桌子上笔墨和放大镜等办公用品“噼里啪啦”摔得满地。片刻，他让自己冷静一下，喝了口茶，又反应过来，这是金昆仑送他的明前龙井，“噗”的一声又都吐了出去。

但他终于又冷静下来了，他给佐原笃介打了电话，“佐原君吗？请你立即到司令部来一下”。“哈依！”电话那头佐原笃介回答得像军人一样标准。

从大西门外的《盛京时报》报馆到关东军司令部所在“东洋拓殖株式会社奉天支社”（现在的沈阳市总工会大楼），也就两三公里的路，佐原笃介的小轿车很快就跑到了。

本庄繁在佐原笃介进屋之前，已经调整好自己的心态，他要在佐原笃介面前表现出大将风度。

这样，佐原笃介就在他的脸上看到了愤怒之后的温和，佐原笃介的紧张因此也就消退了许多。

“将军阁下……”

“佐原君，我想你也知道我请你来的目的。”

“是……是金小姐的事吧？”

“就是这个事，我想，我们是让她给耍了，包括那老东西也耍了我们。”

“这个……金小姐是带刺的玫瑰，不好摘呀。她可能是耍了我们，但他父亲，您还是要亲自问一问，我量他不敢耍您，他阖府上下都押在奉天城里呢，也就是说都在您手里押着呢。”

“佐原君，你说得对，我们是要去一趟金家。走，金公馆。”

本庄繁和佐原笃介两人来到金公馆，客客气气地敲开了公馆的大门，张德福把他们让了进来。

但一转过影壁，两人愣住了。

院子当中，两个工人正在给一口大棺材刷漆呢。

金昆仑饶有兴致地在旁边欣赏，如同欣赏一件艺术品。

见他们进来，金昆仑给本庄繁鞠了一躬，声音低沉地说：“将军阁下，对不起啦！”本庄繁一头雾水地问：“金先生，您这是……”

“我呀，四十岁那年得场大病，原以为不行了呢，寿材就备好了，没想到，我活过来了。从此，我每年春天刷一遍漆，随时准备派上用场，人生无常呀。”

“金先生，刚才说什么对不起？有什么对不起我的？”

“阁下，您难道是来闲串门的吗？”

“金先生，那您说我是为何而来？”

“为我那背信弃义的丫头呗。”

“背信弃义？这怎么讲？”

“婚约呀，我已答应您了，两个礼拜之后给你们办婚礼。”

“你还知道有婚约呀，我……我恨不得一刀劈了你！”

“将军阁下，正好，正是时候，我这棺材刷了二十一遍漆了。我也算是以死谢罪，谁让我养了不争气的丫头了呢。”

“我听说，你的两个儿子一个媳妇也都跟着一起跑了，他们去了哪里？”

“年轻人贪图享受，他们早就吵吵要到大上海去，我在淮海路那儿有套房，我家的老大在那里。他们嫌沈阳冷，嫌沈阳不好玩儿。”

“可是，有人对我说，他们可能投了土匪，跑到大山里去了。”

“证据呢？谁说的就让他们拿证据。您想害我，别拿这个来害。他们投土匪？就凭这些公子小姐？他们吃得了那个苦吗？我还不了解他们？他们就是纨绔子弟，他们就是到十里洋场就是去祸害我的大洋去了。他们当土匪，他们图什么呀？老人孩子在沈阳城里，他们上了山，放着好日子不过，偏偏去过人不人鬼不鬼的日子？他们再傻也不能傻到这一步。我们金家世代清白，从来都是剿匪，从来就没有入匪的。他们入了匪，他们敢？那将来死了，是不得入祖坟的。我这丫头呀，让我从小惯坏了，不着调不定性，哪有这样的？还有几天要结婚了，订婚钻戒也收了，怎么能说走就走了？”

“罪不可饶恕的是，她居然在报上发表文章，说本将军逼婚，逼得她外逃。”

“是吗？这就更不对啦。要不怎么说她混蛋呢？你听我劝将军，算了吧，别再想这事了。我把钻戒和刀还您，您一刀把我斩了，我就势躺在这口棺材里，让您出这口恶气。能死在将军您的刀下，那是我的莫大荣幸。将来有一天，说起我金昆仑，人们会说，那老家伙让关东军总司令本庄繁将军一刀给劈成两段。你看，我和我的家族脸上多有光，谁杀的咱，日本大将军呀！看看咱们，死都比别人高出好几层宝塔。这不比寿终正寝强百套呀！人哪，真是不能跟命争，我命就是这么好，和将军您一样，命好。要不咱俩怎么能成朋友呢？您跨山跨海地和我来交朋友，还要结亲，这都是好命催的呀！”

金昆仑说到这里，让马武取来那把天皇御赐刀和钻戒，金昆仑把两件礼物恭恭敬敬地呈给本庄繁。

本庄繁示意佐原笃介替他接过来，佐原笃介真就接了过来。

本庄繁看了金昆仑许久，犹豫了再三，说道：“你的，不许对任何人讲我曾经赠送你御赐刀。”“放心，将军。我金昆仑是全沈阳城嘴最严的人，我什么都不会说。将军，咱俩的交情早着呢。”金昆仑振振有词地说着。

本庄繁从佐原笃介手里抢过那把御赐刀，把刀从鞘里拔出来，寒光一闪，人们都吃了一惊。

金昆仑微笑着纹丝不动。

“咔嚓”一声，御赐刀落在那口锃光瓦亮的棺椁的材头上。他费了好大的劲，这才把刀拔出来。

“金先生，我还会来的。”

“我随时欢迎阁下，将军，您喜欢什么，也请随时吩咐。”

金昆仑彬彬有礼地将本庄繁送到大门口，并向他深深鞠一躬。

本庄繁没办法，只好微微点了点头，算是回敬。

本庄繁让佐原笃介上了他的车，而佐原笃介的车在后面跟着开往司令部。

在路上，本庄繁问佐原笃介：“下一步该怎么走？”佐原笃介说：“既然您已经给军部回电说是谣言，那就按谣言来处理最好。我回去这就安排人写文章辟谣，同时，每天命人在报纸上以金冰玉的名义发表文章。”

“那她在南方的报纸上继续发表文章怎么办？”

“不会的，她逃跑的目的已经达到了。她的父母家人都在奉天，她不会不考虑将军对她的威慑。”

“那对金昆仑怎么办？”

“不能再出什么事了，军部那边有人关注您了，您马上要晋大将军衔，这个时候……”

“还有，这金昆仑轻易动不得，动了，轻者有人上街游行，就像上次他家那个老太太自焚那样，重者全支那哗然，就像这次逼婚的谣言。还有，搞死了他，整个沈阳的商界就要乱，社会也要乱，那个维持会长阚朝玺就是丘八草包，满洲地区的魂，是金昆仑这样的人。我们要利用他们实现我们的大东亚共荣，不能逼他们反对我们，更不能搞死他们。”

“嗯……我实在咽不下这口气。我让他们实实在在地耍了一把。”

“将军，也不能这样想，我们所有的想法都不能离开天皇的伟大战略。金昆仑，只要给他时间，他一定会为我们所用。他讲信用重实际，他对国民政府是绝望的，他不肯与他们合作，当年的省会参议都辞了，他投谁呀，还不是要投我大日本？”

“唔……”

佐原笃介冠冕堂皇地讲这么多，听起来似乎有道理，其实还有一层意思隐藏在这些道理的背后，那就是他多年来一直暗恋金冰玉。他知道金冰玉根本不会嫁他，但他得不到，他也不希望本庄繁得到。

他的这番话，有暗暗得意的意思。

本庄繁还是咽不下这口气。

6 月的一天，日本宪兵队的小野带着七八个日本宪兵闯进金公馆，以“通匪”的罪名将金昆仑抓走。

临走前，金昆仑对叶氏说：“不要害怕，我是不会有事的。”

在审讯室里，宪兵们用尽了能用的酷刑。

小野问他是不是通赵亚洲，他说：“证据呢？你们拿出证据我就认。但假的证据我可不认。”小野说：“我只要想毙你，有没有证据都是一样的。”

“堂堂皇军，不能把自己弄成小流氓啊。再说，小野队长，我在将军面前没少为你说好话，你却让老子遭这个罪，你他妈有良心吗？”

“帝国军人不讲良心。”

“你们发明了老虎凳、辣椒水这些下作手段，你们也配叫军人？”

“我们不止这个，我们还有……”

烧红的烙铁烙在金昆仑的胸膛上，金昆仑破口大骂，小野的右手紧紧按住那只烙铁，同时，发出一阵一阵狂笑。

有一天，小野为了镇住金昆仑，把他拉到大西关外刑场，让他亲眼看看他们是怎样行刑的。

突然，刽子手们打出一排子弹，那些绑在木桩子上的人鲜血一下喷了出来，然后，他们放出狼狗去撕咬吞噬那些人。

鲜血喷溅了金昆仑一身。

金昆仑站立在那里，一动不动。

小野问金昆仑："怕不怕？"他冷笑一声，反问："你们他妈的还是人吗？"小野拔出军刀直逼向他，金昆仑怒喝道："你砍吧，冲着老子的脑袋一直砍过来！"小野的军刀直立在他的面前，停住了。

原来，成群的市民呼啸着奔涌过来，他们高喊："放了金昆仑！""放了金爷！"还有人公开喊出"罢工""罢市"的呼声。

就在这时，金昆仑的耳边清晰地响起另外一个声音——"你可以多多与日本人周旋，保护我们的同志，保护沈阳的百姓。"这是当年的中共满洲省委书记罗登贤曾经对他说过的话。

这时，他冷静了下来，对小野说："队长，我要见将军。"小野说："跟我说吧。"

"跟你说不上，我要跟将军说。"

"嗯……"

本庄繁终于露了面。

本庄繁笑眯眯地问道："金先生……金爷，你看到了什么？"

金昆仑说："我看到了中日亲善。"

"还有呢？"

"还有王道乐土。"

"您，有什么感觉？"

"哼，我的感觉是你们日本没有贵族。你们这一套，在我们这里只有末流土匪才干得出来。"

本庄繁掏出一把"南部十四"手枪。

"金爷，听说你枪法不错，怎么练的？莫不是土匪教你的？"

"光绪十年，我们家遭土匪抢劫，于是，先父号召全家练习枪法，为的是打那些入侵的土匪。"

"来吧，你对面的那个人就是土匪，你打一枪我看看。"

本庄繁指着刑场上那最后一个绑在木桩子上的政治犯，这样说。

金昆仑看了看那人，说："如果你向小野开枪，我就向他开枪。"

"我不能打小野，他是我的同胞。"

"同样的道理，我也不能开枪。"

本庄繁把枪递给金昆仑，金昆仑接过来，看都没看，从侧面冲那个桩子就开了一枪，绑在木桩上的绳子冒了一股轻烟儿，"唰"地就断了。

刑场内外一片惊呼。

金昆仑看了看发愣的本庄繁，说道："我想与你单独说。"本庄繁一挥手，小野退了出去。

金昆仑问："将军阁下，你明知道我与赵亚洲没有关系，为什么非要抓我呢？"本庄繁奸笑道："这你应该比我明白呀。"

"就是想解恨？"

"对！"

"解气有很多种方法呀，明说吧，你要多少根能放我？"

"一百！"

"我把丰源号都给你不就完了吗？"

"不，金店你还要开下去，我们大日本、我们满洲国还等着你挣钱纳税呢，啊，哈哈哈哈……"

"那好，就这么说定了，你一百根。小野十根。"

"不，小野就不要给了，你直接给我一百一十根就行了。还有大南关的院子，你说过送我的呀，你女儿逃走了，但我还在呀。"

"可以！但你得把那个人放了，什么政治犯呀？不就是抓来的无辜百姓，用他们的死来吓我吗？"

"这，你怎么知道？"

"将军阁下，这世上没有秘密，你们那点事，就更不是秘密。这个人我认识，是我们胡同口掌鞋的。”

本庄繁一时语塞。

金昆仑传话给叶氏，让她命张德福去金店取了金条，在二林子的护送下，直接送到关东军司令部，送给本庄繁。

本庄繁的卫兵陪着金昆仑去连奉堂浴池洗了澡，理了发，刮了脸，又命令军医给金昆仑的伤口敷上了药，换了一身黑缎马褂。这才派人将他送回了家。

刚走进六合店东胡同的西口，就见胡同里的邻居们站成两排，有拿点心的，有拿酱牛肉的，他们鼓掌欢迎金昆仑。

金昆仑一一向大家拱手，刚要进院，突然有四个人当街给他跪下了。

金昆仑仔细一看，是一个老妈妈领着儿子、儿媳、孙子，那个儿子就是在胡同里修鞋的鞋匠，也就是他从刑场上救下的那个人。

“感谢金爷救命之恩！”一家四口齐声说。

“哎哟，您老快起来，这地上多凉！快快，快起来，小伙子快起来。这样吧，你们屋里坐，你呢，小伙子陪我喝两盅。我们也算是生死之交了。啊，各位高邻，都请回吧，昆仑在这里有礼了。谢谢，谢谢。”

金昆仑搀扶老妈妈起来，并向大家拱手致意，人们纷纷散去。

进了正门，金昆仑让二林子带鞋匠和他的儿子去洗澡，让两个小丫鬟带鞋匠的母亲去洗澡，又嘱咐他们给每人换一件新衣服。同时，请厨房刘师傅炒六个菜。

正是中午的时候，在小餐厅，金昆仑招待了鞋匠一家人。鞋匠说，他是山东聊城人，姓吴，叫吴天顺，是前年逃荒逃到沈阳的。在六合店东胡同西口这儿修鞋。

金昆仑让叶氏和珍珠照顾天顺的妈妈和媳妇、儿子，他与吴天顺喝酒。

“天顺呀，感激的话就不要说了，咱们爷儿俩还是有缘。……你……在我们这一带修鞋没用呀，这一带没有人说鞋坏了还要修的，都是换新的，你要往下坎那边挪挪，那边或许有人修鞋。”

“金爷，您说得对。我明天就搬下坎去。”

“我给你指两条路，一是搬到下坎去继续修鞋，二是在这胡同的斜对面，在西边开个鞋坊，专门做高档皮鞋，我先给你出 50 块大洋，做高档皮鞋卖这些有钱人，省得他们去四平街买了，人不都是要图个顺脚省事吗？两条路，你走哪一条？”

“金爷，我要走第二条路，开鞋坊。”

“好小子，有出息，我就喜欢这样的。”

“可是，我，我没有地方呀？”

“西面临街那个锁门的铺面是我的，你用吧，我不要房租，就当是入了三成股，你干不？”

“干！干！干！金爷我干！”

事情就这样定了下来，吴天顺的母亲再三作揖，金昆仑送他们一家四口出了大院。五年以后，天顺鞋坊成了沈阳城里有名的大买卖。

金昆仑回家的第二天，《盛京时报》发了消息，说是经过询问，本埠名士金昆仑并无通匪迹象，现已释放回府。

金昆仑看了，轻蔑一笑，他对叶氏说：“就凭日本人这么贪鄙，他不亡才怪呢。玩他，接着玩他。”叶氏心疼地看了看他，说：“别说了，咱们好好养伤吧。”金昆仑一面接过珍珠端过来的银耳汤，一面想象振之受刑时的情形，不由得自言自语起来，“振之身子那么弱，他是怎么扛过来的？”

“你，你说什么？”

“没，没说什么。我是说振之也不来个信儿报一声平安。”

“哦……是呀，谁说不是呢。”

本庄繁从此再没有在金公馆露面，但是曾打发佐原笃介来取两幅画，也是他在故宫里看好的。但我们说过，他取的宝物，都是金昆仑让佟三高仿出来的。

这年 8 月，本庄繁调回陆军本部，因其侵华有功被晋升为大将。

四年以后，金公馆又发生了一个奇异的故事——

1936 年 9 月的一天夜晚，金公馆大门的门环响了起来。张德福走到门前，悄声问了句：“谁？”外面的人回答：“我是黄警钟黄局长派来的人，我要见老爷。”

张德福一听是黄显声的人，连忙打开了大门，进来一个小伙子，个子瘦高。“您请到大厅里稍候。”年轻人就在张德福带领下，绕过影壁，走进中堂大厅。

张德福赶紧去琴剑阁向金昆仑通报了这一消息。金昆仑放下手中的《稼轩词》，连忙脱下睡衣，换上长袍马褂，重新梳理了一下头发，这才和张德福一起来到二堂大厅。

见金昆仑进来，年轻人当即站了起来。

“金爷，我是锦州来的，是黄局长原先的警卫于飞。因为负伤，我没有跟他到关里。”

“哦，快请坐，快请坐！”

“金爷，我不能在这里久留，我要马上回六合店客栈，天亮就要出城。黄局长从关里托人给您带来 50 根金条，说是当年他带队撤出沈阳的时候，您送他的，他现在要还。”

“哎呀，这怎么行？我当年是赠送给他的呀，是支援他打鬼子的呀！”

“黄局长说，他现在是有组织的人了，组织上有纪律，不拿群众一针一线。”

金昆仑听到这里，不觉一愣。

于飞说：“金爷，天不早了，我得走啦！”说罢，把一个蓝布包裹放在了八仙桌上。然后，向金昆仑一拱手，离开了大厅。

金昆仑说：“兄弟辛苦，我这有个玉佩送你做纪念，等小鬼子滚了，欢迎你来我家做客。”说罢，从脖子下解下一个和阗籽料的玉葫芦递过去。于飞也不推辞，说句：“谢谢金爷！”三步两步走出了金公馆。

这一夜，金昆仑就始终没有睡，一面看着他与黄显声的合影，一面反复回想那句意味深长的话——

“现在是有组织的人了，组织上有纪律，不拿群众一针一线。”

本庄繁走了，但较量没有停止。

1945 年 8 月 15 日 10 点钟左右的时候，还发生一场惊心动魄的故事。

金昆仑从项茶馆出来，二林子的车快开到胡同西口的时候，突然，从甜水井胡同蹿出了五个黑衣蒙面人，他们手持短枪，逼二林子停车。

金昆仑一愣神，顺势把手插到了大褂的口袋里。

二林子轻轻踩了刹车，车停了下来，他举起双手走出了驾驶室。

一个高个子黑衣人枪口顶住了他的胸口，二林子突然一个箭步斜闪到黑衣人右侧，用空手夺白刃的招式夺下了对方的枪。

就在这时，车内金昆仑的枪早响了，两个黑衣人应声倒地，高个子也被二林子一脚踢倒，并且一枪结果了。另外两个要跑，金昆仑开枪打伤了两人的腿。

左邻右舍的人都吓跑了。

这时，吴天顺从店里闻讯跑了出来，“金爷，这是怎么回事？”“他妈的，大白天遇上了土匪，明抢呀。”他刚说到了这里，地上两个受伤的黑衣人中的那个矮胖子又开枪了，吴天顺挡住了射向金昆仑的子弹，二林子抬手一枪，打到了矮胖子右手上，他的枪在惨叫声中掉在了马路牙子上。

金昆仑说：“好枪法，对，不让他死。”吴天顺伤在了左肩上，擦破点皮。他拍拍尘土，说道：“好嘛，白瞎了我新做的衣服。金爷，你没事吧？”

“没事，不要紧，明天我给你做身香云纱的，你救了我一条命呀。”

“金爷，你这是说啥呢，我天顺的命还不是你给的？”

“天顺呀，找人把这三个死鬼埋了，嫌费事，就扔到边门的苇塘里喂王八也行。”

“金爷，你就不用管了。”

“好，二林子，把这两个人送到警察署去。”

“好的，老爷！”

金昆仑忽然觉得那个矮胖子有点眼熟，走过去拉下面罩一看，竟是宪兵队的小野队长。

金昆仑吃了一惊，原来这伙人是日本人哪，这是什么来路？

这时，小野说话了：“金爷，我昨天接到本庄繁大将的电令，要我除掉你。”金昆仑说道：“去你妈的，明明是土匪，还胆敢冒充皇军！再多说一句，老子毙了你这王八蛋！”说罢，对着马路牙子连开了三枪。

小野不再说话了。

这时，一队巡警跑了过来，领头的问：“金爷，这是怎么回事？”

“他妈的，这几个土匪大白天抢劫，把我的车打了好几个窟窿，还他妈冒充皇军。你带走吧，你跟白署长说下，我回去睡一觉，下午过去看看他。”

“好嘞，金爷，这两天我们正在抓土匪呢，说是从辽西过来的，抢了小河沿几个买卖家，就是这伙人吧。”

“备不住就是他们，带走吧。妈的，大白天行抢，太小看我们奉天城了。”

金昆仑以为闯了大祸，回家也没对家人细说。叶氏问他车上的窟窿是怎么回事，他还直给二林子使眼色。神态有点惶惶然。但后来他心一横，对自己说：“大不了就是一死呗，有什么呀？可是，日本人化装成土匪抢劫，他们也说不出口。嗨，管他呢。”

到了中午，话匣子里突然播出天皇投降诏书。

世界，在这个中午发生惊天的巨变。

沈阳变成欢乐的海洋，人们奔走相告，人们喜泪纷飞。

金昆仑站在后花园假山的凉亭里，连连高呼：“中华民族光复了！中华民族万岁！”一瓶陈酿，他一扬脖，“咕咚”“咕咚”全干了。

“二林子，快去买鞭炮，买一车拉回来！爷我今天高兴，他妈的，十四年啦！”

“好啦，金爷！”

金公馆的鞭炮放了半个晚上，南城的天空一片火红。

夜里，金昆仑叫来二林子，对他说：“你去警察署，找白署长，就说我说的，找人给那两个日本人治伤，伤好了，送他们回宪兵队，让他们滚回日本。”

“是，金爷。但是我不明白，你为什么要这么放了他们？”

“我们是人，是人就要有人道，让他们小日本学去吧。”

“是，金爷，我明白了。”

“小子，今天可以呀，你那一夺枪，鬼子们就愣了，我的机会就来了。你八卦掌练得可以呀。”

“嘿嘿，金爷的枪法才是神出鬼没的哪。”

第二天早饭后，老两口在品茗轩里喝茶。

叶氏说：“抗战胜利了，孩子们该回来了吧。我们家该团圆了吧？”

金昆仑刚毅的脸上掠过一抹微笑，他说：“是该回来了，昨天太惊险，忘了告诉你，老大昨天来电话了，说这两天就到，要带着全家回来，他找了个四川姑娘，还给我们生了个大孙子，都 8 岁了，叫国强。8 年没通电话了，原来他不在上海了，他跑到了重庆。”

“是吗，是真的吗？你怎么不告诉我？你刚才说惊险，昨天怎么惊险？”

“妈的，这抗战临了临了，我还杀死了三个日本人。以后有空再给你讲。现在不说这个，还是说说振一的事。”

“是……是呀，振一也是个怪人，是吧？为了差事，多年不结婚，这回怎么就想通了？”

“这个别细问了，振一你还不知道？他想说的他就说，他不想说的，你就是问破天他也不说。到现在他做什么差事我不知道，反正是救国救民的大事。”

叶氏说：“得，我不跟你闲说了，我得给儿媳妇和小孙子准备礼物了。”

金昆仑说:“我也得准备给小孙子一个大礼。唉，你要给国栋、国梁先说好，他们有了小弟弟，可不兴嫉妒。以后还要有，这个他们要学会习惯。抗战胜利了，我要给振之、振雄娶媳妇喽。那还不要生一大堆，他们嫉妒过来吗？”

叶氏说：“这个不用说，他们都多大了，他们懂的。”

门前大榆树上的喜鹊叫了又叫，老两口的目光投向窗外，目光里全是期盼。

他们盼振一、振世、振之、振雄、冰玉，盼他们回家。

二十一

两位老人还不知道，他们家的大团圆已经不可能了。

在哥哥孙铭武牺牲一年后，也就是到了 1933 年 2 月上旬，孙铭宸被日军逮捕后杀害。同时遇害的，还有参谋处长金振世等 20 人。

金振世的牺牲和少将孙铭宸一样悲壮，特别是他临刑前的讲话，催人泪下。

在浑河上游的清原镇，敌人把他拉到一个小广场示众，他想正好借此机会可以宣传鼓舞群众。

日军少佐问：“你为什么要反对王道乐土？”

金振世反问：“请说下王道乐土到底是什么？”

“王道乐土就是……”

“我替你说了吧，王道乐土就是烧杀抢掠强奸无恶不作。”

“你的良心的大大的没有！”

“你们也谈良心？自你们入侵以来，成千上万、数十万上百万的无辜中国人家破人亡，这难道就是你们说的良心？我想问一句，如果我们的军队到你们日本国也去这样表达良心你会欢迎吗？”

日军少佐一时语塞。

“我金振世本是一介书生，能为我的国家我的同胞而死，我死得其所，我是无比地光荣。同胞们，我们中国不会亡，中国人不是亡国奴。我只担心我流落在外的妻子和刚满月的小女儿，如果她们娘儿俩将来有难处，走到你们的家门口，看在大家都是中国人的分儿上，请帮帮她们。如果她们饿了，就给她们一口饭吃，如果她们渴了，就给她们一口水喝，如果她们冷了，就送给她们一件衣服穿，如果我女儿长大了，请你们多多地保护她，找个好人家把她嫁出去……伟大的中华民族万岁！伟大的中国共产党万岁！”

广场上的人们扼腕流泪，罪恶的枪声突然响起……

与此同时，金振世的妻子缪秀芳抱着女儿金毅正在清原的筐子沟里奔跑，敌人在后面拼命地追捕她们。

这年9月，民众自卫军六路的总司令李春润牺牲，这支队伍就星散到了各地。

不知不觉，缪秀芳带着孩子在山里走来走去走了三年，多亏乡亲们的救济。

1936年5月，东北抗日联军一军三师成立，缪秀芳把孩子寄养到山下的岳大娘家，她直接投奔了三师。

从此，三师多了一个女神枪手。

这个烈性女人，有一天骑马下山藏到敌营对面的山林里。她忍饥挨饿，一直等到那个少佐出来查哨，百发百中的枪法，让她一枪就打死了那个刽子手。然后，她又纵马跑回了山上的密营。

虽然杀死了少佐，但这也是犯了纪律。师长王仁斋给她记了一过。

缪秀芳仰天大叫：“振世，为妻给你报了仇，你知道吗？别说是记过，就是崩了我，我也值啦。”王师长听了这句话，又把对她的处分给一笔勾掉了。

1938年冬，缪秀芳负伤，她掉了队，部队转移到吉林去了。无奈，她下山到长岭屯找到领养女儿的岳大娘。从此，她与女儿隐姓埋名。

她不敢回沈阳，她担心被敌人发现连累家人。

1945 年 9 月初的一天中午，听从镇上回来的村人说鬼子投降了，狗皮膏药旗散落了一地。

缪秀芳喜出望外。

缪秀芳跑回屋子，她对岳大娘说：“妈，咱们中国胜利啦！妈，你给我和孩子剪剪头发，我们要回家了！妈，我带您一起跟我回沈阳，我给您养老！”但岳大娘说什么也不肯去，她说她舍不得大山。

老人家流着眼泪，给她们娘儿俩剪了头发，又烧了开水，给她们洗了澡。

缪秀芳拉着 12 岁的金毅，一同给岳大娘跪了下来，她说：“跟姥姥再见吧。妈，我还会回来的，妈，我一定要回来找你！”

岳大娘为她们母女雇了一辆胶皮马车，车轱辘一转，在缪秀芳的泪眼里，岳大娘的白发在风中飘……

金冰玉和张铁石投奔杨靖宇的东北抗日联军第一军。两人因为作战勇敢、足智多谋，深得杨靖宇欣赏。

1935 年 8 月 1 日，将军特别为他们在密营中举行了婚礼。三个月之前，电影《风云儿女》上映，其主题歌《义勇军进行曲》风靡全国。那天的婚礼上，在深深的密林中，战友们为他们合唱了这首歌。

四个月后，发生了一个悲壮的故事。

1936 年初，张铁石的好友解麟阁回到家乡桓仁二来户镇宣传抗日救国。不料，被奸细得到消息，很快，日伪军搜山队包围了那间开会的小屋子。一个伪军军官向里面喊话：“解大长官，你被包围了，快投降吧，不然脑袋就没了。”解麟阁坦然回答：“国家都快亡了，我一颗人头算什么？少废话，你们来取吧！”说罢，隔着窗子就是一阵扫射，三个鬼子应声而倒。鬼子开始还击，解麟阁中弹牺牲。敌人残忍地割下他的头颅，挂在二来户街头的大柳树上示众。

解麟阁最著名的战功是在上一年，也就是 1935 年 2 月 9 日那天，桓仁县城工商各行业为讨日伪军的喜欢，大扭秧歌。

解麟阁率张铁石、金冰玉等近百名抗联战士，假扮秧歌队进城给伪警察署拜年。

一时，那条街上人山人海，在最热闹的时候，解麟阁带人突然扭进了警察署的屋里，他亲手勒死几名看守，张铁石趁机打开武器库，夺走了 30 多支手枪，连夜返回密营。抗联迅速组建起一支手枪队，让金冰玉担任总教练。五个月后，解麟阁率领手枪队奇袭二来户伪警察署，打死日伪军 60 多人，缴获上百件武器和弹药。杨司令闻讯，大加赞赏，连连说："记一等功！记一等功！"

张铁石听到解麟阁牺牲的消息后，放声大哭。许久，金冰玉对他说："别哭了，跟我练枪去。总有一天，我们的子弹替我们说话。"金冰玉那时天天带人练射击，金冰玉、张铁石夫妻二人的枪法在抗联里很快出了大名。

1938 年 12 月 4 日，一军的师首长在大石湖开会。杨司令知道日军要来搜山，会前已布置好了伏击圈。

11 点多钟，敌人从山后包抄过来。这伙人正是两年前杀死解麟阁的搜山队。

张铁石心说，报仇的机会来啦。他回头看看妻子，金冰玉的面色如大理石一样沉静，这样的表情他在岳父金昆仑的脸上看见过。

敌人的行动速度很缓慢，他们太狂妄了，完全是在逛街的样子。前面的蒙古马上坐着一个穿绿呢子大衣的指挥官，他不时用望远镜向山上张望。渐渐地，在这位指挥官的指挥下，敌人全部进入抗联一军伏击圈。

杨司令大喊一声："打！"金冰玉只一枪就将那个装模作样的日军军官打下马来，雪地上溅出一摊黑血。敌军群龙无首，一时纷纷慌了神。

趁这个机会，一军所有的武器一齐开火，战士端着步枪一边射击，一边冲锋。敌人被一军的袭击打蒙了。有的被打死，有的被打伤，有的顺着山坡滚到了山下。

这时，有几个鬼子扛着一挺轻机关枪跑到北山根底下，钻到小河北岸一块大卧牛石下面向一军冲锋队射击。这样下去，不但冲锋受阻，还会出现大量伤亡。

一军重机枪的子弹几乎全部打到了卧牛石上，火星四溅。

眼看着冲锋的战友一个一个倒下去，金冰玉心急如焚，突然，她猛地把重机枪手推到了一边，只身架起重机枪，将水泼一样的子弹直接射向卧牛石下面，张铁石见状，跑到妻子身边运子弹。瞬间，冻土层掀起一层层烟雾，不一会儿，敌人的黑血就一股股地喷到了大石头前面的雪地上，轻机枪很快哑了下来。

那个被推倒的男兵冲着金冰玉站在雪地上直发愣，他说："我的妈呀，你的机枪也打得这么好呀，这子弹就像长了眼睛，专门往石头底下钻。"金冰玉说："射击都是一样的，哪里有敌人，子弹就打向哪里。"

那个战士说："冰玉同志，你就是我看到的穆桂英。"金冰玉掏出毛巾擦擦前额，说："你太夸张啦。"

杨司令命令部队打扫战场。那个指挥官被打中的地方竟是两道八字眉的中间。

在卧牛石下，张铁石带人拽出来五具尸体，几乎个个上半身都被打成了筛子，有两个鬼子的脑袋被打飞了，变成了无头尸。这次激战进行了 2 小时，击毙日军 12 人、伤 10 人。

杨司令看了看金冰玉，说："从明天开始，你教战友练射击。张铁石！""到！""你要跟你媳妇好好学学。""是！杨司令！"

1939 年 11 月上旬的一天晚上，刚刚担任女兵连长的金冰玉带领全连仅有的 8 人，跟随西征部队来到一条大江的岸边。

战士们在宿营地刚刚点起篝火，日伪军便闻讯包抄过来。到第二天拂晓，一部分敌人已逼近金冰玉所在连队，他们派来一个伪军劝降。

"你们投降吧，没有别的出路了！"

"咱们是中国人，不知道啥叫投降！"女兵们冷冷地答道。那名伪军又等了一会儿，见女兵们已把枪口对准了他，这才战战兢兢地退了回去。

这时，金冰玉与指导员韩雪商量，"指导员，咱怎么办？"韩雪说："过江，你先带两个战士过去给大家探路！"金冰玉就带上两个战士先下了水。

初冬的江水咆哮着卷起一个又一个旋涡，脚稍微抬高一点，就要被冲走。

棉衣棉裤被江水浸透，再加上携带的枪支弹药，她们每个人的负荷都变得格外沉重，她们游得太吃力了，好不容易才游到对岸，刚一落脚，就听到后面传来“抓活的”“抓活的”的狂叫。

日伪军已经逼近了6位战友。

金冰玉隔着江水向战友们高喊，“姐妹们，别忘了咱们是中国人，绝不能投降，绝不能卖国，死也不能让鬼子抓活的！”

敌人向金冰玉开枪，她的左腿不幸中弹，她倒在了地上，嘴里仍不断高喊：“姐妹们，别忘了咱们是中国人……”

那边，韩雪她们向敌人猛烈射击了。

趴在芦苇丛里，金冰玉看到战友们打得十分勇敢。很快，她们的子弹打光了，敌人越来越近，韩雪说了一句什么，6位女兵纷纷掏出手榴弹引爆自杀，她们消失在一片硝烟之中。

亲姐妹一样的战友就这样悲壮地死在自己的眼前，金冰玉她们失声痛哭，一遍一遍地呼喊着战友的名字。

不知过了多少时辰，金冰玉对两个战士下了命令：“别哭了，你们赶快走！不要管我。”“连长，咱们去哪？”金冰玉对她们说：“只要你们不当叛徒，不出卖咱们的国，到哪儿都有人收留你们！”无奈，两个战士把她藏在一个葡萄架下，就找部队去了。

夜安静地退去，东面的天空微微发亮。突然，张铁石骑着一匹白马飞驰而来，将昏迷的金冰玉抱上马背奔入山林。第二天下午的时候，他们追上了西征的主力部队。

1940年10月，抗联一部分进入远东地区。第二年11月，张铁石与金冰玉夫妻二人随大部队进入苏联境内。

1945年8月，部队随苏联红军进入东北，来到哈尔滨。

8 月 15 日，日本宣布无条件投降。金冰玉和张铁石向部队首长请了假，乘火车奔往沈阳，看望家人。

金振雄来到高鹏振的东北国民救国军之后，与日军打了两场恶仗，都打赢了，打得特别痛快。

1932 年 6 月的一天，天上下着小雨。

关东军十六旅团川原劲部队的黑田中尉带领 150 多名日军，还有 200 多名伪警察，押运十几辆军用物资大车，威风凛凛地向彰武开来。

侦察员获取这一情报后，迅速递给了高鹏振。

高鹏振立即集合救国军迎击敌人。

作为警卫员，金振雄紧紧跟在高司令的身后。

在彰武东北部一带的公路两侧，部队悄无声息地埋伏在荒草丛中。

“高司令，他们来了。”金振雄小声对高鹏振说。

果然是敌人，还挺准时，浩浩荡荡，他们特别猖狂，总要摆出一副如入无人之境的样子。

高鹏振悄悄下令：“放过前面的伪警察，鬼子过来后全力射击！”

很快，鬼子全部进入了伏击圈，高鹏振大喊一声：“打！”

救国军的枪炮面向敌人，形成了密不透风的火力网。没有一个出口，敌人怎么逃也逃不掉。

两个小时之后，共歼灭日军及伪警察 40 多人。

包围圈越来越小，冲锋号吹响之时，金振雄奔跑在最前面，他和三个战友活捉黑田中尉、岛本少尉等 7 名鬼子。

救国军缴获了大量军用物资。

高鹏振嘉奖了金振雄，称他是“少年英雄”。

川原劲少将恨得几乎咬碎牙齿。

经过两年的精心准备，即到 1934 年 12 月 19 日，这一天，他再次给了高鹏振一个机会，他要雪耻，但他再次遭遇了耻辱。

川原劲率领他的全部人马，同时，又纠集了彰武、法库两地的伪警察，还有大虎山守备队的板田部队，总兵力达到数千人。

川原劲发誓要为黑田复仇，他要彻底“剿灭”高鹏振的救国军。

他兵分四路向康平、法库、彰武一带包围过来。

这叫“拉网合围式”，他设计的效果是“无一漏网”。

在康平、法库两县交界处的叶茂台附近，敌人将救国军的主力部队团团围住。

川原劲仗着财大气粗，上来就开炮。

一时间，炮火烧红了半个天空。

高鹏振对金振雄说：“兄弟，快传令，撤！”

金振雄骑着战马，奔向各部传令，子弹在他的四周飞泻。

“一定要捉住高匪！”板田这样对彰武县伪警察大队长房景山下令，并且给他配备了500名士兵。

高鹏振率部队撤到了彰武的柳河东岸的一个小村。

柳河是辽河的支脉，全长270多公里。它发源于通辽奈曼旗南部双山子东坡，流经库伦旗、辽宁省阜新，在沈阳的新民南汇入辽河。

这是一条雄性的大河。

房景山带人围了过来，在村东头的一棵大槐树后面，高鹏振对金振雄说：“房景山应该在前面不远的地方，你喊他，就说我们要谈判。”

“喂，房大队，我们谈谈吧。”金振雄这样大声喊道。

房景山一听，以为立功的机会从天而降。他的贪心动了，从土坡后面站了起来。高鹏振抬手一枪，子弹就打中了房景山的头部，这个汉奸当场死亡。

接着，高鹏振带人向这个伪警察大队猛烈开火。

突然，日军飞机飞来增援伪警察大队。

伪警察大队除了擅长欺压百姓之外，根本谈不上什么军事技术素质，他们根本不会对空联络。在地面上舞舞扎扎地乱比画，反倒让日军飞行员误以为他们是救国军，对他们进行了一顿狂轰滥炸。

趁这个机会，救国军快速出击，金振雄跟着高司令带人向伪警察大队辗压过去。当场击毙伪警察 30 多名，生擒 50 余名。

高鹏振下令——

“鬼子马上会反扑，我们撤！”

救国军飞速撤出战场。

川原和板田部队冲过来时，伪警察大队又以为是救国军追过来了，纷纷开枪阻击。日军与伪警察开始了一场混战，伪警察又被打死打伤 40 多人。

在他们双方弄清楚之后，高鹏振的救国军早骑着战马跑得无影无踪。

这次战斗日军伤亡 30 多人，川原劲少将气得直喷出一口血来。

从 1931 年 10 月到 1937 年 6 月，高鹏振率领救国军同日伪军战斗数百次，仅大型战斗就有 100 多次，消灭大量的日伪军。

日伪当局称高鹏振为“辽西悍匪”，在城市和乡镇各个地方都张贴了悬赏告示，告示上说“生擒‘老梯子’赏银圆一万块……”“打死‘老梯子’赏银圆五千块”。

1937 年 6 月 23 日，高鹏振被叛徒出卖牺牲。

那天，金振雄被派往外地带人侦察，许多年过去了，他仍然后悔不迭，他认为不应该去执行这个任务。

高鹏振牺牲后，金振雄和东北国民救国军的余部在辽西一带打游击，与鬼子周旋，消耗他们的力量。无论多么苦难，无论多么凶险，这位金家当年的阔少爷，都从未退却，一直战斗在一线。

高鹏振生前曾经好奇地问：“四少爷，看你像个白面书生，我没有想到你这么厉害！”

金振雄回答说：“什么白面书生？我是白袍小将。我祖先身上的巴图鲁血活了，我非这样不可！”

现在抗战终于胜利了，金振雄正从辽西阜新骑着战马风驰电掣地往家赶。

参军那年 16 岁，12 年过去了，他已经 28 岁了。

山林里的战斗生活，把他锻造成了一尊铁塔。

二十二

最先回到金公馆的不是缪秀芳和女儿金毅，也不是金冰玉和张铁石，更不是金振雄。

那天傍晚的时候，金公馆的大门轻轻响起了叩敲声，张德福打开门忍不住大叫一声：“我的老天哪，是三少爷呀！快快快，老爷太太，三少爷回来了！三少爷回来了！”说罢，抢过金振之的皮箱，带着金振之往中堂大厅走。

中堂大厅，金昆仑和夫人叶氏早已端坐在那里。

金振之快步走了进来，14 年了，爸妈苍老了许多。一声“爸，妈”，金振之就已经泪水滂沱。

金昆仑坐在椅子上，笑眯眯地看着三儿子，叶氏那边已经泣不成声。

金振之走到母亲面前，轻轻抱住母亲。

金昆仑深深吸一口烟斗，说：“珍珠呀，快快告诉厨房刘师傅，炒他最拿手的，拿出我的百年老龙口陈酿。”金振之又走到父亲跟前，说：“爸，您还那么硬实。”“哈，硬实，我就说要等到鬼子完蛋，等到你们回家团圆。”

刚说到这里，就听张德福在外面大喊一声：“老爷，太太，大小姐回来了。”话音刚落，中堂大厅的门前，就出现了一男一女两个青年军人，他们穿着苏联红军的军装，看上去特别英武。

女的正是金冰玉，男的是她丈夫张铁石。金冰玉一看到母亲，就不顾一切地扑到母亲的怀里，哭了起来，“妈，我太想你了……”

叶氏也哭了起来，金昆仑泪光闪闪。

叶氏忽然问道：“你二哥二嫂和你小弟呢？他们不是跟你一起去了唐司令那里了吗？”“二哥二嫂后来去了清原孙将军那里，小弟去了辽西高叔那里，我们去了苏联，战事一时比一时紧，我们好多年也没有联系了。估计他们也快回家了。”金冰玉答道。

正说着呢，就见张德福领进来又高又壮的金振雄，“老爷，太太，你看这是谁？”“爸，妈，我回家了。”金昆仑乐得胡子一翘一翘的。叶氏站了起来，直奔振雄：“振雄，你怎么才回来？妈想你，妈想你们……”金振雄说：“本来早上就进了城，我看我太邋遢了，军装也破得不成样子，头发胡子老长，我怕吓着你们，干脆去会兰亭理发洗澡，还睡了一大觉，然后，去满蒙毛织百货商店，从里到外全换新的了。爸，你看我这身西装怎么样？”金昆仑说：“嗯，听说你小子仗打得也不错，报上天天登悬赏抓你和‘老梯子’的告示。咳，可惜了我的兄弟。”

这时，一个英姿勃勃的中年女人领着一个小女孩出现在大厅门口，她对身边的那个小女孩说：“金毅，叫爷爷，叫奶奶，叫三叔，叫四叔，叫小姑……”孩子听了，却“哇”的一声哭了起来。

这时，国栋、国梁一起走过来，抱住母亲，国栋问道：“妈，我爸呢？”国梁也问：“妈，我爸怎么没回来？”

缪秀芳缓缓走到二位老人面前，双膝跪地，哭着说道：“爸，妈，对不起，我没保护好振世，振世……振世……他殉国啦……”

金昆仑说：“秀芳，别说了，爸爸早就知道了。民国二十二年二月，我看到了报纸，我还看到你为他报了仇。爸怕你妈受不了，一直没说。我早已请朋友到清原拉回振世的遗体葬入祖坟了。”叶氏说：“昆仑，你好狠，瞒了我十二年呀……”说到这里，叶氏掩面大哭。

金昆仑痛心地说：“我狠？你知道我背着你，背着全家，哭过多少回？”

大厅里，一片抽泣之声。

叶氏扶起缪秀芳，把金毅紧紧搂在怀里，国栋、国梁扶着母亲在椅子上坐下。缪秀芳眼睛红红地地问：“国栋、国梁，你们想妈妈了吗？”“小时候想你的时候，奶奶搂着我们，长大了想你，爷爷就和我们俩一起喝酒，唱《满江红》、唱《义勇军进行曲》，有一回，爷爷唱着唱着哭了起来……”

张德福一边抹眼泪，一边扶着二姑太走进大厅，高叫一声：“二姑太回来啦！”就像抗战前二姑太回家时一样。

二姑太身后跟着他的儿子，70 岁的善继和一个仆人。

金昆仑、叶氏连忙起身，众人也一同起身。

二姑太 91 岁了，头发雪白而面色红润，腰板挺得笔直。手拄龙头拐杖，步履沉稳。她并不与别人打招呼，直奔缪秀芳和金毅走过去。缪秀芳赶紧拉着金毅过来拜见，“叫二姑祖太。”12 岁的金毅说：“二姑祖太好！”

二姑太慢慢坐下，搂过孩子，说道：“我可怜的宝贝，和你小姑姑长得一模一样。秀芳啊，振世的事我早知道了，9 月我回来时，你公公就对我说了。咱不哭了，哭坏了身子不好。你也是个巴图鲁，只身入虎穴竟然替振世报了仇，好样的。”“二姑太，我打死日军少佐心里舒服了一些，不然总觉得对不起振世……”缪秀芳说。

二姑太说：“你二姑太爷殉国的头几年，我也这样。孩子，不说这些。我说昆仑，你怎么还不开晚宴？”

金昆仑说：“刘师傅早就炒好了，我又让他加了八个菜。好，咱们开饭。”

这时，电话响起，丫环红叶拿起话筒，回过头对金昆仑说：“老爷，找您的，听着像大少爷。”金昆仑接过话筒，只听见里面说：“爸爸好，我现在在北平，后天早上到沈阳。电话不多说，见面详谈。”“好的，振一，全家等你们。”

叶氏问："是振一吗？"金昆仑说："后天早上到家。走，到大餐厅。来，二姑太，我搀着您。"

晚宴开始了，金昆仑说："今天是我金家的抗战英雄回家的团圆日，可叹我的振世却永远不能回来了，作为父亲，我的心被剜下了一块……现在我提议，这第一杯酒要先敬振世。"

人们纷纷站起来，金昆仑示意二姑太不必起立，但二姑太还是站了起来。

老人家说："振世是我的晚辈，但更是我们的民族英雄，我必须敬他酒！"

大家把杯中的酒泼洒在地板上。

叶氏、缪秀芳、冰玉、国栋、国梁、金毅轻轻抽泣起来，振之、振雄、铁石也都眼圈红红的。

金昆仑忽然想起了什么，他问金冰玉："我听山上跑回来的抗联兵说，你与铁石在山上举行了婚礼，还是杨靖宇将军做的大媒？""是的，爸，妈，二姑太，我与铁石已经是十一年的夫妻了。结婚那天，是 1934 年 8 月 1 日，杨将军为我们举办了婚礼。对啦，铁石，你还没给爸妈、二姑太敬酒呢，快！"

听到这里，金昆仑突然大叫一声："等等，你们怎么不早说明白呀？怠慢啦，怠慢啦！德福呀，不行，我要亲自去请。"金昆仑刚要起身离席，张德福已经从外面跑了进来。

"老爷，您有何吩咐？"

"还什么老爷呀？你现在是我的亲家，快请上座，上座。"

"老爷，这可不行，不能坏了规矩。"

"德福，你不上座，那才是坏了规矩。都怪这两个孩子，没说清楚。我只是听到一些传言，没想到是真的。冰玉，快来扶你公爹上座。"

金冰玉走到张德福面前，叫一声："爸，请！"张德福眼眶湿湿的。那边，张铁石向岳父岳母敬酒。

张德福拘谨地挨着金昆仑坐下，端起酒杯，说道："老爷，太太，不，亲家亲家母，我德福不会说什么，我祝我们全家安好，这杯我干了。”金昆仑和叶氏也同时喝干了一杯酒，振之、缪秀芳、振雄、国栋、国梁也先后来敬张德福。

张德福单敬了二姑太一杯，说道：“老人家，我祝您长命百岁。”二姑太笑眯眯地说：“你从小我就说你有福。”

金昆仑说：“我宣布一件事，正好马武有病告辞，从现在起，亲家就做我们的管家了。到亲家这一辈，他们一家四代为我们做事，忠心耿耿，尤其是你们都不在家的时候，他是我的知心人哪。老二殉国后，多少个夜晚，在琴剑阁，他陪我喝酒，他陪我哭，你们谁见过我哭？他见过，是他，我的亲家让我熬过了那几年。来，亲家，我们老哥儿俩再干一杯，谢谢你给我生了一个这么好的女婿。”张德福说：“老哥哥你那段心里头苦，兄弟我理当做一点事呀。”

金昆仑又说：“我再宣布另一件事，下个礼拜一，秀芳、振之、振雄、冰玉、国栋、国梁、金毅你们跟我到清原长岭屯，去接那位救命恩人岳大娘，最好接她到我家来养老。她如果实在不来，觉得不习惯，那就给盖瓦房，给她雇个丫鬟侍候她，最后还是让她来我们家。”

二姑太接过话茬儿，她说：“最好请她来，就住在我家，陪同我说说过去的老话儿。”

缪秀芳问道：“二姑太，您的房子不是都烧了吗？”

二姑太说：“你忘了，我在堂子胡同还有一个小院的？”

说到这里，金昆仑又敬善继大爷、大娘姜氏的酒，感谢他把二姑太照顾得这么好。

善继说：“昆仑有点喝多了，那是我妈呀。”

金昆仑说：“可她是我们金家的姑太呀，所以我要敬。”

金振雄看了一眼三哥振之，忽然问道：“三哥，我特别感兴趣，你是怎么从日本逃出来的？你刚才好像说有日本特务监视你？”

金昆仑说：“对呀，老三，你给大家讲讲你在日本念书的事，又是怎么从日本逃出来的？”

金振之说：“说起来在日本，学业是不成什么问题的，我就是想家，想爸妈想所有的家人，想我的祖国……”

二十三

那些年，金振之以他的方式在抗日。

1931 年 12 月底，金振之进入东京帝国大学的医学部学习。医学部设在北海道的札幌市，校务处给他安排了一个特殊的宿舍，这是一幢独立的木制小二楼。屋里面生活用品应有尽有。房主是一位 60 岁左右的老妇人，还有她的女儿小松富贵子。老妇人负责他的饮食起居，小松富贵子主要是陪他读书。金振之一看就明白了，这是在监视他。他的心里凉了半截，依这个状况来看，逃回国去的难度太大了。

开学后不久的一天，天皇要视察在北海道的海陆空演习，临时决定要住宿在帝国大学。天皇入住的前一个月，一个日本警察来到小松富贵子家，和金振之进行一番谈话，意思说这期间不用上学了，老老实实在家待着。告辞之后，金振之透过窗口，看到在楼下门口的地方，小松富贵子与这个警察耳语几句。

金振之心说，果然是一伙的。

小松富贵子发现了窗帘一动，很快上楼来解释说：“振之君，我告诉警察你表现很好，不用他再来了。”

金振之淡然一笑，没有说什么。

经过一夜的思考，金振之决定改变打法，就是接受小松富贵子的感情。

从此以后，他们一起去看电影、逛公园、冬季去滑雪。金振之还给小松富贵子讲解唐诗宋词。这个日本姑娘被金振之的英俊相貌和出色才华深深吸引，她甚至对自己所执行的职责有些模糊了。

有一次，她居然谈起父亲死于日俄战争，流露出反战的情绪。

金振之马上说："但是建立大东亚共荣圈是天皇的英明决策。"小松富贵子连忙说："是的，那是的。"

金振之看过好多民国初年蔡锷与小凤仙的故事，他决定效仿蔡将军。

为此，他假意喝酒、赌钱，找艺伎听歌。他似乎越这样做，小松富贵子越是欣赏，并且还说："你这才像个日本男人。"

四年后的一天，小松富贵子的母亲小松菊正来到金振之的房间，一番嘘寒问暖之后，说起了他与小松富贵子的婚事。

小松菊正说："振之君，我想跟你说个事。现在看来，富贵子对你的感情已经很深，超越了朋友，我身体不好，说不准哪一天……我想看到你们成婚。"金振之早有心理准备，他说："非常感谢您和富贵子的信任与厚爱。婚姻大事，我们中国人讲究父母之命，我要给家里写封信征求父母的意见。"小松菊正听了，显得特别高兴，她说："这么说你同意了，那太好啦。如果你们成了婚，我会托人把你安排在军部总医院，而不必到支那前线。"金振之说："正好我正为这事发愁呢，要毕业了，军部和宪兵队的人时常找我，问我去前线的事，让我准备填表登记。"小松菊正说："不用愁了，包在妈妈身上。"

正巧，金振之的教授藏本要到中国旅游缺个汉语翻译，这个人是坚定的反战派。

金振之素来与藏本要好，一来是因为他的成绩突出，二来是藏本对他寄予深深的同情。

这时，金振之就报名要做藏本的翻译。

藏本想了想说："可是你办不了护照呀。我知道你什么意思，你是要回家。"金振之沉默了半天，说："我想老师一定会有办法。我成败在此一举，过些日子毕业了，要安排去国内前线，我怎么能去打自己的同胞呢？”

藏本想了想，说：“你给我三天时间，我想想办法。”金振之听了，给藏本教授深深鞠一躬。

连续三个夜晚，金振之都没睡好，他担心藏本告发他，那他就只有死路一条。

第四天一大早，金振之来到藏本教授家，藏本在宽敞的书房里接待了他。

仔细看了看他，藏本说：“你现在是日本人了，你的名字叫东野三郎，来，穿上和服，我们去照相馆照相，然后办护照，我的一个学生主管这事，他会帮着办。”

在藏本的帮助下，金振之的护照当天就下来了。藏本对他说：“事不宜迟，你明天像正常上学一样，船票我已经给你买好，只要到了公海，你就是离开了日本国，这一段千万要加小心，一句汉语也不能讲。”“好的，恩师！”

第二天早上，金振之像往常一样，和小松富贵子告别，并且说：“今天我早一点到学校，准备毕业论文答辩，晚上放学，一起去中国饭店聘珍楼吃饺子。”小松富贵子兴奋地说：“好的，好的。”

走出小院了，金振之忍不住回头看了一眼小松富贵子，挥了挥手，这才走了。他又有些后悔这一回头一挥手，担心引起对方的怀疑，但又一想平时也大体是这样，也就不再纠结。

师生二人来到了小樽港口。

提心吊胆地过海关，提心吊胆地上船，整个过程，金振之几乎是处于一种半麻木状态，如同当年在营口宪兵队受刑时是一样的感觉。好在老天照应，海关与港口都没有看出什么破绽，终于上了船。

藏本拍拍金振之的肩膀，两人相视一笑，金振之悄声说：“老师，我活过来了。”

海上遇到台风，本来两天的航程，却走了三天。三天后的清晨，金振之终于听到了上海海关的钟声，看到了大上海在水雾中的轮廓。在船上，金振之换上了西装。

在上海中央码头，师生二人上了岸，藏本说：“你现在可以走丢了，回到日本，我就这么说。我在帝国大学的职位也就没有了，弄不好还要抓我，但我不怕。你是好样的青年，我愿意帮你获得自由。”

金振之说：“谢谢恩师，您的救命之恩我永世不忘。战争结束后，我会去看您。”

藏本说：“你说得对，战争会结束的，而且日本必败。”金振之再次给老师鞠躬。

师生洒泪而别，很快，两人都消失在茫茫人海当中。

金振之并不知道大哥在哪里办公，他只好去家里在淮海路的那个小洋楼，敲开门一看，正是看家的族人金大川。

金大川端详了好久，才认出他来，说与小时候变化太大了，并告诉他说大少爷明天可能会过来。

第二天，兄弟俩见了面，从来没哭过的金振之在大哥面前忍不住哽咽起来。

金振一说：“以后在外人面前不许这样，你见过父亲哭过吗？我跟你说，我连母亲、冰玉的哭都没见过。当然，你受的苦难太深重了。好啦，不哭了，你记住，金家的男人是不哭的。”“大哥，我知道了。”金振之擦干了眼泪。

有一年半的时间，金振之在那个小楼里调养身体，他想给家里打个电话，大哥说：“不行，先不要挂，你出逃，我们家可能要被监视。我打电话都要请示组织。”

到了 1938 年年底，金振之和大哥一起来到了重庆，大哥忙得不可开交，终于有一天抽出时间与他谈话。

金振一说：“我已经联系好了，你去山东鲁豫支队 A 大队那里，杨大队长是我在苏区的好朋友，他那里正好缺军医，你到了那里，要好好干，做一名抗日英雄。对啦，你已经是抗日大英雄了，这封信你带好，我对杨大队长已把你的全部故事都讲了。去吧，记住，要给辽宁人争气，要给金家人争气。”“好的，大哥，我记住了，我一定配合杨大队长打几个大胜仗。”金振之高兴地回答。

真如金振之对大哥所言，在山东，他跟着部队从 1939 年到 1945 年，打了大小战斗上百次，歼灭日伪敌人上万人。

日本投降后，杨大队长成了 A 师师长。金振之则是师野战医院副院长。在很短的时间内，部队要进驻东北，作为老沈阳人，杨师长特批他回家探亲，同时希望他了解下沈阳城里的情况。

于是，金振之化装成商人，从山东回到沈阳。

金家的老少像听评书一样，听完了金振之的讲述，这个时候已是大半夜了。

金昆仑说：“红叶，你快去给二姑太收拾她的房间，振之、振雄跟我到琴剑阁喝茶去，或者就是继续喝酒，反正，我跟这两个大巴图鲁今晚是不睡了。”叶氏说：“我跟秀芳、冰玉、小金毅，我们娘儿四个睡。”金冰玉忽然小声问：“妈，这个红叶是什么时候来的？珍珠呢？”叶氏说：“珍珠嫁人了，嫁赵亚洲手下的一个刘副官，也是个抗日英雄。还是二姑太的大媒呢。赵亚洲哇，现在鬼子投降了，据说在抚顺做买卖，前几天捎信儿，说是想我们了，要来家串门呢。”金冰玉说：“正好呀，我也想珍珠了，请她一起来吧。她虽是下人，但我们从小像姐妹一样，感情深呀。有些话，我不敢跟您讲，可是我会对她说。比如我和铁石好的事，我最先告诉的她。她还教我绣枕头呢。”

二十四

第三天早上，金振一和妻子江素萍、儿子金国强敲响了金公馆的大门。

新人没找到，仍然是张德福担任门房。他开了门，一蹦高，“我的大少爷，这位是大少奶奶吧？这是孙少爷吧？哎呀，真像你爸爸，别说，还有你奶奶的影子呢。”

金振一叫一声“张叔”，然后，行礼微笑。江素萍和儿子随着丈夫一起给张德福行礼。

国栋、国梁腿脚快，率先跑出来，一迭声地叫“大爷大娘小弟”。接着，依次出来的是缪秀芳、振之、冰玉、铁石、振雄等人，三位老人二姑太、金昆仑、叶氏在中堂大厅里端坐着。

金振一领着妻子儿子走进大厅，二姑太和金昆仑还坐得住，叶氏看着大儿子，泪水止不住地流，站起来就扑了过去。“老大，你还知道回家？”

“妈，我知道回家，我这不是回来了吗？妈，这是素萍。”

“哦，素萍……好秀气的模样，一看就是江南人。这是我的大宝贝国强吧？快来，让奶奶搂搂！”

金振一领着素萍和儿子给二姑太行礼，给爸爸妈妈行礼，向弟弟妹妹弟妹问好。

当问到老二振世的时候，金昆仑说：“振世，他……殉国了。走了12年了。”

缪秀芳眼泪不觉流了下来。国栋、国梁和金毅赶紧走到母亲身边，缪秀芳紧紧搂住金毅。

金振一问道：“这个孩子是？”缪秀芳说：“是我在山上生的，振世牺牲时她刚满月不几天。金毅，叫大爷，叫大娘。”金毅怯生生地叫声：“大爷，大娘好！”金振一说：“宝贝，你不要怕，你是金家的千金，爸爸不在了，爷爷奶奶在，大爷叔叔姑姑在。”二姑太在那边说：“还有姑祖太呢？宝贝儿，我们都是你的血亲。过两天，我接你和国强到我家陪我玩儿几天，姑祖太家好吃好玩的多啦。”金毅和国强说：“谢谢姑祖太！”

大厅里的气氛轻松了一些。

叶氏让红叶传话给厨房刘师傅准备午饭，并特意嘱咐炒几盘川菜给素萍。

午饭之后，大家到后院的品茗轩里喝茶，二姑太去午睡了，大家的神情就放松了一些。

金昆仑说：“我听人说街上出现共产党的队伍了。”金振之跳了起来，问道：“是吗，是哪一支军队？”

金振一说：“还不详细，现在很复杂。我们不要轻易暴露身份。”

金冰玉忽然问金振一：“大哥，你消息灵通，那位黄叔现在怎么样了，我怎么在报上一点关于他的报道也看不到？”

金振一说：“你是问黄显声叔叔？1938年春天就被国民党特务抓了，生死未卜呀，老蒋视他为眼中钉呀，为打鬼子他多次抗命，恐怕凶多吉少啊。”金冰玉叹一口气。

金昆仑说：“老蒋就不是个东西，在他那里，好人没有一个好结局，抗日何罪之有呀？说起你黄叔叔，还有件事我不明白。当年我送他五十根金条，是为支持他打鬼子办义勇军。可是到了民国二十五年九月的一天，他竟打发人秘密地给我送了回来，说，他现在是有组织的人了，他们组织不允许接受民间的金钱，借是可以的，但是要还。振一，你能理解他的话吗？”

金振一想了想，说：“民国二十五年九月？那时他刚刚秘密入党，他说的组织，就是党组织。爸，这回你理解了吧？这就是我们共产党人清正廉洁的品质。”

金昆仑看了看大儿子，又看了看女儿，点点头。

金冰玉说：“大哥，你都多少年不回家了，大哥，我想你……我在山上挨饿的时候，我就想小时候你背我，在四平街到处找好吃的，糖炒栗子呀，冰糖葫芦呀，我在密营结婚那天，我就想这要是大哥在场多好，我会让你讲话，我让你陪我的战友们喝酒。大哥，你是我的骄傲，你知道吗？”

金振一泪花闪烁，妻子江素萍掏出手帕递给了他。

金振一说：“冰玉，你也是大哥的骄傲，我听到好多从东北到上海的同志讲起过你，他们说你是抗联的女英雄，他们说你在白山黑水间和战友们一起英勇杀敌，他们说你是威震敌胆的神枪手。我就想，我小妹长大了。”

金冰玉羞怯地低下头，忽而，她又问道：“爸，那个张凤岐叔叔怎么样了？记得他是黄叔叔的部下，潜伏进了沈阳城，还当上了伪警察局长。二姑太当年出城，还有我们出城，他帮了不少忙呢。”

金昆仑听到张凤岐这个名字，脸色变得严肃起来。红叶给大家一一又倒好了茶。

金昆仑端起茶杯，又放了下来。

“一条好汉哪。就在你和你二哥二嫂逃走不久，大概是那年的5月初吧，据可靠人士透露，你黄叔叔向张凤岐传达命令，准备像赵亚洲那样攻打沈阳城，当时他们的军事实力是可以的，张凤岐可调动的巡警、公安和民团有8000多人，枪支弹药也足够。可是谁也没有想到，消息走漏了，日本宪兵抓捕了张凤岐等20多个首要人物。7月下旬，日本人用铁丝把他绑到故宫大政殿后面的石柱上，企图劝降，但他说为国捐躯死而无憾。一个叫小川的宪兵气急败坏，将一桶大漆浇到他身上，然后……他们点着火，张凤岐被活活烧死了，他才45岁呀。”

人们陷入沉默。

许久，金振之问妹妹：“听说唐聚五将军死得也很悲壮，你给我们讲讲呗。唐将军，我见过的，生得高大威武，为人也豪爽。”

金冰玉说：“唐将军撤到关内，我们几乎就没有联系了，据逃回来的老兵说，1939年5月18日早晨，日军为了消灭他的部队，偷偷包围了迁安县平台山部队驻扎地区。打了两个多小时，好不容易杀出重围，但很快又被包围。唐将军身负重伤，仍然在指挥战斗。最后，他和200多名官兵一起壮烈牺牲。桓仁的老百姓想念他，每到重大节日，就面对大山唱他的《告武装同志书》，前几年上演的电影《风云儿女》的主题歌《义勇军进行曲》就是根据这个歌改的。我们老部队的人都说，1933年唐将军在热河招待过聂耳，1934年唐将军在武汉拜访过田汉，

1935 年电影就拍出来了。”

金振雄说：“姐,《义勇军进行曲》里也有我们部队的《誓词歌》，聂耳在热河慰问义勇军，我们部队的刘凤梧等人给他唱了《誓词歌》……”金冰玉点点头，若有所思。

金昆仑听到这里，忽然问道：“振雄呀，昨天晚上我就想问你，你讲讲高司令到底是怎么牺牲的。外面的说法很多，有人说是鬼子打死的，有人说是内部人干的。你应该清楚啊，你讲讲。”听了这话，金振雄难过地低下了头，点燃一支香烟，这才说道：“一提起这事，我就后悔，我就那天按他的命令外出侦察，双胜那个狗娘养的就把他害了。鬼子不是悬赏五千大洋吗？ 1937 年 6 月 23 日，我们内部的那个叫双胜的就见利忘义起了贼心，说是有情况要转移，他把高司令骗至彰武平安乡四家子村十里堡屯附近的树林里把他……后来，我们抓住这个畜牲，把他活劈了。”

金昆仑感叹再三，忽然站起身来，对大家说：“我有个想法，你们看看。我想带你们先到清原，看看那位救命恩人岳大娘，然后，到黑山找找高鹏振的家人，到营口找找张凤岐的家人，到凤城找找唐将军的家人，到岫岩找找黄显声的后人，看看他们有什么困难，我们帮一下，不能让他们受委屈，老蒋不管，我们都管。”

金振雄说：“爸的主意，我赞成。可是爸，我们怎么走，这么多人坐车还不成了一个车队呀？”

金昆仑一笑，说:“骑马呀，一人一匹大红马，跑起来是一条线，我、振一、秀芳、振之、振雄、冰玉、铁石、国栋、国梁。我们跑起来，就是一支马队。我们家就是不缺马，不用去马场，到后院的马圈就可以挑出几十匹好马。”

金振之拍手叫道：“这个好，又威武又雄壮，像我们金家人的阵势。”金振一面露微笑，那边金冰玉兴奋得脸上放光。

金昆仑说：“为了万无一失，每人配一把手枪，同时，我再与警察局白宝玉白局长说一下，雇他们一个小分队给我们当侍卫。现在辽西胡子经常出没，不防着点不行啊。”

第二天早上，沈阳南城就出现一道红光。这就是金家特殊的马队，他们奔驰的路线是辽东、辽南、辽西、辽北，那些先烈的家乡，那些义勇军和抗日联军征战过的地方。

在清原长岭屯，金昆仑带领家人看望了岳大娘，他对天发誓道：“苍天在上，大妹子，你的苦日子结束了，走，跟我们回沈阳，让秀芳和金毅天天为你尽孝道。”

岳大娘说：“大哥，逢年过节我可以到府上串门，但去府上养老是万万不行的。我还有两亩薄地要种，再说，我习惯了在大山里过日子。”

缪秀芳说：“爸，那就随我妈的心愿吧。”金昆仑无奈地摇摇头。他给岳大娘留下一百块大洋，岳大娘说：“我有一块做纪念就够了。秀芳，得了空，别忘了带小金毅回家看看我，我想她呀。”“妈，我知道啦！”缪秀芳抹了一把眼泪，跃上了马背。

在营口，金家这支神奇的马队沿着大辽河的北岸奔跑，74 岁的金昆仑，这位老巴图鲁大喝一声，那道深红色的光芒就在萧萧北风中飘飞了起来。

二十五

金昆仑和孩子们回来的时候，已经是一个礼拜之后的事了。

金家新一轮家庭会议决定，金振一和妻儿回重庆。金振之回山东，同时，带上弟弟金振雄参加八路军 A 师。缪秀芳和女儿金毅在家中休养，准备通过妹妹金冰玉找到抗联一军三师的人，她要归队。

金冰玉和张铁石回到老部队，随时听候命令。

这一次全家大团圆，让金昆仑感到特别震惊的，就是老大振一的变化，他变得更加深沉内敛了。即使是在家人面前，也很少说笑，很少表态。几次问他到底做的是什么工作，他也不具体说，只说：“爸，我所做的一切都是为了我们中国好，跟您一样。”但是，有一件事还是让金昆仑和叶氏看到了没有变的东西，就是临别时，二姑太忽然说句：“振一呀，我九十多了，没几年活头了，你什么时候还回来看我？你们这一辈，我最疼你和冰玉，我常常想你们……”这句话好像唤醒了金振一一样，他那铁一般的意志柔软了下来。

金振一率领妻儿给二姑太跪下了，然后，又跪了父母，他对三位老人说：“等全国解放，等我们中国真正变成了人民的中国，我就回来。别急，这一天快到啦。到了那时，我会要求回到家乡工作。我要回来为你们尽孝！”

临走之前，还是跟爸爸要了三千大洋，他说活动经费不够，需要爸爸支持，如家里有事用，可以继续卖地。

金昆仑看着长子坚定的目光，对他充满信任，他就取出大洋，如数地给了振一。金振一悄声对他说：“爸爸，我们都是在为国家做事。”金昆仑点点头，他和二林子开车亲自送到奉天驿。儿子在那里乘车去了北平，从北平转车去了重庆。

回到重庆不久，金振一又返回上海，继续他的神秘工作。

解放多少年后，金振一才在一次家庭聚会上公开承认自己是做地下工作的。

1948 年，辽沈战役期间，有一份国民党军经海运从葫芦岛登陆增援东北战场的情报，就是金振一和战友们一起搞到的。他们把这份情报发送到西柏坡，为最高领导人提供了决策参考。

金昆仑说：“我和冰玉也是做地下的呀。”金振一微笑着说：“可能风格不一样。但你们那样的风格，略微显得粗了些，比较危险。可也不一定，万一你们是唱空城计的诸葛亮呢，艺高人胆大嘛。”“哈哈哈哈……振一，我没想到你这么严肃的人也会开玩笑。”金昆仑大笑起来。

1945年日本投降的三个月后，在接到远东国际军事法庭传审的第二天，也就是1945年11月20日，本庄繁在东京盟军占领指导处切腹自杀，了结他罪恶的一生。

金昆仑从话匣子听到本庄繁的这个消息，大喊三声“好”，然后，命厨房刘师傅炒八个菜，他要喝个天翻地覆。喝到大醉之后，他问叶氏：“也不知道我送他那些假古董，他都送了谁，别是送了天皇了吧？”叶氏笑道：“我哪儿知道呀……”

这天下午，金昆仑雇了一辆大卡车开进金公馆的后院，让佟三带人从地下仓库里取出那些高仿的文物，整整拉了三卡车。

金昆仑将这些赝品堆到浑河岸边的沙滩上，让二林子领人把守，然后，又带着那辆车去小南门里，在佟三的那个古董店门口，对外甥说：“把你店里那些假的也都装上，日本人走了，还留着它干什么？如果发现你有隐藏，哪怕是一件，我也要从你的店里撤股。”“大舅，一件也不留？”佟三有点舍不得。“一件也不留！”金昆仑的态度毅然决然。

“留着当工艺品卖也行啊……”

“不行！你卖出来了，那个买的可能就当真品去卖给别人。”

高仿文物在浑河边上，堆成一座小山，有瓷器，有玉器，有字画，有珠宝和钟表。

金昆仑下令——“二林子，先砸后烧，开始！”“好嘞，金爷！”

“噼里啪啦”一阵脆响之后，二林子拎来一桶汽油，浇在那堆破烂上，然后，点燃一根火柴，一时，火光冲天。

佟三皱眉咧嘴，金昆仑则放声大笑……

11年后，即1956年，中国人民与日本侵略者在沈阳算了一笔血债。

那天金家出了三个人，那就是金昆仑、金振之、金冰玉。

1956年6月9日至7月20日，中华人民共和国最高人民法院特别军事法庭在沈阳公开审判。

审判是根据 1956 年 4 月 25 日中华人民共和国第一届全国人民代表大会常务委员会《关于处理在押日本侵略中国战争中战争犯罪分子的决定》进行的。

被告是日本前陆军中将师团长铃木启久等 36 名主要战犯。

这是中国人民自 1840 年鸦片战争以来在中国的土地上，由中国人担任审判官，不受任何外来干扰，第一次审判外国侵略者。

新华社派出金冰玉和摄影记者于兆前往采访。

在这之前，姐妹俩利用十余天时间进行庭前采访。同时，她们多次熟悉现场，实地勘查测量，连距离战犯多少步，从哪一个角度拍摄效果比较好，光线明暗如何进行应急处理，都事先进行了研究和模拟拍摄。

她们还进一步熟悉了审判程序，对控诉人及战犯会出现的表情和心理状态进行了预想。

世纪大审判开始了。

法庭设在沈阳皇姑区的中国科学院东北分院的俱乐部。

这是一座古式檐闷顶二层小楼，建筑上既借鉴了东欧风格，又融合了中国古典建筑元素。

选择这里，一是由于场地的大小、结构都很适合。二是出于安全保密的考虑。日本战犯都是从俱乐部的后门出入，而距后门不远就有一个螺旋形的防空洞，从抚顺押解来的战犯进入法庭前都临时押解在那里。

这样，既安全又可保密。

6 月 9 日上午，金冰玉和于兆提前进入了现场。

全场肃穆，静得似乎听得见人们的呼吸。

罪犯日军中将铃木启久被押了上来。

这是在我国审判的最高级别的日本战犯。

就是这个野兽，他在东北使用化学武器杀人、在唐山开设慰安所、在河南和河北唐山等地集体屠杀平民、在长城附近制造“无人区”等。侵华期间，他至少杀害了5470名中国人，仅在1942年12月5日那一天，他就屠杀了1280人。

那天，铃木启久带兵进入河北省滦南县潘家戴庄村，以枪杀棒打、锹铲镐砸、活埋火烧等极其残忍手段，屠杀村民1280人，有女性672名，儿童385名，其中最大的91岁，最小的还不满1周岁。同时，烧毁民房1030间，村内财物被抢劫一空，制造了骇人听闻的潘家戴庄惨案。

潘家戴庄村民周树恩走上证人席。

周树恩愤怒地控诉道：“我一家12口人，那天被杀害了6口。村子里的血带着泥土稠稠地往村外流，粮食牲畜被洗劫一空。我是从埋人的坑里逃出来的呀……”他边说边解开上衣，前胸后背，几乎被伤痕覆盖了。

铃木启久在铁证如山的罪证面前，“扑通”一声跪倒在地，连连说：“我不是人，日本军人都不是人……这全是事实，我谢罪，饶命，饶命！”于兆飞快地按下了快门。

7月1日，伪满洲国国务院总务厅长官武部六藏以及其辅佐者古海忠之被押上了审判台。

末代皇帝溥仪作为证人出庭了。

溥仪揭发了这两个人操纵伪满政权奴役中国东北人民的罪行。比如1936年7月，二人制订并推行的“日本开拓民20年百万户入植计划”；比如，1936年9月，二人制订并推行的开拓5年计划；比如，1943年4月下旬，二人创设保安拘留制度和思想矫正制度；比如，1943年4月，二人批准在沈阳、吉林和四平的平原地区制毒贩毒，等等。

武部六藏、古海忠之两个罪犯无话可说，而溥仪的表情里充满了痛悔。

7月15日上午，沈阳日本宪兵队长小野和营口日本宪兵队长山田被押了上来。

金昆仑和金振之父子出庭作证，他们向法庭讲述了在日本宪兵队监狱里遭受的酷刑。

金昆仑说："小野的红烙铁往胸膛上一烙，我看见我的脂肪就流到了脚面子上，像他妈的下雨天的雨水一样，这他妈是人想出来的吗？他们为了吓唬我，随便在街上抓人当着我的面枪毙，中国人在他们眼里连一根草都不如……"

金振之说："山田带人灌了我整整一下午的辣椒水，我的肚子肿得像鼓一样，他们就用木杠子在肚子上辗压，辣椒水从嘴里和鼻孔里喷出来，然后，他们再往我嘴里灌。这是恶魔！我三个月之内吃什么都没有味道，口腔胃口全都麻得失去了感觉……生不如死呀，这是什么人？这不是人，这是恶魔！"

一名妇女满腔悲愤地控诉小野当年的兽行，情绪激烈，几乎要冲上去把他撕碎。

听到这里，小野和山田低下了头，很快，他们瘫软在了地上。

金冰玉的钢笔在"唰唰"地记录，于兆的快门在"咔嚓""咔嚓 "地响。

最终，金冰玉的长篇通讯《沈阳，审判日本战争罪犯》和于兆的新闻图片《日本战犯当庭下跪》《审判日本战犯》《溥仪到庭作证》《控诉》一起，传遍了世界各地，唤起人们捍卫和平的热忱。

二十六

金振之和金振雄来到山东的时候，已是 1945 年 9 月中旬了。在这里，金振雄光荣入伍。

杨师长很惊叹金振雄在"老梯子"队伍里的传奇经历，听金振之讲完之后，他说："从战士干起吧，我相信你用不了多久就会飞起来。你是个好军人。"这样，杨师长的警卫员就把金振雄送到师警卫连一排三班去报到了。

杨师长与金振之详谈了起来。

“怎么样？沈阳的情况你摸到了什么？”

“沈阳是一块肥肉，现在都想争，苏联人、当地的旧军官，还有土匪都起来了，国民党也跃跃欲试。我在沈阳还看到了，好像是冀热辽军区的一部分人。我相信，沈阳一定会回到人民手中。”

“对，这个月 5 号，党中央指示冀热辽军区十六军分区进入了沈阳，司令员已将东北的情况汇报给了中央，中央决定成立东北局，作为党中央的派出机关领导东北地区的革命斗争。在今年 4 月，党的第七次全国代表大会上，中央就指出如果取得了东北，中国革命就有了巩固的基础。”

“太好了，我们师何时出发？”

“我看快，一两个月吧，我在等延安的电报。另外，你们野战医院的刘院长前几天调到 B 纵队了，院长一职你来担任，我现在就下命令。”

正如杨师长所言，11 月 4 日，他接到了中央的命令，开往东北，建立巩固的东北革命根据地。

那天晚上，杨师长找到金振之、金振雄，对他们说：“你们兄弟俩是地道的东北人，对东北各地的风土人情都熟悉，又有文化，你们都到师部来做参谋，好多事情，我指望你们俩。”“是，师长！”

在接下来的三年中，兄弟俩跟随部队打了秀水河子，参加了三下江南、四保临江战役，屡立奇功。这时，A 师更名为 A 纵，杨师长改为杨司令员。

1948 年 9 月 12 日，辽沈战役打响。目标：锦州。但要拿下锦州，必先攻克义县，把国民党军出逃的北大门紧紧关死。

10 月 1 日拂晓，A 纵和友邻部队开始联手攻打义县。15 时 30 分，义县内的 1.2 万国民党军全部被歼，生俘少将师长王世高等重要军事首脑。

10 月 6 日傍晚，杨司令接到命令，A 纵立即转移到山城驻扎，在那里待命。

那天清晨，金振雄带领的尖刀连行军路过城北一村子的苹果园。空中突然敌机飞过头顶，杨司令下令停止前进，隐蔽在苹果园里。

正是成熟的季节，果香飘散。

连续一周的挖战壕出击作战，又加上一夜的急行军，战士们又饥又渴，好多人忍不住盯着一个个又大又红的苹果。

金振雄看到了这一幕，他心疼战士们。但是，共产党军队铁的纪律在他心中更重。

金振雄命令各班把落在地上的苹果归拢到一起，然后大家坐在没有苹果的地方。

金振雄说道："我现在带领大家背诵《中国人民解放军总部关于重行颁布三大纪律八项注意的训令》，来，开始。"

尖刀连全连齐诵那篇历史上绝无仅有的军令——

三大纪律如下：（1）一切行动听指挥；（2）不拿群众一针一线；（3）一切缴获要归公。

八项注意如下：（1）说话和气；（2）买卖公平；（3）借东西要还；（4）损坏东西要赔；（5）不打人骂人；（6）不损坏庄稼；（7）不调戏妇女；（8）不虐待俘虏。

一幅圣洁的画面，一队饥渴难耐的军人，面对硕果累累的苹果园，军人们纹丝不动。

在宿营期间，金振之回到野战医院驻地。赵副院长对他说："报告金院长，有三名重伤员一天一夜没吃东西了，现在饿得快晕了。房东王大爷送了苹果来，不要不行，扔下就走，能不能给伤员吃苹果补充一下营养？救命要紧呀！"金振之想了想，说："那，开个支部会吧。"

于是，中国历史上一个关于吃不吃百姓苹果的会议开始了。

金振之让大家踊跃发言。

卫生员唐济生说："这苹果我看是不能吃，我们不是一直在学习《中国人民解放军总部关于重行颁布三大纪律八项注意的训令》吗？吃了就是犯纪律呀。"

医生李小英说：“我看救人要紧，况且苹果是老乡送的，三个伤员要高烧不退，吃了苹果能补充营养，或许还能降下体温。”讨论激烈了，“这苹果我们是要送回去的，就是烂了也不能吃。”“可是伤员怎么办，难道我们见死不救吗？”“现在，难道只有吃苹果才能救他们的命吗？”“我们可以给钱呀，买几个苹果总行吧？”

金振之作为院长兼支部书记，觉得讨论得差不多了。于是，他一摆手，说：“我看李小英的办法好，我们就买下三个苹果。”说到这里，金振之从口袋里拿出一块银圆，对通讯员说：“小张，留下三个苹果，剩下的一筐连同这钱都给老乡送回去。”“是，院长，我这就去。”

当天晚上，房东王大爷给战士们偷偷送来一麻袋苹果，放到炕上。

第二天早上，部队转移了，那麻袋苹果仍然原封不动地放在那里。

“仁义之师呀……”王大爷望着部队远去的背影，泪眼模糊。

10 月 14 日，大部队开始攻打锦州，A 纵队开到锦州东部的山城县负责阻击从沈阳来的国民党增援部队。

夜深了，寒风呼啸。在炮火中打了一整天的战士们，绒毯和军衣都烤煳了。这些大多来自关内的士兵，在东北深冬的寒风里，瑟瑟发抖。

杨司令员发出一道命令：“纵队机关干部，速速脱掉大衣，拿起你们的绒毯，都给我送到战壕里去，给战士们披上。”他说罢，脱下了自己的棉大衣交给了警卫员。金振之和金振雄等师部机关工作人员见状，纷纷脱下棉大衣，拿出绒毯，送到警卫连，然后送给各个战壕里的战士手中。

很快，带着纵队各级首长、战友体温的大衣和绒毯送到了战壕里，披在了战士们的身上。

战士们不冷了，纷纷流下了热泪。

金振之对弟弟说：“振雄，你看到了吧，这就是我们共产党人，你将来好好跟爸爸讲，特别要跟冰玉讲，让她写出更好的文章来。”金振雄说：“我亲眼看见的呀，这就是爸爸说的，共产党一定能成就大事业的根本原因。”

清晨，国民党军的炮击又开始了。高地瞬间变成了火山，除了大火还是大火，此起彼伏的爆炸声仿佛要撕裂大地。

战士们在那烧焦的沙石堆里滚打着，连续六七个小时的激战，让他们忘记了寒冷和饥饿。他们只剩下几个很简单的念头，“把敌人杀下去！”“只要活着，就要消灭敌人！”“把敌人死死拖住！”

在激战中，国民党军的指挥官运用“老法宝”——用金钱利诱，组织所谓的“敢死队”。那些手拿金圆券的督战官，在山下连声吆喝：“兄弟们，长官知道你们勇敢善战。现在组织‘敢死队’，凡是参加的人，每人奖励十万元！头一个冲上去的，奖金再加一番！”

山下，国民党士兵们无动于衷。督战官叫了半天，仍然没有一人动弹。于是，他又高喊：“每人再加五万！良机勿失，兄弟们冲呀！”

金圆券不大灵，督战官的手枪又举了起来，利诱加上威逼。这样，一支300人的“敢死队”，总算是勉强组成了。一阵炮击之后，“敢死队”闭着眼睛往山上冲，但他们刚冲至半山腰，就遭到解放军迫击炮火的轰炸。“敢死队”瞬间变成“怕死队”，他们一次次溃败下来。

金圆券买不到奋勇冲杀的士气。

国民党军的指挥官疯了，他将所有的山炮、迫击炮和步兵炮火，都朝着山上轰过来。

解放军固守的高地一度失守。

下午6时，解放军某团一连担任夺回高地的尖刀连，连长牺牲了，金振雄向杨司令请战，要求去指挥这个连，杨司令看了看他，说：“好吧，但你要保护好自己！”

金振雄带领战士们避开了敌人的机枪火力，飞快登上了半山腰。他和一名战士先后炸毁了敌人四个机枪火力点，敌人的火网一下子就灭了，金振雄手持红旗把它插到了大山的顶上。

这时，三营从两侧蜂拥而上。十分钟的短兵相接，守敌一个连全部被歼灭。

激战半小时，到6时50分，阵地也全部收回。

7时，金振雄跑进指挥部，兴奋地大喊："报告司令员，我们夺回了高地。"杨司令说："好样的，我就跟你哥说，你一定能行。你不愧是跟鬼子打过硬仗的好兵。那个尖刀连就给你了，我还要嘉奖你！"

面对A纵这个钢铁之师，国民党军指挥官只好长叹数声，躲进一家地主大院，喝起闷酒来。

在整个战斗中，国民党军指挥官始终躲在距离战场10公里的地主大院里。而杨司令则一直站在前沿阵地上，谁拉也拉不下去。饿了，他就吃一点面疙瘩汤。

有一天，炊事员拿着当年从日军手里缴获的饭盒，把疙瘩汤送给一天没吃饭的杨司令。司令员眼睛盯着地图，大口大口地吃着。突然"咔"的一声，牙齿被硬物硌了一下。他从饭盒里取出一枚弹片，笑道："没有肉，哪来的骨头？"

然而，杨司令的A纵2万人对国民党军的12万人，大战而大胜。

那么，他制胜的核心秘密是什么呢？

开战之前，杨司令的一次讲话似乎算是一个透露。

那天，他对指挥部的战友们说，"此战若胜，必须是战士加人民。国民党民心丧尽！我前天晚上上山时，看到了山下的人民浩浩荡荡的支前队伍。"

是的，这是古往今来罕见的奇观。

为了支援部队快速修成工事，山城县各个村镇的老乡们肩扛门板背驮麻袋，气喘吁吁地向山头奔跑。公路上的大车，有拉粮食的，有拉木料的，其阵如长龙，直奔山脚而去……

奇观还远远不止这个。

在万家壕村，有一条名叫二道河的河水，河面上根本没有桥。A纵一师的师长张强找到村里的共产党员刘春林。

张师长说："两小时之后，我有一个团要从这里过去，咋办？"刘春林说："首长，我办！"刘春林带领全村的贫下中农，把村里仅有的20多辆马车的铁轮子全部卸下来，在河里摆放好，然后，锯掉 200 棵大树放在上面，又卸掉 100 多块门板，一座桥架好了。

刘春林他们在河水里冻得抱成一团，张强师长泪流满面。

在曹家壕，青壮年都上前线了。老太太和小媳妇们看到战士们都是穿着单衣，特别心疼。她们聚在一起一合计，纷纷跑回屋子，脱下自己的棉衣棉裤，一共 600 套。她们派村里的党员刘显贵送到山上。她们没有外衣，只盖着被子趴在炕上，为战士们默默祈福。

一个叫王爱党的战士，胳膊腿都被打断了。

大王家村的共产党员邹万忠背他去 3 里之外的包扎所。敌人的飞机大炮和机枪封锁了这个地面。邹万忠不敢直起身来，他只能背着战士一点点爬过去。他爬到了包扎所的时候，刚一直起身，就重重地摔倒了。人们发现，他浑身鲜血淋漓。原来，他的胳膊和腿上的好多皮肉都已经磨掉，王爱党被救活了……

金振之的野战医院就设在曹家壕村，这个村子，家家是病房，人人是护士。20 岁的妇女王雅杰，她孩子正在吃奶。她家住了 8 个重伤员，危在旦夕。她对婆婆说："你把奶水挤出来给他们吃吧，把高粱米饭捣碎挤成汁儿喂孩子……"这样，王雅杰一个人轮番用乳汁喂 8 个重伤员，最后，这位英雄母亲救活了 8 个子弟兵。

下万子村的农会会长李福阳，他本来已经带着群众转移了。可是，他还是跑回来支援前线。他对妻子说："解放军都是南方人，他们哪儿认识路呀？我要去给他们带路。"

他扛着家里仅有的一个大柜子上山，他要拿给部队做掩体。

炮弹打过来，两个战士扑到他身上，救活了他，他们却都牺牲了。他搂着两具遗体大哭，他说："共产党是咱老百姓的党，我这辈子就跟他走啦！"

部队有纪律，不让老百姓参战。他对劝他下去的战士说："谁说我是老百姓？我早就是解放军啦！"他拎着一支手枪，三天三夜不下阵地。

在潘家岭，一个连的战士都牺牲了。全村的男女老少上山去与国民党军队抢遗体。敌人吓得目瞪口呆，他们不能理解这些老百姓这是怎么了。他们放下了枪，沉默不语，任凭村民们把解放军烈士的遗体一一抬下了山。

乡亲们把烈士抬回山下，进行安葬。他们给每个战士盛一碗高粱米饭，抓一把炒盐豆子，放在他们的胸口。潘大娘给烈士洗脸、梳头，她说："今天，我代表你们的妈妈来送你们……"这位老大娘拉起每个烈士的手握一下，泪眼婆娑。

王金山挨家挨户地给烈士找柜子，家家都争着往出献呢。一位姓齐的老爷子把自己留用的寿材献了出来。王金山的媳妇给烈士缝补被子弹打破的衣服，一边缝一边掉泪，她说："小兄弟，对不起，大姐应该给你一套新衣服呀，可是大姐没有。"

人民为什么冒死支援解放军？因为解放军解放了他们。

作为老解放区的山城人民，他们分到了土地，不再给别人当长工。解放军所到之处，扶贫济困。而国民党军则截然相反。

在吴家窝棚，有个离国民党军指挥部不远的小村。国民党军的一个营长用铜盆将一个小猪崽炖了，村民明知那个盆是尿盆，但没有人告诉他。他没有等吃上猪肉，就被解放军打跑了。还是在这个村，一个国民党军官抢走了宋汉臣家仅有的一个鸡蛋。宋汉臣说："国民党的军队不亡，天理不容！解放军对我们就是好，是为我们打仗的自己人！"

金振雄在日记里记下了这一个又一个故事，一边记一边哭。他对哥哥金振之说："三哥，我受不了，太感人了，我从来没见过这样的故事，我一定要讲给我姐听，让她好好写出来。"

这时，杨司令从背后走过来，说："人民是我们的母亲哪，有了这样伟大的母亲，我们什么都不怕。小金哪，记好，到时让你姐姐写出最好的文章来，题目就叫《母亲颂》。"

在这场阻击战中，山城人民昼夜奋战，在很短的时间内帮助部队挖成了长达18公里的防御坑道。在高地上，有400多名支前民工牺牲了。

10月15日，锦州解放。但山城阻击战仍在进行中。

国共双方，最后激战了三天三夜。

在人民群众的大力支援下，A纵一次一次从血海中站立起来，红旗一次又一次插上高地，山城岿然不动，高地岿然不动。

10月27日，国民党军指挥官被活捉。10月28日拂晓，战斗基本结束，国民党军西进兵团的12万余人，被A纵及友邻部队全部歼灭。

硝烟渐渐散去，金家两兄弟在废墟上谈心。

金振雄对哥哥说："我看过好多军事史书，这绝对是人类战争史上的奇迹。三哥，你总结一下，这到底是为什么呀？"金振之说："这就是毛主席前年在七大会议上发表的《论联合政府》中说的，人民，只有人民，才是创造世界历史的真正动力。杨司令率领我们纵队以少胜多、以弱胜强，就是靠的人民，只有人民军队为人民，人民也才能为军队付出一切，甚至牺牲一切。"

金振雄连连点头。

这时，军号声忽然划破晨空。

金振雄说："三哥，你快回司令部吧，可能又有新的任务了。"金振之说："好！振雄，注意安全。"

二十七

为迎接沈阳的解放，地下党员开始积极行动了起来。东北局在1948年5月成立了中共沈阳市工作委员会，主要任务集中力量保护沈阳城。同时，发动各个系统的地下党员，大力宣传党的政策，瓦解敌人。

早在 1947 年 7 月，国民党军中将邹甫良带领他的 K 军，进入沈阳城，准备参加内战。

就在这个月，邹甫良升任国民党军兵团总司令。

按照上级的指示，金昆仑在明湖春大饭店设宴为邹甫良接风，并祝贺他高升。这是满洲省委撤离后，第一次组织上找到他，并以党的名义给他下达指令。

邹甫良欣然前往。

堂堂中将为什么会随便接受这样的一个看上去完全是民间的邀请呢?

其实并不随便，这位邹将军是金家在辽阳首山粮庄庄头的族亲。当年，他报考东北讲武堂，还是金家给找的关系，他才得以顺利入学。

邹甫良见到金昆仑特别高兴，他们有几十年不见了。他给金昆仑敬了一个标准的军礼，叫一声“金爷”，然后，他说道：“我本应到府上看望您，原想忙完这两天，消停下来，就过去，没想到您先来了。”金昆仑说：“你发福多了，记得我们最后一次见面还是民国十年，你从讲武堂毕业那年，特地到我家看望老爷子。”邹甫良说：“是的。28 年了。”

两人就座，畅谈起来。

金昆仑夸奖邹甫良在滇缅之战中打得好，并为此连干了三杯，他说：“你打出了我们中国人的威风！”邹甫良连忙站起来陪了三杯。然后，他说：“我听说金爷在沈阳城也干得漂亮，保护宫里的文物，送孩子们当义勇军，面对屠刀面不改色，我来这几天耳朵里都灌满了。”

金昆仑说：“作为一个中国人，我理当如此！”

当两人的距离拉近了一些之后，金昆仑开始接近主题。

“贤侄，跟我说实话，老蒋对 K 军对你，是不是薄了点，甚至是有点后娘的味道？”

“金爷，老蒋除了中央军的人，他谁也不相信，对我们东北军就更不用提了。在各个时期各个战场，我的部队只有送死的份儿，领赏的却是从来没有的。”

“听说，你当年的老搭档黄显声已经被老蒋抓了起来。”

“是的，他与共军有密切联系，甚至有人说他入了共产党。”

“依我看，他就是与共军没有联系，他就不是共产党，老蒋也会找个理由除掉他。而且，实不相瞒，黄显声之后也快轮到贤侄你了。那么，贤侄还想为他卖命吗？”

“金爷，您什么意思？”

“弃暗投明呀！”

“金爷……忠臣不事二主呀，我……”

“那要看什么样的主子。这个老蒋与明末的崇祯有什么区别，你忠于他？少帅饶了他一命，可他到现在还关着人家不放。就凭这样的货，你还忠他？”

“金爷，咱们别唠这个了，反正我不能背千古骂名，我不想将来进入二臣传。我宁可战死，也不投降。”

“那我想你只有战死了，就凭你们这些人能打得了人民解放军？这两年的东北之战，你还没看清，这仗打的，你们打得是由强到弱，人家打得是由弱到强，这还看不明白吗？得失在哪里？在民心哪。人民欢迎国民党吗？不欢迎。人民叫你们为‘刮民党’，除了横征暴敛，你们为老百姓没干什么。”

“金爷，你莫不是受共党收买来劝降的？”

“谁也收买不了我，我是来救你的。”

“金爷，请您别为难我。我是宁愿战死！”

“我想要一个活着的贤侄，一个能为国家为黎民百姓做点大事的人，就像抗战中的那个你。听好了，你随时可以找我。”

“再会，金爷！”

邹甫良站起身来，向金昆仑敬个军礼，转身走了。

10 月 25 日，金昆仑再次接到命令，让他去说服邹甫良起义。

邹甫良说："金爷，您就别费心了，我还是想舍生取义。""你那个义是什么？民国都搞了三十七年了，搞得民不聊生，这叫什么民国？你们的义在何方啊？"金昆仑的火气上来了，拂袖而去。邹甫良在他身后回敬道："多谢金爷，您慢走。"

劝降还不能算失败。

在金昆仑和战友们的努力下，K 军大部分将领选择了起义，比如一三〇师、一一六师、三〇一师、东北守备第二纵队的官兵，起义官兵甚至直接打开了沈阳的北大门。

沈阳城解放在即，她就要回到人民的手中了。

四天以后，10 月 29 日，人民解放军 A 纵队行进到黑山与沈阳交界处，与敌人激战一小时，然后，部队占领新民。接着，金振雄的尖刀连以每小时 14 里的速度追击逃敌，深入到沈阳西面的于洪屯外围。

10 月 30 日，A 纵队开始猛攻沈阳的守敌。

金振雄带领尖刀连杀出一条血路，向城内突击，大部队在后面像怒潮一样奔腾向前。

守敌军心大乱。

进入于洪屯后，国民党军七辆坦克从市内向尖刀连开来，在相距一百米的地方停了下来。

第一辆坦克的炮塔盖突然打开，从车上下来一个人，双手举着一条白色毛巾向金振雄走来。那人说："我是坦克连连长，我们起义了。"金振雄说："好哇，我们欢迎起义！"

A 纵一路突破铁西区、汪家河子，冲入昭德大街、国际大马路（今和平大街）、甘露街、同济街一带。

尖刀连冲在最前面。

11 月 1 日深夜，A 纵占领了国民党军东北"剿总"大楼，沈阳的守敌全部被歼。在10月31日这一天之内，共俘虏国民党军13万人，包括刚刚要起身逃跑的邹司令，面对枪口，他投降了。

1948年11月2日，宣布沈阳解放，全东北解放。A纵队更名A军。

在辽沈战役期间，辽宁参军160万人，参战民工313万人，运送前线军粮7000万斤，充分地保证了部队作战的需要。

在沈阳四平街，金昆仑带着国栋、国梁、金毅欢迎解放军入城。人们唱啊跳啊，欢迎天下绝无仅有的仁义之师，欢迎自己的队伍。

A军走在大军的前面，尖刀连走在纵队的最前面，国栋、国梁和金毅眼睛尖，他们最先发现了金振之和金振雄，他们在人群中大声喊道："三叔！""四叔！""四叔！""三叔！"哥儿俩骑在大马上，向侄子侄女挥手。

忽然，他们发现了父亲，兄弟俩纷纷跳下马，奔向金昆仑。父子三人紧紧拥抱在一起。

金昆仑说："一场恶战，你们还能活着回来，祖宗保佑呀。你妈天天抹眼泪。"

振雄说："妈是老了，这几十年我们家天天有人在前线，她怎么还不习惯呢？"金振之说："振雄，你住嘴。回去告诉妈，我们这两天就请假回家看她老人家。"

一个礼拜之后，金昆仑在"鹿鸣春"大摆宴席，庆祝沈阳解放，宴请的嘉宾是A军的尖刀连和野战医院的全体官兵。他甚至还要请纵队杨司令。

结果，一个人也没有来。

在前天振之和振雄回家的时候，金昆仑就提出这个邀请，当时兄弟俩都说这绝不可能。

金振之说："共产党以廉洁为贵，部队的纪律比钢铁还硬，不拿群众一针一线，别说上鹿鸣春豪华大饭庄了。"

金振雄也说："是呀，在锦州，我们6万人的纵队，在苹果园子里休息，一个苹果也没动，落在地上的收拾起来给老乡留着。"

金振之说：“我们医院要救三个重伤员，是我掏出一块银圆买下三个苹果，结果老乡给拿来一麻袋，我们只拿了三个。麻袋放在坑上，我们就睡在那炕上，也是一个苹果没动。您这鹿鸣春，就更吓着我们解放军了。您知道吗？我们杨司令就是天天吃面疙瘩汤指挥了山城阻击战。去鹿鸣春吃饭？您真是异想天开。”

金昆仑的烟斗敲在铜火盆上“嗡嗡”山响，说：“你们说你们是共产党，我也不是外人哪。我是 1927 年的党员。我们大军解放了沈阳城，我作为一个老党员要代表全沈阳人民表达一下心情，就算我交一次党费行不行？”

叶氏看到父子三人争了起来，赶紧说：“你们说的都在理，部队有纪律，你爸爸有心意，你们回去请示一下杨司令，听他怎么说。”

三天没有消息，金昆仑以为杨司令同意了，就到鹿鸣春订下了 30 桌酒席。

那天中午，金振雄骑着大马，来到了鹿鸣春酒店。上了二楼，他看见父亲正与大堂王经理聊天。他拿出一封信递了过去，信是杨司令写的。

“金老前辈，我久仰您的大名，您对我们党的忠诚与贡献，我早有耳闻。我们是自己人，不必客气。另外，我们部队有纪律，不拿群众一针一线。等我忙完这几天，一定登门拜访，谢谢您为我们部队养育了两位英雄儿子……”

金昆仑读后，一阵默然。

金世雄说：“老爸，我和三哥说得准吧？杨司令他准不会同意，别说他，换了任何一个首长也都不会同意这种事。”

金昆仑连连点头，说：“我毕竟是在大城市工作，而且工作的性质也不一样。我请过鬼子军官，我请过国军的将军，当然这也都是为了革命工作，但他们都来了。可我现在连自己部队的战士都请不动，如此清廉，我们的党了不起呀，我们的军队必将天下无敌。”

A 纵，1948 年 11 月改为 A 军，杨司令又叫了杨军长。

解放沈阳后不久，A 军即将入关参加平津战役。

出发前，金振之和金振雄回家与家人告别。

二十八

初冬的晚上，金公馆里一片喜气洋洋。金家，再一次实现了全家的大团圆。

金振一从上海打来电话，说是一时回不来，问全家好。叶氏放下电话，对金昆仑说道：“总是三言两语，多一句也不说。这孩子！”金昆仑说：“可不，他大学毕业后就变成了另一个人，完全不同的一个人。从前多能说呀，在省中学堂念书时，年年春季讲演第一名呀。”

下午的时候，金国梁走进母亲的房间，递给她一封信，信的封面上写着“沈阳城小南关下头六合店东胡同金公馆处缪秀芳同志收”的字样，这是当年抗联三师一位首长的来信。

“国梁呀，给妈念念，上面都说的什么？”

金国梁从信封里抽出那封信念道：“秀芳同志您好，多年失去联系，但战友们依然记得三师的神枪女英雄。现经组织慎重考虑，追认金振世同志为革命烈士，将您按团职转业到抚顺市委宣传部任副部长。另，组织上将您两个儿子保送到东北人民解放军航空学校学习深造，请他们接到信后三日之内去报到。小女儿高中毕业后也保送到军校学习，他们是党和国家的孩子，党和国家当然要管他们……”

金国梁念不下去了，15岁的金毅则扑到母亲怀里哭了起来。

过了一会儿，缪秀芳对三个孩子说：“你们把这个消息告诉爷爷奶奶，去吧，妈要安静一会儿。”

国栋、国梁、金毅离开母亲的卧室，向琴剑阁走去。

缪秀芳反锁上了房门，摘下墙上挂着的她与金振世当年的结婚照，轻轻问道："振世，你看到了吗？我们三师来信了，你听，追认金振世同志为革命烈士……振世……"

缪秀芳把那张照片紧紧搂在怀里，哭得痛彻心扉。

金昆仑听了孙子孙女讲的话，沉默了。金振之和金振雄也不吱声了，他们想着二哥的音容笑貌，心里也不免一阵阵难过。

金昆仑想让叶氏去劝劝缪秀芳，可是，又怕夫人到了那里一起哭。于是，他把目光落到了女儿金冰玉的脸上。

金冰玉是昨晚从哈尔滨回来的，她已经转业到地方，分配到新华社东北总分社做记者，下个月这个新华社东北总分社就要从哈尔滨迁到沈阳了。到那时，她可以和家人在一起了。略微有一点小遗憾，就是张铁石转业到安东省民主政府民政局做副局长，现在去报到了。

母亲叶氏走过来，悄悄拉了一把金冰玉，娘儿俩走到缪秀芳的门前，缪秀芳已重新梳洗化妆完毕，从屋里正要往外走。

缪秀芳神情庄重。

"妈，冰玉，你们？"

"二嫂，我们来看看你，爸请大家到中堂喝茶。"

"妈，冰玉，那我们走吧。"

叶氏说："秀芳，你？"缪秀芳看了看婆婆，说："妈，我没事啦。"

冰玉看到嫂子的泪痕，忍不住上前搂住她，缪秀芳说："冰玉，我们喝茶去！"

95 岁的二姑太已经在丫鬟红叶的搀扶下，端坐在中堂的正中间，左侧坐着金昆仑。右侧的位置空着，显然那是叶氏的地方。

缪秀芳扶着婆母叶氏就座，并紧挨着婆母坐下，她的对面是振之、振雄，冰玉在她的下方，国栋、国梁和金毅左右分坐在最下方。

二姑太环视了一圈金家的全体成员，笑了，目光慈祥而有力。老人家开口说道："金家军都到齐了，就差老大了，呵，他就是不想我，我白白偏疼他了。"说罢，向金毅招手，金毅赶紧跑过去，二姑太伸手搂住了她。

金昆仑赶紧说："二姑太，我的老姑奶奶，他怎么敢不想您？我知道您这是说笑话。"二姑太亲了一下金毅的小脸蛋，说："昆仑，你也不用跟我打马虎眼，人齐啦，你就训话吧。"

中堂大厅里忽然静了下来，金昆仑看了看大家，开口说道——

"每次团圆之后，都是分别，真是应了苏东坡的那句话，人有悲欢离合，月有阴晴圆缺。作为金家人，这已不算什么了不起的大事。秀芳、振之、振雄、冰玉，我不多说了，主要是国栋、国梁，你们马上要去航校报到，你们就是参军了，你们是中国人民解放军的正式战士了。你们两个和妹妹给大家背一段祖训好吗？"

听了这话，小金毅马上跑到大厅中央，和两个哥哥站成一排。

兄妹三人齐声背诵道："爱我高天，爱我厚土。为官为民，清风亮节。社稷兴亡，赴汤蹈火。"

金昆仑继续说道："国栋国梁，你们能做到这一点，你们就不愧为金家的后代，不愧为革命烈士金振世的后代，不愧为中国人民解放军的军人。要为金家争光，要为军队争光。除了要勇敢作战，还要清正廉洁。这几十年我是看清楚了，我们共产党成功的秘密，那就是冰雪一般的情操。远的就不说了，就是这次解放沈阳城，我在鹿鸣春摆宴邀请你三叔四叔的部队，邀请杨军长，加起来一百多人，一个也没来。后来，我通知商会，倡议饭馆、酒楼对解放军一律三折优惠，你们猜怎么样？还是一个也没有来。这是什么队伍？这是天下无敌的仁义之师。把你们交给这样的队伍，爷爷放心哪。"

国栋、国梁说："爷爷教训得是，孙儿记得了。"

刚说到这里，新来的门房邵祥忽然快步走了进来，对金昆仑说："来了三个解放军，其中一个像是首长，让他们进来吗？""这什么话？快请进来吧！"

金振之、金振雄对视了一下，表情有点纳闷。

金昆仑和振之、振雄父子三人走出中堂，绕过影壁，来到大门前，金昆仑刚一抱拳，金振之和金振雄立即喊了一声：

“杨军长好！”

杨军长说：“这位是大伯吧？”

金昆仑说：“不敢，金昆仑！”

“我一直想来府上看望，今天才抽出点时间。”

“您客气了。快请进屋吧。”

说着话，四个人进入了大厅，叶氏、缪秀芳、冰玉、金毅等女眷都回避了。

只有二姑太端坐在那里，神色安宁。

进了大厅，杨军长走上前去，敬了一个军礼，说道：“您就是二姑太吧，振之、振雄常给我讲您抗日的故事，那么大的贝子府您一把火就烧了，您还资助义勇军攻打沈阳城……”二姑太微笑着回答说：“哈，过去的事喽，将军请坐。”

杨军长挨着金昆仑坐下，说道：“您的面色红润，不像九十多岁的人哪，听振雄讲，您还是我们革命的前辈。”

金昆仑说：“那算不上，打鬼子和老蒋，还是得靠你们军人。”杨军长说：“后方也是前方，没有后方支持，我们在前方也打不赢。”

三言两语之后，杨军长忽然站起来告辞，他说：“马上要开会，部队就要南下了，我的军务繁重。下次有机会我来沈阳，再来看望您老。金振之！金振雄！”“到！”

“我给你们俩一个任务，好好在家陪老人家两天，大后天归队！”

“是！”

杨军长握住金昆仑的手，说道：“我来得匆忙，只让警卫员在街上买了两盒稻香村的萨其马，二姑太，别笑话我。”二姑太说：“杨军长客气了，我很爱吃稻香村的萨其马。谢谢您。”

金昆仑再三邀请杨军长共进晚餐，杨军长笑着谢绝了。他说："让振之、振雄代表我吧，振之、振雄好好陪老人喝几杯呀，大团圆不容易，我也十多年没回家了，从长征离开家算起。这次南下，我要解放我的家乡，我也要回家见老父老母。"

金昆仑又提出让二林子开车去送，却不料杨军长和两个警卫员已跳上战马跑远了。

回到中堂大厅，金昆仑扶起二姑太向大餐厅走去，一面对大家说："走，陪二姑太用膳喽……"

二十九

两天之后，振之、振雄与家人告别，他们要归队南下了。叶氏躲起来了，她不与儿子们告别，她说那年就是与二儿子振世告了别，振世才没有回来。

金昆仑与两个儿子干了一杯壮行酒。

哥儿俩与二姑太道别的时候，老人家目光熠熠，说道："要活着回来，还要一人给我带个媳妇回来。都多大了，还不娶媳妇？别学你大哥，四十岁了才结婚，混球儿，不孝的混球儿，去吧。"兄弟俩规规矩矩地说声"是"，双双走出了金家的大门。

金昆仑望着两个儿子的背影，心中满是自豪。

1948 年 12 月，新华社东北总分社从哈尔滨迁到沈阳。

金冰玉在分社已经工作了 6 个多月，多年为党工作的经验，多年的文字磨炼，让她采写了大量反映解放区人民翻身做主新生活的稿件，发表在全国各个解放区的报刊上面。

她写了《中国第一台机床诞生记》，这篇通讯讲的故事是，沈阳第一机器厂的工人和技术人员们一边还在维修千疮百孔的厂房机器，一边却试制成功了我国第一台自行设计、测绘的六尺皮带车床。6月开始正式生产，共生产了100多台。这些机床有力地支持了国民经济恢复和发展。这第一台机床后来被称为辽宁为共和国工业创造的上千个第一中的第一。金冰玉的影响很是广泛，她成为新闻界人人瞩目的一支笔。

1949年6月15日，新政治协商会议筹备会首次会议将在北平召开，金冰玉被选为东北新闻界的代表。

6月3日，她收到了大会的请柬。她得到了可靠消息，会议要讨论国旗、国徽、国歌。

那天早饭后，在中堂大客厅，金冰玉对父亲说了这一想法。

“我要写一个提案，推荐《义勇军进行曲》作为国歌。”

“这个想法好，是要写这么一个提案，我支持你。我们是打了抗战第一枪的，一下子就打了十四年哪，消耗了日军的力量，有力地支持了全国各地的抗战。义勇军功不可没，《义勇军进行曲》要千秋万代地唱下去。”

“爸，我正在构想这个提案，我一想起《誓词歌》，一想起《血盟救国军军歌》，一想起《告武装同志书》，一想起田汉聂耳因此而写成的《义勇军进行曲》，我就想起高鹏振、邓铁梅，想起孙铭武、孙鸣宸、唐聚五，想起我二哥，想起我们义勇军、我们抗联牺牲的那些英雄，我就想哭，我就想大哭一场。”

“是呀，冰玉，我们不能忘记他们，我们不唱这首歌，对不起他们。”

“可是爸爸，人民始终记得他们。三年前我们去桓仁，那个场面还有印象吗？在老秃岭下，乡亲们说，他们想念唐聚五，想念杨靖宇，想念义勇军，想念抗联，逢年过节的时候，他们都要面对大山高唱《义勇军进行曲》。他们还特意集合起来，面对大山给我们唱，他们说烈士没走，烈士就在对面的大山上，他们说烈士们能听见。那样震撼人心的千人大合唱啊。我一回忆起来，浑身的热血就像被烈火点着了一样……”

金昆仑听到这里，拭去眼眶里的泪水。过了会儿，他忽然问道：“冰玉，你在提案里要写清楚来龙去脉，我是说写清楚《义勇军进行曲》与《誓词歌》《血盟救国军军歌》《告武装同志书》的血缘关系，这样才能说服不同的意见。”金冰玉说：“爸，您说得对，这个正是我这份提案的重要内容之一。我梳理了一个大致的逻辑路线是这样的。”

“哦，逻辑路线？这个词有点意思。说说我听听。”

“我的理解，逻辑路线就是逻辑顺畅，一环顶一环。”

“说，接着说。”

“1933 年 1 月，上海百代电影公司派人到热河，拍摄唐聚五叔叔的抗战专题纪录片。这年 2 月 26 日，聂耳随同东北抗日义勇军总司令朱庆澜到热河慰问前线义勇军，唐叔叔招待过聂耳，刘凤梧等人还给聂耳唱了《誓词歌》，这应该是聂耳创作《义勇军进行曲》的第一手素材。”

“然后呢？”

“这位朱庆澜将军恰恰又是电影《风云儿女》的制片人与出品人，原先电影的主题曲就叫进行曲，是朱将军加上了‘义勇军’三个字。”

“你这个逻辑路线很清楚。接着说，我还想听。”

“1934 年年初，在武汉，唐聚五叔叔还特别拜访了田汉，谈话内容主要是义勇军抗战。这年春天，田汉先生决定写《风云儿女》的剧本，1935 年 5 月，电影就拍出来了。另外，从《义勇军进行曲》的歌词来看，那开头一句，明显借鉴了孙铭武的《血盟救国军军歌》的‘起来，不愿做亡国奴的人们。用我们的血肉唤醒起全国民众……’，那结尾一句，也是借鉴了唐叔叔的《告武装同志书》中的那句‘不畏炮火，……冒弹雨直进’。爸，我的理由充分着呢，到时候，我除了讲这些，我还要给他们讲英雄的悲壮故事，我要让他们含着眼泪为我的提案举手。”

“好一个逻辑路线，我先被你说服了。国歌代表一个国家的尊严，也是国家的象征。法国有《马赛曲》,《义勇军进行曲》就是我们国家的《马赛曲》，它出在我们辽宁，不仅是因为辽宁是东北抗日义勇军的最早兴起地，更是中华民族打响抗战第一枪的地方。好，好极了，我先投一张赞成票！”

大厅里的茶香幽淡，上午的阳光透过宽阔的玻璃窗子照了进来，叶氏看着父女俩兴奋的样子，脸上呈现重重笑意。

1949 年 6 月 15 日，新政治协商会议筹备会首次会议如期在北平召开。

7 月 4 日，向全国各大报发文，公开征集国旗、国徽图案和国歌词、曲。

9 月 23 日，新政协全体代表分为 11 个小组，参加会议的 600 多位代表，针对国歌的确定在一起进行了热烈讨论。

多数人认为征集上来的稿样不大理想，大家基本上都接受《义勇军进行曲》。金冰玉的发言，引起了普遍共鸣，她讲述的义勇军的英雄故事，代表们听了，纷纷流下了热泪。

两天后，9 月 25 日上午，在中南海丰泽园座谈会上，郭沫若、黄炎培、田汉、梁思成等基本同意将《义勇军进行曲》作为代国歌。

晚 8 时，毛泽东和周恩来在丰泽园召开了协商国旗、国歌等问题的会议。

9 月 27 日，中国人民政治协商会议第一届全体会议通过决议，中华人民共和国的国歌未正式制定前，以《义勇军进行曲》为代国歌。

9 月 29 日,《人民日报》刊登了这一消息。

当天晚上，金冰玉给家里打了长途电话，她欣喜地向父亲报告说：“爸，国歌定下来了，国歌定下来了，定的《义勇军进行曲》呀！你快看今天的《人民日报》，对，就是今天的，全文刊发呀。什么，今天的报纸还没到？对啦，要明天。那好吧。对啦，爸爸，你听收音机，现在里面正在反复播呢。”

金昆仑赶紧打开他的“话匣子”，果然，他听到了那首庄严激昂的歌曲。

金昆仑请刘师傅炒了四个小菜，端起酒杯，一边听歌，一边痛饮，想起他的那些老战友，想起二儿子金振世，泪水纵横……

10月1日下午3时，中华人民共和国开国大典在北京天安门广场隆重举行。

五星红旗庄严升起，新中国的国歌响彻云霄。

大典结束，老大金振一从北京饭店来了电话："爸，您听广播了吗？咱们的新中国成立了。爸爸，咱们对着话筒干杯吧。"缪秀芳从抚顺打来电话："爸，妈，我是秀芳，我们，我们胜利了。"

紧接着，是金冰玉的电话："爸，妈，我参加开国大典了，我看到五星红旗高高升起来，我听到国歌了，我曾经是义勇军的军人哪，我好光荣好幸福啊！爸，没人陪你喝酒是吧？你和我公公喝呀，什么，他量不行？那星期天我让铁石回沈阳陪您喝酒，爸，咱们有新中国了，要喝酒志庆……"

金昆仑的电话接个没完，隔着电话线与孩子们干了一杯又一杯。

叶氏忽然问："振之、振雄，还有国栋、国梁怎么不来电话呢？"金昆仑说："振之、振雄在南下的路上，两个孙子在军校念书，他们打电话不方便呗。"

叶氏听了，觉得他讲得有理，点点头，然后去看窗外大榆树上那些报喜的喜鹊。

"中国人民从此站立起来了！说得多么好呀，说得太好啦！"金昆仑挺直了腰板，在大厅的地毯上走来走去，反复品味这句话。

忽然，他大叫一声："二林子，备马。"不一会儿，二林子在外面喊了一声："老爷，马备好了，两匹雪白的。"

金昆仑，这位当年沈阳城的奔马之王，以骑走马闻名全辽宁省。走马，是长得漂亮跑得快的马，沈阳城贵族男子以骑走马为时尚。金昆仑不但骑术第一，还专门在阜新开了养马场，专门为沈阳城里尚武的人提供走马。

现在，金昆仑和二林子骑着高头大马，出了小南边门，金昆仑说："绕城飞一百圈，你敢不敢？"

"爷敢我就敢！"

“好样的，驾！”

此时，沈阳全城的大喇叭都在反复播放中华人民共和国国歌，人人热血沸腾。

这是一个金红色的秋天，沈阳城乡的枫叶如火，两匹雪白的战马飞驰在这金红色的辉光里面……

三十

参加完开国大典，金冰玉10月4日坐了一天一夜的火车，赶回了沈阳。她连家都没回，直接去了新华社东北总分社。

金冰玉轻轻敲开了社长办公室，说：“社长，我回来啦，请分配我工作。”社长抬起头来，笑了，说：“我们的女英雄啊，你的提案通过了，祝贺你参加了开国大典。”

“那不是我一个人的提案，那是好几百人的提案呀，大家都认为《义勇军进行曲》理应成为国歌。”

“哦。还没回家吧？”

“您怎么知道？”

“哈，你的大背包还在后背上背着呢，这不就说明你还没回家吗？你呀，还是做地下工作的老革命呢。”

“现在革命成功了，社长，我转入地上了。”

“冰玉同志，先不谈工作，先用我的电话给家里挂个电话，也给在安东的那个同志挂个电话，他昨天还来电话问你到了没有哪。”

“社长，电话就不挂了吧，我下班就回家了。”

“必须挂，这也是工作。不要让人觉得我们共产党人不讲感情，工作起来，家都不顾了，老人也不管了，爱人也不管了。有的报道喜欢这样写，我不喜欢。”

“那好吧，社长……”

这样，金冰玉就给家里挂了电话，接电话的是妈妈，她告诉妈妈已平安到沈阳了，现在正在上班。接着，她又给张铁石打了电话，报了平安，并希望他周日回到沈阳，陪爸爸喝酒，庆祝新中国诞生。

电话打完了，金冰玉掏出 5 元东北币，放在社长的桌子上，她说：“我刚才的两个电话，一个是本市，一个是安东，都是我的私事。我要付费。”

社长说：“好，公私分明，不愧是抗联出身的红军。冰玉同志，你请坐，我现在就跟你谈下工作安排。从今天起，你的报道重点是工业经济。今年 3 月，我们党在七届二中全会上提出要用三年的时间恢复工农业生产，我们辽宁要率先实现工作重点转移，确立国有经济的主导地位，要彻底医治好战争造成的工业伤痕。解放这一年来，我们接收了工业企业 448 个，其中包括钢厂、煤矿、石油厂、化工厂、机床厂、重型机器制造厂、机车厂、水泥厂、油漆厂、玻璃厂等，你要深入到这些厂矿中去，写出它们的新生，写出那些劳动英雄。记住，你要和工人们打成一片，写出最新鲜最好看的新闻。”

“社长，我明白了。您说，我先到哪里？”

“鞍钢！”

“为什么是鞍钢呢，社长？”

“今年春天，毛主席指示，鞍山工人阶级要迅速在鞍钢恢复生产。这些工人老大哥真是特别能干，3 月末，小型轧钢厂一车间就开工了。4 月末，第一炼钢厂二号平炉首次出钢。6 月末，炼铁厂二号高炉喷出了解放后的第一炉铁水，它标志着鞍钢这个联合企业整个生产系统的形成。鞍钢复活了。7 月初，中共中央、中央军委赠予鞍钢一面‘为工业中国而斗争’的贺幛。在鞍钢，出现了 140

多名功臣，我建议，你去见见特等功臣孟泰。”

“那社长，我现在就去吧。我这就到沈阳站买车票去。”

“不行，你现在的任务是回家，看望老人，二姑太，还有你的父母。”

“那我什么时候去鞍钢？”

“下周一吧，周日张铁石回来，你们全家好好团圆一下。”

“好的，社长。”

晚上 5 点 30 分，下班了。

从楼上下来，就是中山路，金冰玉忍不住向西面不远处的原《盛京时报》社的小楼望了一望，她毕竟在那里、在敌人心脏里战斗了三年多的时间，她的心情比较复杂。有点又恨又爱，恨的是敌人，爱的是她的战斗岗位。她想，抽时间要进去看看，看看她使用过的那张桌子还在不在。

十月金秋，这一天非常晴朗。风清，天空之上的云朵全部都是飘浮的样子，如同浑河中漂浮的莲花。

金冰玉决定不叫车，一个人走回小南关的家，她记得曾查过资料，两地相距 5 公里左右。

5 公里算什么？比起我当年在大山里奔跑，这什么都不算。这一路的风景还真是不错，有时间，我要和铁石也徒步走一次，可以绕道走四平街，让他请我吃小吃，大舞台的麻花，回头，也喝咖啡，嗨，年轻时光顾打仗了，张铁石还没请过我正经吃顿饭呢……

金冰玉这样想着，也就到了小南关，远远地看到金公馆后院高大的榆树，还有北墙上方露出一角的假山上的亭子。

她忽然想起《醉翁亭记》中的“有亭翼然临于泉上者”那一句，心说欧阳修这个“翼然”用的真是妙，比如这个亭子从北面这个方向看过去，可不就是一只翘起的翅膀吗？

三十一

金冰玉敲开了大门，出来的竟是一个小男孩，他身后跟着邵祥。

邵祥笑问道："大小姐，你猜他是谁？"那个小男孩仰起头，说："你是姑姑吧？我是国强。"金冰玉又惊又喜，"国强，你还记得姑姑？五年了，那次回家你才 8 岁。"

"我记得，姑姑比上海所有的女明星都好看，而且是抗联的女英雄，我妈说，你打枪百发百中。"

"你今年 13 岁了吧？长得好高呀。"

"姑姑，你教我打枪呗。"

"好，等有时间，我们全家到北城去打靶。"

中堂大厅里，金昆仑和叶氏正与长子金振一、儿媳江素萍聊天。

金冰玉带着小侄走了进来。

"爸，妈。大哥，大嫂，你们什么时候到的家？"

"我们是今天早上。"

"大哥，你给我带什么好吃的了，上海蟹壳黄带了没有？"

"你都多大了，还这么贪嘴？听人说，你如今是个女英雄了，我看哪，你还是当年那个专门欺负大哥的那个小无赖，出门有车不坐，非要我背着不可……"

众人大笑起来。

金冰玉说："爸，妈，大哥他说得对吗？"

金昆仑说："咱们可不好评论这个，谁知道谁对谁错，谁知道呢？"

母亲在旁边抿着嘴笑，一面搂着小国强。

金冰玉冲着爸爸一撇嘴，说道：“可偏心眼子啦，大儿子，长房长子，明知道他说错，也不说他，就忍心让自己的心肝女儿憋屈。”

江素萍笑道：“小妹，你大哥最疼你了，什么都给你买了，城隍庙的蟹壳黄自然是有的，他还给你带来了你想不到的。”

“什么好东西？快说呀，大嫂！”

“婚纱！”

“婚纱？太好了呀！”

“还给铁石带套西装呢，也不知穿着合适不。”

“太好啦，明天铁石回来，我要与他补拍一张结婚照。”

叶氏说：“正好，你大哥拍照好，让他拍，他不在家，那个相匣子就没有人用过。”

金冰玉说：“大哥，大嫂，你们这次能待几天？多待些天吧，爸妈想你们和孩子，他们常常偷偷抹眼泪，说你们在天涯海角，怕老的那一天见不到你们……”

金振一刚要回答，江素萍笑着说：“这回我们就不走了，组织上考虑到你大哥的申请，特别安排他回乡工作，在东北局秘书处任职。我呢，分配到文化厅人事处工作。”

冰玉兴奋地说：“太好啦，大哥，我们这回才算团圆了呢。”

金振一说：“我平生第一次跟组织张口提出个人问题，我说了实情，二弟牺牲了，三弟四弟仍在部队上打仗，爸妈都年过七旬了……组织上很快就批准了我回乡工作的申请，党对我们的关心无微不至呀。对啦，二弟妹呢，国栋、国梁，还有小金毅，他们怎么样？”

金冰玉说：“他们都很好，上个月我去抚顺采访，还看望了二嫂和小金毅。对啦，二嫂把那位救命恩人岳大娘接到家里养老了。她见到岳大娘的场面那才感人呢。那天，我二嫂来到了长岭屯。头年的山洪冲垮了岳大娘的房子，老人无家可归，到处流浪。二嫂打听了好多人，才有人告诉她说河对面大树下那个要饭的老太太就是。我二嫂衣服皮鞋都没脱，跳进河水就向对岸游去。她上了岸，一下子跪在地上，她说，妈，女儿来晚了，妈，咱不要饭了，走，跟我回家。说罢，她把岳大娘的那个破筐破碗丢到了河里，拉起老人就走……小金毅15岁了，快跟我一边儿高了。初中快毕业了，成绩非常好。国栋、国梁都获得了学校的嘉奖。”

金昆仑说：“好哇，是要给岳大娘养老，我们共产党人知恩图报，不忘人民的救命之恩。你跟秀芳说，如果开销不够就回家来取。哦，不用说了，我每月给秀芳再打一笔就是喽。”

说着话呢，邵祥领着缪秀芳和国栋、国梁、金毅进了大厅。

缪秀芳说：“爸，妈，大哥，大嫂，我接到妈的电话就打点手头的工作，正好国栋、国梁回家探亲，我们一起回来了。”

“爷爷奶奶好，大爷大娘好，小姑好。”三个孩子一起问候长辈。

金冰玉说：“二嫂，你就是曹操。我们正唠你呢，你就进来啦。”

缪秀芳笑道：“是你在背后讲我的坏话吧？我算白疼了你。”

金冰玉也不理二嫂这话，拉着金毅的手，说：“越长越像我，金毅，像小姑好看吗？”

金毅说：“妈妈和姑姑都是美女英雄，我像谁都好看。”

叶氏就拉着金毅，坐在身边，看一眼孙女，又看一眼女儿。

金昆仑深吸了一口烟斗，开口说道：“秀芳，我听冰玉刚才说，你把岳大娘接家里养老了？好哇，有情有义。开销不够了吧？爸从这个月起，每月给你一笔钱，就养这位岳大娘。”缪秀芳说：“爸，不用，我的工资够。”金昆仑说：“够什么够？别争了，就这么定了。国栋、国梁，讲讲你们航校的故事，何时你们才能飞上天哪？听说你们很艰苦？”国梁说：“爷爷，我们确实很艰苦，比如，技术和后勤保障。但我们都克服了，我们已经飞上了天。”

金昆仑听得兴趣盎然，他说："哦，详细说说，让爷爷长长见识。"国梁说："我哥口才好，让我哥说。"金国栋明显比弟弟沉稳一些，他的气质，让金振一眼睛一亮，心说，这是个干大事的人才呀。

金国栋给爷爷、奶奶倒了茶，红叶连连说"我来吧"。

金国栋接着弟弟的话说："比如说飞行训练吧，飞机上没有无线电设备，编队飞行时，我们采用晃动机翼的办法互相联络；飞机上没有时钟，转场飞行时，我们把闹钟绑在腿上计时；没有航空地图，我们对照普通地图进行描绘；飞机轮胎和螺旋桨不够用，机务人员就在前一架飞机着陆后，将轮胎、螺旋桨拆下来装到后一架飞机上；没有充气设备，我们用自行车气筒给飞机轮胎打气；在生活上也比较艰苦，没有棉衣，我们就自己动手用面袋子缝制；细粮和蔬菜不够，我们就开荒种菜、养猪、磨豆腐，改善伙食。"

金国梁说："是呀，我们刘亚楼校长说，人民解放军能够战胜世界上的任何困难，而决不能被任何困难所征服。国强，金毅，哥给你们带来了小飞机模型，是木头做的，跟真的一模一样。你们看。"

"太好玩了，谢谢二哥！"

"谢谢二哥！"

两个小孩子高兴地接过飞机模型，跑到院子里去飞着玩了。

叶氏心疼地问："你们俩从小在家娇生惯养，能受得了吗？可怜的孩子。"说罢，又看了一眼缪秀芳，她有点后悔说起这个话题，她担心二儿媳妇听了伤感。哪知缪秀芳却说："妈，没有什么受不了的。金毅生下来就跟我在冰天雪地里跑，一直跑到 12 岁，不也过来了？何况他们是大男人哪。妈，您早对我们说过，我们金家的人享得了福，也吃得了苦。"

金国梁说："奶奶，我妈说得对，我们什么都受得了，我们是金家的男人，我们是革命军人。"

金振一点点头，说："不愧是我们金家的男人。国强，你听见哥哥说什么了吗？”

金国强说：“爸爸，我听见了，我要向他们学习，做个金家的好男儿，做个国家的有用之材。”

江素萍温柔地看看丈夫，表示对他不失时机地教育儿子的赞同。

叶氏说：“你二姑太常说，金家的根儿好。其实，她老人家说的就是家风正。巴图鲁的魂就这样一代一代传下来啦。”

金昆仑示意让红叶开灯，大厅一下子亮了起来。

金昆仑说：“说到家风，我想要着重说一下节俭，成由节俭败由奢呀。我是亲眼看到大清王朝是怎么亡的，北洋政府是怎么亡的，国民政府又是怎么亡的。我也亲眼看到我们共产党是怎么成事的。过去，我们金家也有奢侈的问题。这回是解放了，是新社会了，要彻底改掉。我们过去靠的是祖宗战功封得的土地传给我们，加之我们的实业经营，还好，还没有败。在国家危难的关头，我们还能伸把手出把子力气，我心里安稳哪。不然，有一天死了，入了祖坟我没脸见祖宗哪。”

金振一说：“爸，你做得可以了，为了支援抗战，为了支援革命，您把铁岭的万亩良田都卖光了，从我手里就走了七千多亩。您还支援义勇军呢，还支援抗联呢！”

缪秀芳说：“有一年，爸爸让佟三扮成上山采药的送到我们三师驻地 5000 块大洋，师长还以为是给振雄和我的呢，佟三对王师长说，大舅特别交代这是给全师的经费，不是给儿子和儿媳的。”金冰玉说：“你们可能不知道吧？他对革命事业出手大方，对自己却是抠门抠得要命，你们不在家里，他喝酒就是小葱拌豆腐，要么就是咸鸭蛋。除非我们都回来了，他才让刘师傅多做菜。在外面，他是表面上阔绰，心里头计算，为了革命工作，他必须摆阔气。”

金昆仑说：“我本来想啊，胜利了，建国了，好好庆祝一下，在洞庭春给振一、素萍，冰玉和铁石补办一场婚礼，但我一听国栋、国梁讲的航校故事，我就想算了，节省下一笔钱，留给航校吧。”

金国栋说：“爷爷，我们刘校长不能要，这与我大爷在上海搞地下工作不一样，与我爸我妈在抗联不一样。刘校长说过，航校要自力更生，航校的学员要在艰苦的环境中磨炼意志。”

金振一说：“爸，这个没必要了。婚礼，我们在上海办过了，那也不是我们的本意，那是为了迷惑敌人，我们那时不是假扮夫妻嘛。”

江素萍说：“是的呀，爸爸。”

金冰玉说：“我同意大哥的意见，婚礼不要办了，爸爸。真的没必要。我与大哥都是党的干部，让群众看到影响太不好了。我们早就不是大少爷大小姐了，我们是为人民服务的人民公仆。我是说大哥给我买了婚纱，我要穿上和铁石拍张照片，也就是这点意思。其实呀，我与二嫂一样，还是穿军装好看。”

叶氏说：“我们金家的女人穿什么都好看，不论是姑娘还是媳妇，这不是我说的，小南关的人都这么说。这个你们也可以看家谱，那些女祖先的画像，个个都是美人呀。就说你二姑太吧，当年在盛京城里那可是数一数二的人物呀。”

“哟，二姑太来喽。”金昆仑轻轻叫了一声。

“又说我什么呢，二姑太二姑太的，我在卧室里就听见了，别以为我岁数大了，耳朵背……”二姑太一边说着，一边在丫鬟的搀扶下，走进了大厅。

金家全体成员都站了起来。

金冰玉赶紧替妈妈解围，她说：“没有人说您不好，是我妈夸您是当年盛京城里的第一美人哪。”二姑太听了，笑笑说：“你妈她知道我爱听这个，她呀和你一样，是个孝顺的孩子，不过她说的也不是假话。二姑太我当年……当年，就跟你现在一模一样，一样的烈性，像个穆桂英。”

金昆仑说：“二姑太，您现在改佘太君了。”

众人大笑起来。

见二姑太坐在了正座上，大家这才一一重新坐下。就在这时，邵祥走了进来，说句："姑老爷到了。他带来了哈什蚂，我这就送到厨房了啊。"

张铁石风尘仆仆地出现在大家面前，他向二姑太、岳父、岳母、大哥大嫂、二嫂等人问过好之后，挨着金振一坐了下来。

金毅忽然说："姑父，你还没有问候我小姑呢。"众人哄笑起来，缪秀芳向女儿投去责备的目光。

金冰玉搂住她说："宝贝，你说得对。"金昆仑说："就等你了，问下刘师傅。差不多开饭吧，大家都饿了。"红叶说："刘师傅偷偷地跟我说三遍了。"叶氏说："走吧，大餐厅！吃完饭，我还要看看冰玉穿婚纱的样子呢。"张铁石就问金冰玉："婚纱？"金冰玉说："大哥从上海带来的，还给你带套西装呢，吃完饭我们俩拍几张照片，让大哥拍，全家就他拍照片拍得好。"

金家这一天的晚宴热闹极了。

开宴之前，金昆仑忽然对大儿子振一耳语："你消息灵通，振之、振雄现在应该打到什么地方了？"金振一说："我听今天的新闻，他们的部队这几天应打到湖南怀化了。"金昆仑说："嗨，我很想他们，又不敢跟你妈说，我也不知道该和谁说。"金振一说："放心吧，现在他们要打的都是残兵败将和土匪，统统不是A军的对手。他们俩没事的，一点事也不会有。"

金昆仑发现叶氏在观察他俩，马上说了一句："开宴！"

三十二

1949年11月29日的晚上，金昆仑与振一、冰玉在品茗轩里聊天。

金冰玉忽然一脸严肃地说："爸，有个消息，我说出来，您可千万别难过，报上报了，黄叔叔他……"

金昆仑愣住了，半晌才说道：“他妈的，老蒋到底对他下手了？”金振一说：“下手啦，您看今天的《东北日报》转了新华社的通稿。”说罢，他给父亲当天的一份《东北日报》，金昆仑说：“我花镜在书房里呢，你给我念念……”金冰玉从父亲手中接到报纸，念道——

“黄显声将军在重庆被蒋匪杀害。

黄显声将军，出生于1896年，辽宁岫岩人。1918年，考入北京大学文科补习班，积极参加了五四运动。1930年，出任辽宁省警务处长兼沈阳市公安局局长。九一八事变爆发后，他率领警察部队，对日军进行了顽强抗击，寡不敌众，他这才下令退出沈阳……”

这篇报道描绘了金昆仑所不知道的画面——

1931年10月，黄显声率部撤到锦州后，各路义勇军纷纷归到他的旗下……

1932年，黄显声将部队扩编为骑兵二师，张学良任命他为师长。在关内，他们面对万里长城宣誓……

1933年，长城抗战开始，黄显声率领骑兵二师出关迎敌，在百马关一带痛击日军。他的部队让敌人胆战心惊。国民党军二十五师却尾随他部队的后面监视、胁迫，无奈，他只好忍痛撤回关内。残酷的现实，让他认识到，共产党才是真心抗日的。他早知道秘书刘澜波是共产党员，他通过刘澜波与上级党组织取得联系，要求派人来他的部队做工作。中共北方局派出孙志远等一大批共产党员到骑兵二师，并在那里建立了中共党组织……

1936年8月，黄显声秘密加入中国共产党……

1936年冬，他受张学良的委派到河北任五十三军副军长兼一一九师师长。他到任后，支持扶助了一一六师吕正操等部，使他们成为五十三军的抗日中坚力量……

1937年，七七事变后，黄显声毅然拉出自己的部队，在漳河前线与日军殊死决战，给日军以沉重打击。

黄显声曾将中国共产党从香港运来的物资，还有他在西安和五十三军保存的武器，一次次地送到延安……

1938年春，国民党特务秘密逮捕了他，把他押送到中美合作所白公馆看守所监禁。

白公馆地下党组织曾指示陈然与他联系，办起了鼓舞战友们坚持斗争的《挺进报》……

到1949年8月，刘澜波等同志终于想好一个越狱的办法。黄显声听了，起初不同意。他说："我一人跑出去了，特务会以此为借口杀害其他人，我不能这么做。要走一起走。"经过黄彤光几次写信劝导，黄显声终于松了口。但他有一个条件，就是："时间要后延，等重庆临近解放的时候再越狱，那时乱，能多救出一些人。"

10月1日晚，黄显声把报纸悄悄传给隔壁的陈然，那上面刊登了中华人民共和国成立的消息。

陈然看到把《义勇军进行曲》定了代国歌，就和罗广斌等人手挽手唱了起来。

听到这首熟悉的歌，黄显声想起当年他的义勇军战友，不禁热泪盈眶……

11月27日下午，黄显声在白公馆不远处的步云桥附近被国民党特务枪杀……

金昆仑听到这里，默然不语。

沉默片刻，金振之说："在黄叔叔的遗物中，同志们发现一枚他自己制作的印章，印章侧边有一首诗。他是这样写的：'骑富士山头展铁蹄，倭奴灭，践踏樱花归！'对国家对民族，黄将军是一片忠心哪。"

金昆仑长叹一声，说："爱国有什么罪？抗日有什么罪？杀害忠良，他蒋介石就是赵构，就是朱由检！"

金振一说："封建王朝都是这样的逻辑，视忠良为仇敌，视奸臣为亲朋。蒋家王朝与赵家王朝、朱家王朝没有什么两样！别说是黄叔叔这样的共产党人了，就是白崇禧、孙立人、杜聿明那样的抗日名将，也不会有什么好结局，不信，咱们接着往下看。”

“红叶！”金昆仑喊道，“去取一瓶老龙口百年陈酿，我要与显声兄弟喝一点，嗨，千秋忠烈呀。黄警钟，你让我好心疼呀。五十根金条我是支援你打鬼子的，你还派人来还我。你，你真是的……”

到了2000年夏天，沈阳一位记者在江苏南通见到了黄显声在狱中的恋人黄彤光。

两人谈起金昆仑，老人家说：“将军在狱中时常谈起金爷，说是他的好大哥，说不知托人带去的五十根金条收到没有。”

三十三

辽河两岸，虽然进入冬季，但厚厚的黑土地上却似乎一片春意盎然。年轻的系着红围巾的女记者金冰玉，在这块土地上奔跑。

她采访的第一站，是被称为“共和国第一钢厂”的鞍钢。工厂成立于1948年的11月，是新中国第一个恢复建设的大型钢铁联合企业和最早建成的钢铁生产基地，被誉为“新中国钢铁工业的摇篮”。它的产品运用于船舶、国防、汽车、铁路、家电等众多领域。

正像社长前些天给她描绘的那样，在鞍钢，到处都可以看到热火朝天的劳动场面。

鞍钢，新中国的第一条工业巨龙正在悄悄地等待腾飞。

在炼铁厂的车间里，金冰玉见到了特等功臣孟泰。

这是一个特别朴实的老工人，50岁上下，喜欢微笑，那种憨厚的微笑。

面对面坐着，金冰玉想起了工友们讲的一个又一个关于他的故事——

孟泰原本是鞍钢的配管工。

1946 年，孟泰发现来接收鞍钢的国民党大员在这里倒卖设备与钢材。一气之下，他离开了工厂，到岫岩的乡下种地去了。

两年后，1948 年 11 月 2 日，东北解放。孟泰回到了鞍钢的炼铁厂。进了工厂大院一看，荒草都有半人高，有的高过了炉台。

日军撤退时破坏很严重，那时的鞍钢几乎瘫痪了。日本人曾经狂妄断言：“你们要恢复鞍钢生产，最少要 20 年。”

孟泰不信这个，他要与日本人较这个劲。

车间王主任对他说：“咱们要把那些散落的材料都收回来，大哥，咱们当家作主了，我们自个儿的国家，咱们想怎么做就怎么做，你怎么做都行。”

孟泰说：“王主任，你这话正对我的心思，我们要当家作主，就要像主人的样子。”

在修理场的院子里，孟泰把日伪时期遗留下来的几个废铁堆都翻了个遍，他居然找到各种器材 300 多件，用玻璃粉除去锈垢，他都修复成可以使用的器材了。

他把这些宝贝收藏在仓库里。久而久之，就建成了“孟泰仓库”。恢复生产需要什么，他这里就能找到什么。

很快，在鞍钢党委的号召下，全厂工人向孟泰学习，发起了一场大规模的收集器材运动。

在修复炼铁厂 2 号高炉的时候，工人们使用的管件大部分来源于这个神奇的“孟泰仓库”。

1949 年 6 月 27 日，修复后的 2 号高炉生产出第一炉铁水。

建设速度像飞一样。

到这个时候，鞍钢已有弓长岭、樱桃园两座矿山，七号八号两座炼焦炉，一座高炉、两座平炉、六个轧钢厂、两个金属制品厂及耐火材料厂全部或部分复工投产。

全面开工的条件已经具备，这个中国最大工业机器终于隆隆地转了起来。

“你们要恢复鞍钢生产，最少要 20 年。”当年日本人的这个断言彻底破产了。孟泰和他的工友们只用了 7 个月的时间，就让鞍钢复活了。

工友们说，这样的奇迹，首先是党的英明领导，再就是孟泰精神对大家的激励。

1949 年 7 月 9 日，鞍钢举行盛大开工典礼。会上，表彰了在护厂、抢运、献交器材中涌现的先进人物，孟泰等 9 人被授予特等功臣。这一年的 8 月，他光荣地入了党。

1950 年 8 月中旬的一天，4 号高炉的炉皮烧穿，铁水与顺炉皮而下的冷水相遇，发生了爆炸。

孟泰冲上了炉台。他飞快地用铁板把冷水引离炉皮，并采取一系列处理措施。咆哮的高炉安静了下来。一场炉毁人亡的可怕事故，就这样避免了。

这年 11 月的一个夜晚，高炉的水门突然堵塞了，循环水流不了。这要造成停产，进而造成巨大损失。

孟泰砸开水道表面的冰层，他跳入冰冷彻骨的水道，弯下腰用手去抠堵塞的杂物，杂物终于被他清除干净了，高炉循环水线畅通了。

工友们把孟泰从冰水中拉上来的时候，他已经冻得浑身颤抖……

这样的抢险，孟泰经历了十几次。每次都冲在最前面，铁厂工人称呼他为“老英雄”。

1950 年 9 月 25 日，孟泰出席了全国工农兵劳动模范代表大会，受到了毛主席的亲切接见。

金冰玉问道：“孟师傅，你到底为什么会如此拼命地工作，你真的不怕危险吗？你真的不怕牺牲吗？”

孟泰温和地一笑，反问道：“那么，金老师，那你当年在义勇军在抗联冒死打鬼子，又是为了什么呢？你来时，厂党委书记给我讲了你的故事，太了不起了！你是千金小姐，在家享福有多好哇！到底为什么要出去爬冰卧雪地干革命呢？”

金冰玉笑了笑，说：“是呀，我这不是正问你为什么呢？”

孟泰一字一句地回答：“跟共产党走，棒打不回头。”

金冰玉飞快地记下了这句话，在新华社发往全国的通稿中，各报刊都用了这句话，有的还用这句话做了大标题。

孟泰后来成为新中国第一代全国著名劳动模范，先后担任鞍钢炼铁厂配管组组长、技术员、副技师、设备修理场场长、炼铁厂副厂长、鞍钢工会副主席等职务。他曾先后当选为第一、二、三届全国人民代表大会代表。

从 1949 年 10 月到 1950 年 10 月，除了孟泰，金冰玉还写了李绍奎、王崇伦，沈阳第五机器厂的马恒昌小组、沈阳机器第三厂的赵国有等英雄模范人物。

金冰玉的文章在新闻界引起强烈反响，这些英雄模范人物成了全国人民学习的榜样。

同行们都说，金冰玉是新闻界的英雄模范。

三十四

1950 年 10 月 10 日晚，金昆仑接到了三儿子振之和小儿子振雄的来信，说他们部队已于 7 月末到达了安东，集训刚刚结束，马上要作战了，没有时间回沈阳，如果可能的话，希望父亲能来安东见一面。

到哪里作战，与谁作战，信上都没有说。

但金昆仑与金振一、金冰玉都认为可能是到朝鲜作战，是与美国人作战。

虽然新闻没有这方面的直接报道，但是从相关的新闻还是可以看出来的，比如国内外对美国抗议活动的报道就很多。

叶氏听了，一时脸上布满了阴云，她叹道："好不容易盼来了解放，怎么又要打仗呀？"金昆仑说："打就打吧，咱们就是不怕打。冰玉呀，你赶紧给铁石挂电话，让他收拾两间房子，我和你妈，加上红叶，我们要过去与老三老四见面，为他们壮行。""好的，爸爸，我这就挂。"

红叶拿起电话，叫通了安东民政局办公室，正好是张铁石接的电话，金冰玉接过红叶递过来的话筒，传达了爸爸的意思。

张铁石当即表态："没问题，明天就可以来。"

金昆仑说："红叶，给我们准备准备，明天早上去安东。"红叶答道："好的，老爷！我这就准备去。"金冰玉说："我也要请个假，送他们俩。"金振一无奈地摇摇头说："小妹，你跟三弟四弟说一下，我暂时去不了，忙不过来呀，等他们凯旋的时候，大哥去接他们。让你大嫂和强儿一起去，代表我。"

第二天早上，金昆仑、叶氏、江素萍、金冰玉、金国强一家五口人，乘上安奉铁路线上的火车，直奔安东。

两个小时后，他们到达了终点站。

出了车站，金国强感叹说："这么小的城，连沈阳的一角也不如，大上海就更比不上。"江素萍连忙拍拍他的肩膀，金国强不说话了。

迎面跑来了张铁石，他叫了三辆人力车，将岳父、岳母、大嫂、妻子、小侄子国强安顿好，然后，他请车夫将他们拉到江边的一个二层小独楼前面。

金昆仑下了车，拄着拐杖站在地上，端详了好一番那个小独楼。

然后，他回转身来问张铁石："这是你的房子？"

张铁石马上答道："爸，这是租的。我现在还住局里的宿舍呢。我考虑到您和岳母年纪大了，还有大嫂、小侄子，我们全家在安东团圆一次也不容易，要吃好休息好，所以，我就……”

“是公款，还是个人的钱哪？”

“爸，哪能是公款呢？这是我个人的钱。”

“铁石呀，你工资多少？我都不知道。”

“爸，我和冰玉一样，都是13级，每月155元。”

“这个房租每月多少钱？”

“爸，很便宜，每月20元，还要加上给我们搞卫生。安东是小地方，比不得沈阳啊。”

“这个价钱还可以，不算奢侈。另外，我担心你用公款，那我说什么也不能住。铁石，这方面可是要防微杜渐，你也是有20多年党龄的老党员了，一旦我们腐化了，我们就对不起那些先烈，对不起你二哥他们。”

“爸说的是，爸的思想还是比我们进步。”

“我没有那么进步的思想，我是最近学习了毛主席在七届二中会议上的讲话，我才明白，我们坚决不能学李自成。”

“爸爸，我懂了。”

金昆仑在长期为党工作的过程中，已经把自己锤炼成坚定的共产党人。

解放两年了，市委市政府相关领导多次到家中看望，并提出请他出来到统战部门工作，并给一定的职务。他都婉言谢绝了。

他说：“我都八十岁了，别出来给大家添麻烦了。有什么事，打招呼我就办。官儿，我不做，给年轻人做吧。国家困难多，省下这一笔开销搞建设吧。”

领导们无奈，只好听凭他的意思。

张铁石领着金昆仑一行人进了小楼，金冰玉扶着母亲，暗暗向张铁石点点头，表示对他的赞许。

大家安顿下来以后，张铁石说：“我们先吃饭。下午三哥和小弟就能到，我已经告诉他俩地址了。部队有纪律，他们又是干部，必须遵守严格的告假制度。”

果然，在下午喝茶的时候，门铃响了。

张铁石说了句：“来啦！”然后，一溜小跑下到一楼，去门厅那里开了门。

金振之、金振雄兄弟俩一前一后走了进来，国强从楼上跑了下来，后面是金冰玉。

“三叔！四叔！”

“国强，你长这么高了，你才 13 岁呀。”

“三哥！小弟！”

“冰玉！”

“姐！”

兄弟俩一边与冰玉、国强打招呼，一边健步走上楼来。

叶氏早坐不住了，她起身迎到客厅门口，见儿子们走过来，她一个一个地抱住。金振之说：“妈，您又多了几缕白发。”叶氏说：“想你们想的。妈夜夜梦见你们，我也梦见你二哥，一梦见他，我就害怕。”

金振之向父亲、嫂子问了好，金昆仑说：“都结实了，振雄晒黑了，男人黑点看着得劲儿。”金振雄觉得奇怪，爸爸过去是不说这种话的，难道真是英雄暮年了吗？

金振之也愣了一会儿神，问道：“爸，二姑太好吗？”

金昆仑说：“很好，还能嘎嘣嘎嘣地嗑榛子呢，但我感觉精神头不如前些年，老是犯困。善继大爷说就是到了我们家精神，回了自己家一天恨不得睡五觉。”

叶氏说：“二姑太还说哪，她年纪大了，来不了，让我替她敬你们一杯壮行酒。她还说了，谁第一个问起她就敬酒，谁第二个问起她就罚酒。”

金振雄说：“反正怎么着都是让我喝酒，我的二姑太呀。”

金振之说：“爸，杨军长说了，如无特殊情况，在接到出发的命令之前，我们可以天天到这里陪同您二老，他说你们是革命的老人，又是烈士的家属，要多加照顾。晚上还可以睡在家里。”

金昆仑说：“我感谢杨军长对我们的体贴照顾，但你们俩是干部，你们天天与父母家人在一起，要是战士们知道了，他们会怎么想？他们会想家的，这会影响你们部队的士气。我看这样，今天的晚宴，就当是为你们壮行，咱们好好喝点，然后，你们就回去训练。出发那天，提前告诉我，我们就在江边目送你们出国作战。”

“是，我们听革命老爸爸的。”振雄这样说。

振雄说罢，从口袋里掏出一封信，递给父亲，说道：“爸，这是杨军长给您的信。”

金昆仑展开那封信细看，只见上面写道：“尊敬的金老前辈，您好。此番行动，实在是军务太忙，以至于您亲自来安东，我都不能得暇亲自拜访，甚为遗憾。待胜利回国那一日，我一定到府上喝酒，说好了，去您的府上不假，但请客的是我。我拜访的是革命老前辈。”

金昆仑看到这里，感慨道：“豪爽的人哪，有名将之风呀。”

张铁石说：“那我就让明月楼给我们上菜了，我早订好了，就等我电话呢。”

正说着呢，又有人按门铃，张铁石一看，是局办公室的小王领着缪秀英和金毅来了。缪秀芳说：“我带金毅来送她的叔叔们。”

进了大厅，金昆仑说：“秀芳来了？我和你妈考虑到你工作忙，就……”缪秀芳说：“是忙点，可是，我再忙也得送送弟弟们呀。”

午宴正式开始，明月楼的 16 个菜上齐了。

在大厅里，金家老少再一次喝起了壮行酒。

金昆仑喝得满面红光，他说：“儿子们，好好打，你们是巴图鲁的后代，是人民军队的军人，要打出中国人的威风来，爸爸妈妈希望在得胜回来之时看到你们胸前的勋章。来，干！”

金振之、金振雄大喊一声：“干！”

叶氏领着女儿、媳妇、姑爷、孙子、孙女一齐响应：“干！”

77 岁的金昆仑又大喊一声：“我们的祖训是什么？”

众人齐声高喊：“爱我高天，爱我厚土。为官为民，清风亮节。社稷兴亡，赴汤蹈火。”

江素萍清楚地听到金国强的声音喊得最大，她干了一杯之后，深深被这一家人的豪气所感动，她为儿子能够这么快地融入这个家庭而欣慰。

在这天晚上的日记里，江素萍这样写道：“我现在知道了，什么叫满门忠烈，因为我看到了我们金家。”

三十五

金昆仑这一宿觉睡得很舒适，这让他在早上醒来时产生了个新的想法。

他对正在化妆的叶氏说：“我有个想法，跟你商量一下。”“哦，奇怪呀，你怎么今天想起跟我商量了？说吧。”叶氏说。

“我知道，你对我昨天改变杨军长的好意安排有想法，这我都能理解。但我们金家是谁呀？我们不能搞特殊。我们不能让人笑话。”

“是的，你快说说你今天的想法吧。”

“我想长住在安东两三年，直到他们的仗打完，直到我在这里把他们接回家来。”

“我没听明白，怎么个长住法？”

“这样，让大媳妇带国强回沈阳，冰玉也回沈阳上班。我们和红叶在这里，一来这里离朝鲜近，就好像是和孩子们天天在一起，二来安东肯定要成为大后方，我在这里也可以帮点忙，我是党员哪，我不能眼看着前方打仗而躲在家里喝酒喝茶，那我成了什么了，我喝不下去呀。”

“咦，你还别说，这真是个好主意，家里交给老大素萍和冰玉，还有德福他们。我们在这里，就好像天天与儿子在一起。”

“你要同意，咱就这么做。明天我拿一笔钱让铁石先交三年的房租，钱不多，但咱们不能花孩子的钱。你说是不？”

“对，你说得在理，一会儿你就和孩子们说。这个法子好。”

果然，早饭的时候，金昆仑公布了这一决定，大家都说是一个好主意。

张铁石说了一个不同意见，他说：“爸，这点钱您还要自己拿，您让我在全家人面前还有什么脸面？这可不行。”

金昆仑说：“你的心意我们都领了，但我不能这么做。你别说了，我就这么定了。”

金冰玉笑道：“还不谢谢老爸？”

张铁石说：“谢谢老爸，但是我……这样吧，我天天晚上请爸妈喝酒吃大螃蟹。”

金昆仑说：“那还不把我吃成了大螃蟹呀！”

众人大笑起来，缪秀芳一口汤水喷了出来。

10 月 19 日，A 军和大部队一同跨过鸭绿江。

金昆仑、叶氏、江素萍、缪秀芳、金冰玉、张铁石、金毅、金国强等在人民群众欢送的队伍中。

当 A 军尖刀连走过金家人面前时，高大帅气的金振雄突然走出队列，走过来拥抱妈妈。叶氏面如霜雪，她对儿子说：“振雄，归队！”那一刻，金昆仑在夫人身上看到了二姑太的影子，他紧紧握住叶氏的手。

那只手冰凉。

野战医院的队伍经过这里时，金振之只是微微侧一下头，向亲人们挥挥手，就加快了脚步。

20日，江素萍、金冰玉带着金国强回沈阳了，缪秀芳带着金毅回到了抚顺。

金昆仑和叶氏，还有红叶留在了安东，住在兴隆甲－38号的小独楼里。张铁石给他们雇了一个厨师，索性他也搬过来一起住照顾老人。同时，他要与岳父商量如何为前线做点工作。

尽管叶氏一再劝说金昆仑："你不要太操劳了，你已经把两个儿子送到了战场，你可以啦。心理上不要与自己过不去。你都快80岁的人啦，要学会心疼自己。"

金昆仑说："我才77岁，哪里就快到80了？赵国的廉颇最后一次上战场的时候就是我这个岁数。"

战争，打响了。

辽宁，成为抗美援朝的最前沿和志愿军前线作战的大后方。

这块滚烫的热土，除了和全国各地一样组织青年参军、爱国生产之外，还承担了运输物资、抢救伤员、衣被加工等重要战勤任务。

特别是安东人民，他们慨然喊出"一切为了前线的胜利，要人给人，要物给物，要血给血，要什么给什么，要多少给多少"。

他们喊出的，是辽宁人民的心声。

作为一个曾经的军人、一个抗联的老战士，金冰玉深受感染，她坚决要求上前线做随军记者，但是领导却只批准她长驻安东，采访大后方的那些感人的事迹。

这样，金冰玉就风风火火地在一线奔跑，每天很晚才回到家，草草地吃一口饭，就伏在桌子上写稿。

金冰玉采写了好多感人肺腑的长篇通讯。比如上万名民工、干部、技术人员自带干粮用40天的时间修建了浪头机场，比如打不烂炸不断的钢铁运输线、炸不断的电力生命线，比如57岁的马大娘连续送三个儿子参军上前线，比如青年农民孟宪仁新婚10天参军上前线……

这些新闻故事发表在《东北日报》《安东日报》上面，每次金昆仑读了，都是泪光闪闪。

金昆仑曾对金冰玉说："我们的人民真是太好啦！人民是我们共产党人的高天厚地，我们不能做任何对不起人民的事。"

当然，每次读了这些文章，他也都还是觉着亏欠点什么，他还是要做点什么。

其实，金昆仑已经有了出色的表现。只不过他不让女儿在报道中说他自己的事迹。新华社东北总分社社长曾质问金冰玉："你的文稿里怎么不写你父亲呢？"

"社长，我写稿却写了我父亲，这不合适，这不是一个党的记者应该做的，这不合适呀。"

"实事求是嘛，古人能做到举贤不避亲，我们为什么不能？"

"社长，你猜我爸怎么说？"

"他老人家怎么说？"

"他说我们共产党人只能自我批评，不能自我表扬。"

"行啊，这位老人家。"

"最近，他天天读毛主席在七届二中全会上的报告，还有《为人民服务》《批评与自我批评》。"

"哦，怪不得的，真了不起！"

原来，在修建浪头机场的40天里，金昆仑听说民工们自带干粮在工地上义务劳动，他就雇了一个12辆卡车组成的车队，每天中午往工地上送热乎乎的饭菜。

他站在头车上，爽朗大笑，说："孩子们，受累了。二米饭，猪肉炖粉条子，你们管够！"一个民工问："大爷，你是谁？""和你们一样，为国效力的人。"

民工干了40天，这位年过七旬的老人也这样干了40天。叶氏说："我看你是不要命了。"金昆仑说："国家的命比我的命重要得多。"

浪头机场，终于竣工了。

1950年12月21日，中国人民志愿军空军四师第二十八大队进驻浪头机场，严阵以待，随时准备与美空军过招。

29日，张铁石领着两位年轻的空军军人走进了兴隆街甲-38号。

进了大厅，金昆仑、叶氏不由得一愣，他们几乎同时叫了起来:“国栋！”“国梁！”“爷爷奶奶好！”金国栋、金国梁给爷爷奶奶敬礼。

金昆仑一看就明白了，空军要上了，两个孩子是要上天与美国人交手了。

“要上前线了吧？我猜你们驻进了浪头机场。”金昆仑笑着说。叶氏说：“你们看你们的爷爷，一说打仗就乐，他好像不知道打仗有多危险。”金昆仑说：“军人嘛，就是要打仗的，都像你似的，一提打仗就害怕，那还当什么兵？”

“我才不害怕呢，我是军人的母亲，现在又是军人的祖母。我不害怕。”

“唉，你还别说，那天你江边表现得很刚强，振雄过来抱你，你硬是把他推了回去。”

“得了，别说了，现在回想起来我还觉得对不起孩子呢……”

爷爷、奶奶、姑父坐好了以后，国栋、国梁这才落座。红叶给大家一一倒好了茶。

金昆仑目不转睛地看着两个孙子，叶氏也是反复端详这两个孩子。张铁石说：“爸妈看孙子看得入迷了，哈哈……”

金昆仑说：“我在他们身上看到了我的影子，看到我家历代祖先的影子。眼熟呀。”叶氏问道:“国梁，你们从吉林来，没有到抚顺去看看妈妈和你小妹呀？”国梁说：“没有这个空当时间，部队是直接开到安东的。”金昆仑抬眼看了一下红叶，红叶马上说：“是要给二少奶奶打个电话吗？”“是呀，红叶聪明，快给秀芳打，让她这个周日带着金毅过来，抚顺到安东没多远，快。没准呀，让国强知道了，也要跳着来呢。干脆，给沈阳也挂电话，让振一他们三口人也来，大家乐一下。红叶你打，对振一说，我们想国强了。”叶氏说：“都来，那敢情好啦。”

红叶听了这话，就分别给缪秀芳和金振一打了电话，两人一听国栋、国梁回来了，都说周日那天一定赶到安东。

红叶放下电话说：“国强少爷在那边乐得大叫了一声。”

国栋说：“这小子又长高了吧。快一年不见了，上次还是去年10月呢。”

叶氏叹了一口气，说：“都回来了，就差振之和振雄了，也不知他哥儿俩在前线怎么样了，吃得饱不饱穿得暖不暖，受没受伤……我呀，不怕你们笑话，我天天晚上念佛呀。”

就在这时，金冰玉像一阵风一样跑上了楼，“爸，妈。我三哥和我小弟来信啦……”

三十六

叶氏一下子从沙发上站了起来，“妈的宝贝女儿，快给妈念念！”金昆仑、张铁石、国栋、国梁、红叶一下子都屏住了呼吸。

叶氏，这位做母亲的比任何人都着急。金昆仑笑眯眯地看着老夫人，心说你看冰玉那个喜悦的样子，来的就一定是喜讯。

金冰玉念了起来——

尊敬的二姑太、爸爸妈妈、大哥、大嫂、二嫂及全家人：

你们好！

金冰玉说：“瞅瞅，我这哥哥和弟弟，把我和铁石放在‘及’字后面了，等他们回国的，看我怎么收拾他俩。”

金昆仑说：“前方战事紧张，肯定是休息时在战壕里写的，咱家人口多，要写一大趟确实是难为他们了。”冰玉说：“爸，你就向着儿子，他们写的这可是一封长信呢，时间肯定是有的。就是不重视我们。”叶氏说：“你快念吧，姑娘，我替他俩给你认个错，对不起，冰玉大记者，我们错了。”

听了老太太这样说，众人一齐笑了起来。

金冰玉看了母亲一眼，继续念道——

我们很好，真的很好，一点皮儿都没伤着。我们刚刚打了一个大胜仗。

11 月 25 日，我们中国人民志愿军和朝鲜人民军联合向侵朝美军发起一场反击战役，这是一次扭转朝鲜战局的决定性战役。我们 A 军担当了主攻的作战任务。

24 日夜晚，按志司的要求，我们军的突击营要去炸掉江津大桥。我们这个营人数有 323 人。有朝鲜人民军的 20 名同志，有工兵、侦察兵、医务人员、朝鲜语和英语翻译。我们还带了一部电台，600 公斤炸药，每人 4 颗手榴弹，子弹要求携带充足。同时，各个连队还为机枪、炮多带了部分弹药。如此地强化力量，就是为了能够在 26 日早晨 7 点 20 分成功炸桥，从而截住向南逃跑的伪七师。

这个江津桥，是他们的必经之路。

我担任尖刀连连长，我请求杨军长让我三哥带两个医生和卫生员跟过来。三哥的医术高明，他完全能够保证我的伤员得到有效救治。杨军长批准了，他还说：“打仗还要亲兄弟啊。”

晚 9 时 30 分，我们按时出发了。夜里 10 点，我带尖刀连随全营向敌人前沿摸了过去。

我们尖刀连飞速前进，绕过了敌人重重警戒和游动哨，很快，我们插进了敌人前沿，又向云洞奔去。

云洞是敌伪七师和伪八师的接合部，我们要炸江津桥必须从这里穿插过去。

我们路过云洞时，实际上就是在敌人的眼皮底下了。公路两侧敌人的营房里，灯火通明，人声嘈杂。但敌人没有注意到我们。

我们心里的弦都绷得很紧很紧，枪膛里上了顶门火，袖筒里放着手榴弹，随时准备应战。

我带领全连穿过云洞，又迅速越过天然障——大同江。

部队行进到险滩里，这里的敌人已经有所准备，见了我们马上就开了枪。

我命令大家向东登上高692公尺的柳树峰，准备争取主动，依托山峰在山路上和敌人周旋，继续向江川方向前进。

山林里伸手不见五指。

我们只能凭借指北针和地图，时而山顶，时而峡谷，艰难地行走，但速度却始终没有减。

26日晨5时，我们终于到达江津里。此刻，距离军首长规定的炸桥最迟时间，还有3小时，也就是说我们争取到了3个小时。

江津桥就在眼前。

可是，战友们实在是太疲劳了，连续行军作战40小时以上，这期间，大家仅仅休息了4个小时，没吃到热饭，连冷水也没喝到。到了目的地，本应稍稍休息一下，可是我们不能。

这时，营长布置我们尖刀连继续担任主攻任务，那就是炸桥。

快6点钟了，守桥敌人60余人正在起床洗漱，桥头警戒发现我们运动的部队时，距离只剩100多米了，他们慌忙朝这边放了两枪，连碉堡也没来得及进去，就被我们打死了。

接着，我们飞快冲了过去，敌人四处溃逃，除伤亡、被俘外，少数的散入北山。我们连三排的六班副班长魏玉林率爆破组飞速奔向大桥。桥墩很高，有5米左右，战士们拿出软梯和树干还是不够长，为抢在敌人的增援部队前面，他们采取人叠人的办法，硬是把160公斤的炸药稳稳地放在了桥墩上，并飞快地连接好火具。

就在这时，突然由南面开来敌人的大汽车5辆，车上满载弹药。前三辆汽车刚刚开上江津桥，就听“轰”的一声震天动地的巨响，大桥和汽车一齐被炸上了半空，化为一个巨大的黑烟柱。

我低头一看手表，正是11月26日7时20分。

提前完成了任务，我太高兴啦！

我端着枪从制高点向下冲去，和战士们一起攻打南逃的汽车、坦克。敌人数十架喷气式飞机由南边飞来，见地面乱成一团，黑烟腾空，即向公路和山上敌人反复扫射轰炸，敌人被他们自己人打得死伤惨重。

江津桥这个咽喉被我们紧紧扼住，南逃的和北援的敌人都过不来，对我们A军顺利全歼伪七师起了重大作用。入夜的时候，江津桥南北两面，大同江东西岸，都是一片火海。

这时，许亮他们的无线电接通了军部。我向杨军长报告：“报告首长，刚才是天线被打坏了！现在我们已胜利完成炸桥阻击任务！”杨军长非常高兴，他向我们下达了新的命令——“继续前进，取道龙川里，直插新安川以南地区，你们给我断掉敌人的后路！”

在整个战斗中，三哥和我配合得特别好，我连有五个轻伤员一个重伤员，他和医护人员都做了及时救治，都脱离了危险。现在，他正在我身边挑我的错别字呢。

我们连立了集体一等功，我个人立了二等功。

爸爸妈妈和全家人，你们放心吧，立功喜报马上要寄回家了，到时你们好好看一看。不说了，军号又响起来了。

此致

敬礼

振之、振雄

1950年11月30日

大厅里，人们听得津津有味。

金昆仑沉浸在战场的情景中，许久才深深品一口茶，这才回到现实，回到这个大厅。

他点点头，说道：“振雄的文笔可以了呀。这个故事，这个人物，就得是这样朴实地表达，我不喜欢花里胡哨的文字。我看将来要是根据这个故事拍个电影应该能好看。一部好看的电影啊！”

谁也没想到，这话还真让金昆仑说着了。10 年以后，即到了 1960 年，八一电影制片厂还真根据这个故事改编了一部经典影片，名叫《奇袭》。可当有人问金振雄电影是不是拍的他的故事，他却坚决不肯承认。

叶氏半天才缓过神来，她有点不解地说：“这封信怎么走了 20 多天哪？”金冰玉说：“妈呀，这是从战场上寄回来的呀，要经过汽车、火车，到了安东还要邮递员骑自行车送到我们家。20 多天，这已经算快的了。”金昆仑听了，特别赞同，他说：“冰玉说得对，是这样。那个什么，冰玉，这封信留好，以后，他们从战场上邮来的信都留好，一来可以让小孩子们看看，受受教育，让他们看看什么叫革命英雄主义精神。后天，金毅和国强他们就来了，让他们看看。二来，我相信这样的革命家书，将来会是传家宝，也是国家的宝贝文物。”金冰玉说：“好的爸爸，这个任务交给我了。我还要把它修改之后发表出去，让全国的读者、听众都知道我们的英雄是怎样在前线打仗的。”

这个夜晚，兴隆街甲 -38 号灯火通明，不时传出欢快的笑声……

三十七

周日这天，金振一、江素萍、缪秀芳、金毅、金国强等来到了安东兴隆街甲-38 号。

叶氏心细，一眼就看出金国强的情绪有些低落。

“怎么了？有什么不高兴的事跟奶奶说。”

“奶奶，我想参军，谁都不要我，嫌我小。”

“你可不小嘛，你 13 岁呀。”

“我虚岁都 14 了，再说我长得高呀，昨天量的我都一米七三了。您看我这身肌肉。我身体棒着呢，我在学校足球队里是踢中锋的。”

“对呀，你还在学校里，你是学生啊。”

“中学生多的是参军的了，实验中学的郭忠保同学，才一米五五都去了，不就是比我高了两级吗？为什么我们育才就不行呢？”

“是呀，人家是高一的嘛。我看报道了，你小姑写的。”

“不就差两年吗？征兵处的人还说我是独生子，更是胡闹。我告诉他们，我有两个哥哥一个姐姐，他们说堂兄弟不算数的，这都是什么逻辑呀？爷爷，您给评评这个理。”

金昆仑看了看金振一和江素萍，只说了这样一句：“人家有人家的道理，你讲得也不差。”金振一想了想，说：“我查了一下，确实有 14 岁的学生入伍的。”江素萍听丈夫这样说，微微皱起了眉头。

金国强不失时机地说：“爷爷，您不是常给我们讲祖训吗？我已经背得熟熟的。您听：爱我高天，爱我厚土。为官为民，清风亮节。社稷兴亡，赴汤蹈火。我四叔 16 岁就投了义勇军。不也就是比大我一岁半嘛。”

金振一说：“我看报道说，四川南川县有 20 个 11 岁到 15 岁的学生参军入了朝，只有 4 个男生，剩下的全是女生。最小的是个男生叫刘登逸，才 11 岁，他们都是平民百姓的孩子。”

金国强说：“是呀，爸爸，人家是四川怎么就行呢？妈妈，您说呢？人家平民百姓的孩子都去了，我为什么不能去呢？就因为我是干部子弟吗？就因为我是高干子弟吗？”

江素萍轻轻叹口气，她陷入了沉默，同时，又看看婆婆，叶氏手持佛珠，转身去看金昆仑。

金国强摇着妈妈的手臂，又追问了一句："妈妈，答应我嘛！妈，您可是30年代入党的老党员哪！"

江素萍挺直了腰，说："国强，既然你爸爸这样说了，那妈妈可以送你上战场，像所有志愿军的妈妈一样，像你奶奶送你三叔、四叔上战场一样。"

叶氏不解地问道："怎么说着说着，又说到了当兵的事呢？"

金振一说："妈妈，国家有难了，我们金家人要替国家扛重担呀。"

金国强说："谢谢爸爸妈妈支持我报效国家。"

金振一又看了看妻子，江素萍脸上出奇地宁静。

金振一说："那……那我这就给沈阳打个电话，我今天就利用一下我的权力办一件私事。国强说得对，我们共产党高干的孩子是应该冲在前面啊！"金昆仑说："振一啊，这不是私事，这是公事，是国家的大事。国强是小了点，自幼生活在大城市里，他不一定能受得了战场上的苦。你妈妈和素萍的担心是有道理的。可人家四川的小孩就不是小孩吗？为什么人家百姓的孩子能去，我们的孩子就不能去？就因为我们是高干吗？国强你问得爷爷无话可说了。"

金国强马上跟了一句："爷爷，您也同意了？谢谢爷爷。"

金振一刚要起身去打电话，金毅站起来开口了，"大爷，您开一回口，就办两个人吧，我也要参军。"缪秀芳听了一愣，继而，她努力让自己平静了下来。

金振一说："金毅呀，你可不行啊。"

"大爷，我为什么不行啊？"

"你要照顾妈妈和姥姥。"

"妈妈和姥姥现在身体很好，不需要我照顾什么，等她们老了需要照顾的时候，仗早打完了，我早回国了。大爷，您不是一再说要照顾我要疼我吗？我比国强差什么，我还大他两岁呢，我小姑在我这个年纪已经做地下党了呀。再说，我也算是老革命了，未满一周岁就和我妈在山上打游击，直到与大部队失去联系。如果 1933 年我出生那年算入伍的话，我现在是老兵了。”

“这……这孩子嘴叉子这么厉害，随谁呀，秀芳？”金振一问道。缪秀芳捂着嘴笑，然后，说道：“随谁？还不是像她小姑？金毅呀，跟大人说话要温和一点。”金冰玉说：“像我有什么不好？有话就是要说出来。随谁？我看也是随她大爷呀，大哥，你不是当年奉天省中学堂的讲演第一名嘛。”金昆仑说：“不管随谁，说得有道理就行。”金毅马上跟了一句，“那爷爷您认为我说得有道理吗？”“道理嘛，是有一点的，可是你两个哥哥都在前线，按规定你妈身边得留一个，我想人家征兵办是不能同意的。”“我大爷的面子没问题。爷爷，您就说您同意不吧？”“我？这个……”“爷爷，这吞吞吐吐的，不像您的做派呀？”

金振一这时真的向父亲投来了询问的目光。

缪秀芳这时站了起来，她说：“爸，别为难了，您同意吧。大哥，打电话。”“谢谢妈妈，谢谢我的好妈妈！”金毅跑过来搂住妈妈。

金昆仑说：“振一，还愣着干什么？打电话吧。”叶氏叹息数声，然后，勉强露出一丝微笑，她把自己的心疼藏了起来，她暗暗告诉自己要做好金家的尊长。

叶氏拉过金毅，摸着她的脸蛋，又瞅瞅金冰玉，轻轻说句：“一个模子呀。”

金振一分别给沈阳和抚顺两地有关部门打了电话，国强和金毅入伍的事就办妥了。

放下电话，他对两个孩子说：“国强，周一和我们回沈阳，你要先到学校，校长会主动找你。金毅，周一跟你妈妈回抚顺，也是要先到学校，校长也会主动找你。孩子们，祝贺你们就要成为中国人民志愿军战士了。”

就在这时，金国栋、金国梁兄弟俩走进了大厅，他们向全家人敬了标准的军礼。

金昆仑看着他们，高兴得脸上泛红光。

叶氏瞅瞅这个瞅那个，心里甜滋滋的。而缪秀芳的心里则是满满的成就感，她悄悄地对金冰玉说：“你们啥时候要？快要吧，不然再过几年，就要差出一代人了。老三老四还不如你呢，连个对象也没有，就那么去了前线。”金冰玉说：“忙完了这阵子吧，最好打完这场仗再生。”缪秀芳不以为然地说：“打仗不耽误呀，金毅就是我一面向敌人射击一面生下来的。”金冰玉“ 扑哧”笑出了声，说：“二嫂，你可是大家闺秀呀，记得你原先不这样啊？怎么搞的？”缪秀芳叹口气，说：“打仗打的呗。”金冰玉说：“谁没打过仗呀？”“人和人不一样，二嫂没念你那么多书，你是大学生呀。”

“二嫂，你的枪法最近怎么样了，哪天咱俩比试一下？”

“比就比，谁怕谁呀？可二嫂眼花了，瞄得不那么准了。可话又说回来了，二嫂我打枪全凭一个感觉，只要一拿起枪来，我的眼睛里就出现小鬼子，特别是那个少佐。”

金家大团圆，虽然老三老四缺席，但也算是大团圆。

在宴会上，大家喝到高兴之时，金昆仑给家里挂了电话，想问候二姑太。

张德福接的电话，说二姑太回堂子胡同了。于是，他又拨通了善继大爷的电话，很快，二姑太听到了大家的问安。二姑太说：“我精神头儿不济了，但有件事还记得，就是那几个还没结婚的秃小子和丫头片子，老三、老四、国栋、国梁、国强、金毅，我，我一人给他们留了一个金镏子，我等着喝他们的喜酒。”金昆仑连忙说：“这个没问题，您的金镏子您千万收好，别让我善继大爷给偷去了。”二姑太笑道：“他敢？”

一周以后，在鸭绿江边，在九连城镇马市村，C 军正从这里浩荡而过。在队伍中，有两张青春的面孔格外引人注意，这就是金国强和金毅，他们是那么帅气、那么漂亮。

金昆仑、叶氏、金振一、江素萍、缪秀芳、金冰玉、张铁石、金国栋、金国梁等人在送行的人群的前面。他们的表情是坚毅的，他们的眼眶是潮湿的。

两年后，金国强和姐姐金毅的英雄事迹，刊登在了全国大报刊上，他们参加了最著名的上甘岭战役，金国强是冲在一线的战士，金毅则在师文工团，因为从火海中抢救出一名伤员而闻名全军。两人都立了三等功。

金昆仑非常高兴，他对金冰玉说:“你把各地夸他俩的报纸都给我收集全了，和那些刊登老三、老四、国栋、国梁故事的报纸放在一起，我要订成一个大本子，供在祠堂里，也请他们传给后世子孙。”“好的爸，我一定办好这事。”

三十八

一个月后，1951 年 1 月 21 日，刚刚组建四个月的中国人民志愿军空军第四师二十八大队，在安东浪头机场毅然升空，与美军交战。

抗美援朝战争大空战的序幕就此拉开。

战争开始的 1950 年 10 月，美军仗着空中的绝对优势，特别狂妄。他们拥有 15 个空中联队，作战飞机 1200 多架，大部分飞行员都参加过第二次世界大战，飞行时间都在 1000 小时以上。

我们的志愿军却只有地面部队。

面对美国空军的狂轰滥炸，甚至狂妄到超低空飞行投弹，我们的陆军往往束手无策。

四十二军的三七五团机枪手关崇贵忍无可忍，他用轻机枪 3 个点射打下一架美 P-51 战斗机，受到彭德怀司令员的表扬。

志愿军空军投入战斗的时候，还是一支弱小的力量。只有刚刚组建的两个歼击机师及两个团，各类飞机不足 200 架，飞行员平均飞行时间只有几十个小时，没有任何空战经验。

但这是英雄出世，这是不可阻挡的力量。

1951 年 1 月 21 日，一个用巨笔改写历史的日子。这一天彻底改变了美军独霸空中的局面。

上午，美军突然出动 20 多架 F-84 战斗轰炸机，他们对平壤至新安州铁路线进行轰炸。

大队长高山率 6 架飞机快接近新安州时，发现敌机正在千米高空对清川江大桥进行俯冲轰炸。

高山下达了命令——“全体攻击”。

金国栋和战友们驾机冲了过去，高山瞄准美军长机率先开炮，一炮命中。

敌机受了重伤，金国栋和另一战友共同向这架敌机开炮，可惜都打偏了。

敌机群在机长带领下纷纷逃走。这是志愿军空军与美国空军在朝鲜上空的第一仗，以 6 架战败敌人 20 架，首战告捷，美军空军不可战胜的神话，在这一天灰飞烟灭。

下了飞机，金国栋向高山请求用下电话，要向家人报告一下。高山说：“不着急，这只是打伤敌人而已，等打落了，我放你一天假回家报喜。”

高大队长的话带有预言性质。

8 天以后,1 月 29 日 13 时 34 分，美军 16 架 F-84 战机来袭击安州火车站，还有清川江大桥。

二十八大队奉命出击，高山带 8 架战机迎战美军的机群。

16 架敌机分成上下两层，正在寻找要轰炸的地面目标。

美军的飞行员万万没有想到，在他们准备行凶的时候，却已经进入志愿军空军的火炮射程，黑洞洞的炮口正对着他们。

很快，美机飞到了志愿军机群的右下方，高山果断发出命令——“二中队掩护，一中队攻击！”说罢，立即率领一中队向上面的 8 架美军飞机猛冲过去。

美机慌了神，他们分成两个 4 机编队，摆好了逃跑的队形。高山乘势紧紧咬住其中的一架，在逼近至 400 米的地方，他突然按动了发射按钮，三炮齐发，美机猛地一抖，几秒钟的时间，它就带着浓浓的烟，一头栽了下去。

下层的 8 架敌机企图反扑，扭转一下被动的战局。

恰好在这时二中队追了过来，金国栋、金国梁和战友们用猛烈炮火将这 8 架敌机打散，其中一架敌机被金国栋的火炮打伤了翅膀。

敌机受了惊吓，不敢继续恋战，慌忙逃离了战场。

敌人很奇怪，中国怎么就有了空军了呢，而且竟敢与美军在空中“拼刺刀”？

中美空军这第一次交火不久，美国空军参谋长范登堡大发感叹：“几乎在一夜之间，中国便成了世界上空军力量最强大的国家之一。”

二十八大队安全返航，浪头机场的战友们给英雄热烈鼓掌。这是志愿军空军第一次击落敌机。

金国栋下了飞机，悄悄走到大队长的身边，问道：“大队长，你上次说的还算数不？”“算数，现在你们兄弟俩这就回家报喜，还要带上我对老人们的问候。但晚上一定要归队，我估计敌人今晚还会来。”高山这样说。

金国栋、金国梁兄弟俩坐了 20 分钟的公交车，跑回了兴隆街甲-38 号。

金国梁先于哥哥跑上了楼，大声喊：“爷爷，爷爷，打下来了，打下来了！我们打下来一架美国飞机！”“真的吗，国梁？你哥呢，哦，在后面。我说哪。”金昆仑从大厅里阔步走出来，迎接两个孙子。

金国栋说：“是真的，爷爷。”“是这样，爷爷，我们高大队直接打掉一架，我哥打伤了一架。”金国梁气喘吁吁地说。

金国栋笑着批评弟弟，“你看看你，一点军人的沉稳劲儿也没有，像个毛孩子。”金国梁说：“我回到家里放松下嘛。”当哥哥的一听，觉得也对，就说：“也是哈，你在军营里还真挺有样的。”

兄弟俩挨着爷爷奶奶坐下，性急的国梁给两位老人讲了两次空中搏击的过程。听着听着，金昆仑眉头不由得皱了起来。

“国栋呀，有一件事情我不明白，为什么我们是 8 架飞机，而美国是我们的两倍？好虎架不住一群狼呀，为什么差这么多？”

“爷爷，我们，我们的国家底子薄哇，拿不出那么多资金来买飞机。美军拥有 1200 架飞机，而我们各类飞机加起来不到 200 架。”

“哦，国梁，一架战斗机要多少钱？”

“这个我可不知道，听说很贵的。”

“民间捐赠行不行呢？”

“这可是要听中央的。”

“1 比 2 这个比例是不对的，力量相差太悬殊了。你们别着急，爷爷想想办法，你们给爷爷点时间。”

金国栋、金国梁要归队，红叶就让厨师炒六个菜，正好金冰玉、张铁石夫妻俩也回来了，大家就算小聚了一下。

听说金国栋打伤了敌机，大家都纷纷举杯向他表示祝贺，国栋、国梁晚上可能还有战斗任务，他们只能以茶水代酒。

金昆仑刚要对金国栋说什么，叶氏悄悄看了他一眼，金昆仑马上心领神会，他说：“对呀，我二孙子也是英雄，来，我们大家敬英雄。”金国梁当即红了脸，“爷爷奶奶，你们放心。下次回来，我一定给你们一个好消息。”

金国栋听了弟弟的话，就搂了一下弟弟的肩膀。

晚饭后，金国栋、金国梁回了部队。

金昆仑就让红叶先给缪秀芳打电话报喜，然后，给金振一一家，还有二姑太一家报喜。

5 月 1 日，新华社发表了金冰玉写的文章，向人们介绍了第一枚金属国徽设计制造的故事，她满腔热情地歌颂了沈阳第一机器厂那些富于创造的工人。那篇文章的句子，至今读起来仍闪闪发光——“车间里彻夜灯火通明，工人们白天黑夜连轴转。没有炉子，他们砌了个砖炉；没有化铝罐，他们自制铁罐代替；没有脱氧剂，他们用木棒搅拌脱氧；没有测试铝水温度的仪器，他们就在炉前肉眼观察铝水颜色的变化……”主人翁的形象，跃然纸上。

就在5月1日这一天早上，直径2米的大型国徽庄严地悬挂在天安门城楼上。这是沈阳人民的自豪，这是辽宁人民的骄傲。

三十九

4个月后，1951年6月1日，中国人民抗美援朝总会发出“关于推行爱国公约、捐献飞机大炮和优待军烈属”的号召。

又是一个星期天，金振一和江素萍从沈阳赶来安东看望父母。

进了院，他们发现，小楼的一层，已变成了后方医院的病房。老妈妈弯着腰和红叶正在给伤员喂水。

“爸，这是？”

“振一呀，我听铁石说，医院的病房不够，我就将一楼让了出来，我不能眼看我们的伤员住到大马路上啊。人家各地的县委县政府、学校都把房子腾出来做病房了，我这算什么？所以，上个礼拜一我与房东商量了一下，一楼就改了病房了。”

“哦，是这样，爸爸你做得对。那需要我们做些什么？”

听到这里，江素萍脱下外套交给金振一，直奔病房。尽管叶氏再三要她到楼上大厅休息，她还是和婆婆、红叶一起忙起来。最后，还是值班的李医生说：“好啦，大娘，这里已经没什么要干的了，你们快上楼吧，有事我叫您。”

这样，叶氏才领着江素萍和红叶上了楼。

在二楼的会客厅里，金昆仑正与长子金振一进行重要的谈话。

金家，一个重大的决定即将产生。

“振一呀，中国人民抗美援朝总会发出的‘关于推行爱国公约、捐献飞机大炮和优待军烈属’的号召，你一定知道了吧？”

“爸，这个我当然知道。我们的相关部门，比如各市的抗美援朝总分会、分会正在深入群众进行宣传动员。”

“好啦，就是说民间捐献飞机大炮合理合法了，那好了，我们家就不用宣传动员了，我们积极参加。”

“爸，您的意思是？”

“捐一架飞机！”

“爸，我同意。我想，弟弟妹妹和孩子们也都会支持您。”

“振一，一架米格 -15 要多少钱？”

“我听说要 15 亿多一些。”

“那，我把大南关的那个院子卖了。如果不够，就把上海那个楼也卖了。”

“爸，我估计应该够了。”

“振一，那就这么说定了。”

“手续还是要办的，这些我来办。沈阳规定的指标是捐 38 架战斗机，已经有人报名了，我估计应该能超过这个指标。”

快中午的时候，缪秀芳、金冰玉、张铁石、国栋和国梁相继回到了兴隆街甲-38 号。

金昆仑简单地向他们传达了要捐献飞机的决定，全家一致通过，国栋和国梁哥儿俩更是乐得不得了。

金昆仑说：“我跟你俩说清楚，一旦把飞机捐过来，你们在部队里要装作不知道，不要满世界吵吵生怕人们不知道。”金国栋说：“爷爷，您也太小瞧我们了，我们也是受党教育多年的革命军人哪。”

两个月后，金振一代表父亲把大南关的五进四合院卖给了归国华侨项先生，卖了 22 个亿。

这个四合院地理位置优越，后院建有一幢二层小洋楼，再后面是一个带假山与莲池的花园。因此，卖上了一个不错的价钱。

在有关部门的协助下，以 15.27 亿元（相当于新币 15 万元）购置了一架米格 -15 战斗机，捐献给了中国人民志愿军空军四师第二十八大队。

米格 -15 战斗机停在机场，就像一只静止的巨鹰，看上去是那么骁健。

飞机的全称是米高扬米格 -15 战斗机（俄文：Микоян МиГ-15，英文：Mikoyan MiG-15），是 1948 年苏联米高扬设计局研制生产的喷气式战斗机。

它机长 10.13 米，翼展 10.08 米，高度为 3.4 米。

苏联科学家采用了半硬壳结构，机身全部为铝合金。

在第一代喷气式战斗机中，它吸收了德国技术，因此它的性能优异，飞行速度、火力、机动性远远优于美国的 F-80 和 F-84，只有美军的 F-86 性能可以与它大体相当。

它的最大飞行速度为每小时 1078 公里，它的 37 毫米机炮可轻松地击穿 F-86 的飞机装甲。

在交付浪头机场使用之前，有人提出这架飞机要命名为“昆仑号”。金昆仑婉言谢绝。

他说：“一定要有个号，就叫‘辽宁人民号’吧，这样听着顺耳。我是谁呀？我是老共产党员，我是烈属，我也是军属，我捐架飞机不是理所应当的吗？”

在家庭会议上，金昆仑一再嘱咐家里人：“千万不要在外面说捐飞机的事，这没有什么可说的。我尽了责任，我心里舒坦，这就已经很好了。”

新华社东北总分社社长从沈阳打来电话，希望金冰玉劝劝父亲，配合做一个新闻专访。

放下电话，金冰玉与父亲商量，老人家态度依然很坚决，他说：“不要这样，目前这样是最好的。捐了就了了我的心愿，别的什么我都不要。”

金冰玉说:“我们社长的意思，主要是想通过宣传您，激励更多的人来捐献。您好好想想，是不是这个道理？”

金昆仑说：“那……要不就写个简单的消息吧，不要搞什么专访啦。消息也不要你来写，我女儿是记者，把我写得光辉灿烂地发表出去？天下哪有这个道理？我们共产党人更没有这个道理！就写个简讯，这个事说明白就行。”

这样，社长只好另派了一位年轻的记者小秦，来到安东采写了一个消息发了出去。

尽管是一篇消息，人们依然为金昆仑的精神所激励。到 1952 年末，在一年半的时间里，沈阳市人民捐款 856 亿，折合为米格 -15 战斗机 57 架，超过原定计划 38 架的 50%。

那一批米格 -15 战斗机运到了浪头机场，很快投入了战斗。

只有大队长高山知道“辽宁人民号”的来历，他把那架飞机直接分配给了金国栋，并且对他说:“分给你这一架，什么原因，你知道我知道，你给我好好打，你爷爷的事迹我很感动，我们不要辜负他老人家。国梁呀，作为僚机，你的飞机要保护好这架‘辽宁人民号’，多么好的名字，‘辽宁人民号’，好！”“明白，大队长！”兄弟俩齐声回答。

四十

转眼到了 1952 年 12 月。

12 月 10 日那天 9 时 30 分，安东浪头机场的上空，三颗信号弹突然升起。

一大队的 16 架银色米格 -15，只在一瞬间就飞到了云层。在高山大队长的指挥下，准备马上迎战敌机。

突然，金国栋发现清川江支流的上空出现了蚂蚁大小的敌机群。这时，高山用无线电提示大家："全体注意！前面出现敌机啦！"

金国栋、金国梁立即加大速度向敌机冲了过去。

越来越近了，可以清楚地看见敌机分为两层，共 24 架，都是 F-84，目前正以十字架的队形向大海方向飞去。

"二中队掩护，一中队攻击！"高山下达了命令。金国栋、金国梁等高声回答："明白！"

米格 -15 具有高度优势，从云层上面俯冲下来，再从敌机群的右侧上方以梯队的队形向敌机发起猛烈攻击。

突如其来的攻击，让敌机一时炸了营。

副大队长金国栋率领僚机金国梁，紧紧跟在大队长高山的后面冲向敌群。

角度偏大，金国栋正在琢磨如何开炮呢，一束炮弹的火光"唰"地从他的右后方射向敌机，是弟弟金国梁率先开炮了。"打得漂亮！"金国栋大声叫好。

尽管没有打中敌机，但是他让敌人乱了阵脚。

由于俯冲速度过大，金国栋的战机一下子冲进了两层敌机的中间。他被夹进了死角，万分危险，现在他生还的机会基本等于零。

4 架敌机发现了他，这 4 个美军飞行员乐坏了。他们一拨机头，把炮口一齐对准了金国栋。

上下左右都是敌机，金国栋就像掉入了一张网，生死就在一瞬。这时，勇敢是唯一的生路。而这个仅仅飞了几十个小时的年轻飞行员，他所富有的正是勇敢。

金国栋奋力一拉操纵杆，机身"唰"地从敌机群的空隙中向上蹿去。一颗颗敌人的炮弹被他甩在了机翼的下面，简直是奇迹，他居然冲出了包围圈。

金国栋与死神擦肩而过。

这是一个不可思议的奇迹。

几乎是与此同时，高山、金国梁和其他战友一齐向敌机群开炮，压得敌人喘不过气来。

金国栋看不到战友们。他成了一支孤军。

金国栋大声呼叫：“大队长，你们在哪里？我看不到你们啦！”很快，话筒里传出高山镇定的声音：“看不到也要保持空域，咬住敌人，干掉他们！”“是！”

金国栋一个半滚倒转又冲了下去，他紧紧咬住一架正在转弯的敌机。那架敌机左转，他就向左追；那架敌机向右转，他就向右追。

敌机改短暂地直飞了，可能是在考虑如何再转弯逃生。但一切都晚了，它已经被金国栋锁进瞄准光圈。

金国栋发现后面有五架敌机追他，他飞快按下发炮钮，然后，急速向上跃升。后面敌机的炮弹从他战机的肚子底下飞了过去。

这时，突然一声怪叫，一架刚才被打中的敌机带着滚滚黑烟从上空坠了下来，机翼只差一点刮到他的机身。

他看到金国梁在机舱里对他笑，他这时还以为是弟弟打下来的。

金国梁咬住那四架盯着哥哥的 F-86 不放。突然，他加大了油门，一阵机关炮，五架敌机被他同时打掉了三架，炮弹全部从飞机的屁股打进去在机头那儿爆炸。

大队长高山喊话：“金国梁，好样的！”

这时，那两架被金国梁打散的敌机侧棱着膀子往前面逃，慌不择路，侧棱着尾巴往前飞。他加大油门向前猛追，瞄准、锁定……“咚！咚！……”一连射出了十多发炮弹。两架敌机当空爆炸成了碎片。

高山大队长下达了新的命令：“返航！”

金国梁的米格-15 受了重伤，连续中弹十多发，涡轮叶片被打坏，无线电天线杆被打断。

金国梁对高山大喊：“这是人民捐赠的，我一定要把它带回去。”

金国梁驾驶着这架飞机试着侧滑，然后再上升，最后用大速度航向三百六十度曲线飞行。敌机在后面紧追不放，炮弹一颗一颗从他左侧飞过去，金国梁就像没看见一样，继续驾着战鹰往祖国安东的方向开。他知道，飞机随时可能爆炸，但他没有跳伞，他要带着飞机回家。

终于，那架伤痕累累的米格-15飞回了浪头机场，平稳地落在跑道上。

随后，金国栋的战机也跟上来了。

"辽宁人民号"落地后，金国栋突然一点力气都没有了。金国梁下了飞机，见哥哥瘫在舱座上，立即飞奔过来，把他扶出了机舱。

大队长高山和战友以为出事了，也纷纷围了上来，把哥儿俩团团围住。金国梁这时才发现，哥哥的左臂上有血，原来他被敌机爆炸的碎片击中了，再一看，"辽宁人民号"机舱的玻璃被击穿了，碎片正是从那里飞进去打在金国栋的左臂上。

这时，一位苏联机械师走到金国栋面前，满眼都是钦佩，"你很棒，救了飞机，这架飞机修好可以重新战斗，你等于为年轻的共和国挣回了15亿，我很佩服你的机智勇敢，还有你高超的技术。"高山说："您还不知道哪，他们每人还打掉了三架敌机，一共是六架呀，不行，我要给你们请功。我这就给师长打电话。"

师长在电话中说，功是要给的，但金国栋要养好伤。

这样，高山送他到金家在兴隆街甲-38号的后方医院病房养伤。高山的意思也是让他与家人团聚一下。同时，高大队长又决定，这期间，"辽宁人民号"归金国梁使用。金国栋说："高大队长，今后就让他开吧，跟我磨叽好长时间了，我说等你立了功，我就跟大队长请示。"高山说："你要这么说，我还真就批准了。"

这场空中激战过后，金国栋、金国梁同时荣立了三等功。

抗美援朝战争中，中国人民志愿军空军先后有10个歼击机师（21个团）、2个轰炸机师出动作战，共出动2.6万余架次，击落敌机330架，击伤95架。涌现出三等功以上的功臣8000多名，立集体三等功以上的单位300多个。

其中一位英雄，后来当了空军司令员。

回忆起这段历史，他无限感慨地说："我们取得辉煌的战绩，一个重要的原因，就是安东人民的大力支持，就是辽宁人民的大力支持，他们当时提出的口号是要人给人，要物给物，要血给血，要什么给什么，要多少给多少。他们做到了，我如今一想起这口号，我眼前就浮现出当年的情景，我就掉眼泪，从城市到乡村，父送子、妻送郎、兄弟姐妹争相参军，捐献飞机大炮，上万名民工各带干粮义务修建我们的飞机场，这是多么好的人民哪！"

四十一

金国栋回到兴隆街甲-38 号，也就等于回了家。

爷爷奶奶和红叶还有医护人员，大家一起照顾他。周日的时候，大爷金振一和大娘江素萍回来了，母亲也从抚顺赶来看他，姑姑金冰玉和姑父也来了。

比起在前线战斗的三叔、四叔、小弟、小妹，他觉得自己实在是太幸福了。他甚至心底还有一点惭愧。

这个星期日的午饭后，金国栋发现全家人关注的目光都聚到自己的身上，他们在看这个高大帅气的英雄。尤其是爷爷和奶奶的目光，时不时地就看看他。他觉得有点奇怪，奶奶倒也罢了，爷爷以前可不是这样温柔的，想来想去，他觉得爷爷可能是老了。

这时，金昆仑说话了。

"我说，国栋呀，我天天看报纸，我军是节节胜利呀。仗打到这份儿上，估计也快结束了，你和国梁是不是得考虑结婚了？要不然，现在就在你们机场的诊所的医生护士里选选怎么样？你都 24 岁了，别学你三叔四叔，打光棍子有瘾。

我和你奶奶马上就八十了，我们还要见第四辈人哪。”

金国栋笑了，说：“爷爷，您说到三叔四叔，我才想起来，他们不结婚我结了婚，对他们这也是不孝呀。”缪秀芳偷偷拽了儿子的衣角一下，悄声说：“别拧着爷爷说，这也算不孝。”金国栋说：“好的，爷爷，仗打完了，我与三叔、四叔、国梁、金毅、国强我们一起办婚礼，我伤好归队就去诊所选一个。”金昆仑说：“哎，这句话对我心思。”

“爷爷，说到三叔四叔和我小弟小妹，他们最近来信了吗？”

“你三叔四叔还是去年来的那封信，金毅和国强也好久没来信了。我真想他们啊。惦记呀……”

叶氏掏出手帕拭泪，金冰玉小声劝道：“妈，你看你……”

缪秀芳说：“妈的心就是一块豆腐。”

叶氏说：“是不是豆腐我不知道，反正我就是没你们的心那么硬，一个赛一个的心硬。”

缪秀芳说：“爸，妈，金毅来信了，我带来了，问候爷爷奶奶呢。”江素萍也连忙说：“我们国强也来信了，他还说在全军联欢上见过姐姐哪。”缪秀芳说：“金毅也说看到小弟了。”

金振一说：“我看这样，让冰玉念金毅的信，让国栋念他弟弟的信。比一比，你姑侄俩谁的朗读水平高。”

金冰玉说：“奉天中学堂的演讲冠军要考我们哪，考就考，国栋你怕吗？”“小姑，我不怕，但我肯定比不过你，更比不过我大爷。”

红叶又给两人的茶杯里添了茶。

叶氏说：“把大厅的门关严，楼下的伤员在休息。”红叶答应了一声，赶紧去关严了门。

金冰玉从二嫂手里接过那封信，念了起来，她的声音洪亮，充满感情——

亲爱的爷爷奶奶、妈妈、大伯、大伯母、小姑及全体家人：

你们好！

好久没给你们写信了，我非常想念你们。我最近一切都好，报告你们一个好消息，上个月我的二等功下来了。

1 月 18 日的下午，我刚刚从前线演出回来，就遇上美军飞机轰炸我们军的后方医院，我和我们师文工团的战友们立即帮助医院转移伤员。

美军飞机接二连三地向低空俯冲，投掷汽油弹，他们太嚣张了。听说爷爷捐献了一架米格–15，太好啦，让我大哥、我二哥狠狠打他们。

那天，我没在乎那些炸弹，只有一个心思抢救伤员同志。经过大家的努力，伤员全部转移了出来。可是，在清点时却发现把罗连长漏掉了。

我冲进了熊熊燃烧的病房，透过浓烟，我看到了罗连长躺在火里正在挣扎。我冲过去背起他就往外跑。天哪，我哪来的那么大的力气，我也不知道。在团里我是最没有力气的一个，战友们都叫我是沈阳来的大小姐。

罗连长一再让我放下他，他说："快放下我，赶紧隐蔽！别为了我，让你也负伤！"我不理他，只背着他往安全的地方跑。刚到地方，敌机又来了，敌机对着我俩丢下了一颗炸弹，我转身扑过去，把罗连长护在了身底下。

炸弹爆炸了，炸起来的碎石和土块把我们埋了起来，我的棉衣棉裤都被烧着了，胳膊也受了伤，手上流满了鲜血。我扑灭了罗连长身上的火苗，背起他继续跑。

我也不知跑了多远，也不知过了多久，在我摔倒的时候，抬眼一看，前面正是山地防空洞，我爬起来把罗连长背进了防空洞。我们两人总算脱离了危险，我这才发现自己胳膊上的伤。

由于罗连长是穿衬衣遭到敌机轰炸的，所以，这一路上把他冻坏了，再加上伤势较重，到了防空洞，他就昏了过去，嘴唇发紫，身体不停地发抖。我把棉衣脱下来给他穿上，然后，我紧紧地抱着他。直到把他暖了过来。这时，战友们也来了，我们得救了。罗连长哭着叫我："小妹妹……"

我的故事很快就传遍了前线。我的二等功就是这么立下的，我的入党申请也被批准了。在总部庆功会上，我们的彭司令员夸我不简单，还说我是花木兰。

对啦，你们猜我在庆功会上见到谁了？天哪，我见到我小弟了。他又长高了，而且那么结实，他还是三等功臣哪。而且，他也入了党。他立功的原因是在执行任务时，本来他是被美军一个班包围的，结果他一个人活捉了美军这个班，起初他是用手榴弹吓唬敌人，接着，他是用流利的英语劝降，就这样，敌人的一个班就让他带回了连队。战友们说："这个小白脸是大英雄呀。"

对啦，我们在国外作战，休息的时候，特别想家，想亲人。我们唯一的要求，就是想看到你们的来信。求求你们，没事给我们写信吧，再邮来你们的近照。爷爷奶奶，大伯大娘，还有我妈，还有我小姑，我都快忘了你们的模样了，快给我寄你们的照片，在照片后面一定要写上，送给我亲爱的宝贝。个人的也行，合影的也行。对啦，也要同时寄给我小弟，我三叔我四叔。对啦，我好久没看到三叔四叔了，据说他们军又向南开进了。

好久不写信了，一写就这么长，占用你们时间了，对不起。哟，我们又要出发了，我们要到上甘岭慰问演出了，也许还能见到我小弟。我们要给他们唱《中国人民志愿军战歌》《抗美援朝进行曲》《抗美援朝保家卫国》《我是一个兵》，我还要唱一折京剧《杨家将》。妈，还记得吗？穆桂英挂帅那一段还是您教我的呢，猛听得金鼓响画角声震，唤起我破天门壮志凌云……

此致

在朝鲜前线十分想念你们的小金毅敬礼

客厅里十分安静，向来严肃有余的金振一掏出手帕擦泪。

金昆仑把茶杯放下，叹道："嗨，我怎么就没想到给孩子们写信呢？从今天开始，每人都给他们写信，一个礼拜一封，这也就是金毅，那爷仨谁也不会说出这样的请求，他们是男人嘛，男人要硬撑着。可他们在前线是多么想我们啊，他们随时都想知道我们的消息。写，马上就写。”

金振一也说：“是呀，我现在才明白，中央为什么号召各界人民给前线战士写慰问信了。这个事我有责任呀，当初只担心影响他们的工作，没想到这一层。”

江素萍说：“是呀，我说要多写信，你还不让我写呢。”

那边，叶氏已流了半天的眼泪，一声一声地叹息，缪秀芳在旁边不住地安慰道：“妈，你不用担心，别看金毅长得像个娇小姐，可是，她是假小子的性格，从小跟我在山上打游击，胡打海摔惯了。”叶氏说：“我心疼啊。国栋呀，快念你小弟的来信。我可等不及了。”金国栋说：“好的，奶奶，我这就念给大家听，他这信走得时间短，是上周写来的，是从上甘岭刚下来时写的。”

金国栋喝了一口茶，挺直腰身，一字一句地念了起来——

亲爱的爷爷奶奶、妈妈、大伯、大伯母、小姑及全体家人：

你们好！

我一切都好，前一段时间在全军庆功会上，我看到了我姐，她还说我又长高了呢。对啦，我姐也很好，英姿勃勃的，还别说，这一把炒面一把雪的还挺养人。

金国栋念到这里插了一句：“这小子是革命乐观主义呀。”金昆仑说：“我懂，他故意这么说，怕我们担心。这小子……”

金国栋接着念道——

我现在刚从上甘岭下来，打了43天，军报的记者说我们打了人类历史上最艰苦的一仗。

10月14日，“联合国军”调集兵力6万余人，大炮300余门，坦克170多辆，出动飞机3000多架次，对我志愿军两个连防守地约3.7平方公里的上甘岭阵地发起猛攻。我们防守部队进行了顽强抵抗，阵地多次失而复得。

在持续43天的战斗中，志愿军与美军反复争夺阵地达59次，志愿军共击退敌人900多次冲锋。最终我们守住了阵地，11月25日，我们取得了胜利。

参加这次战役，我看到了中国人民的伟大，我看到了中国人民志愿军的伟大。以人肉胜钢铁，这是世界上任何军队也比拟不了的。

我挑主要的，说说我们七连的故事吧。

我还是先说下上甘岭吧。

上甘岭，只不过是我们军前沿阵地上总面积不到4平方公里的两座山头而已。今年秋季，美国要举行大选，为缓和国内矛盾和人民的反战情绪，改变战场和谈判桌上的被动局面，侵朝美军总司令克拉克，南朝鲜伪总统李承晚、美军第八集团军军长范佛里特等军政要员亲临金化前线，策划向我进攻的所谓“金化攻势”。

一方，是现代化装备的美军王牌第八军。

一方，是战火中成长起来的英雄C军。

10月14日，战幕拉开了。

一连6天，美军向上甘岭上投掷了190万发炮弹。

上甘岭变得一片混沌，硝烟、尘粉、碎石铺天盖地，分不清是云、是雾、是烟。草木全部被炸飞，剩下的土石被打松一米多深。我军地表上的工事基本上都被摧毁，岩石变成了粉末。我抓起一把握在手心，滚烫。

范佛里特得知我方采取坑道战，不但动用飞机炸、大炮轰，还用火焰喷射器喷射并施放毒气，对坑道实施破坏和封锁。

坑道被敌人强大的炮火越打越短，空间越来越小，人挤人不能行动。

烈士遗体也只能暂放在坑道里，不能掩埋。大小便不能及时清理；坑道内硝烟味、屎尿味、血腥味、汗臭味混在一起，常常因为缺氧发生人员窒息的情况；因为极度缺水，干粮无法下咽；更严重的是有的坑道已被炸毁，不少坑道同军指挥所失去了联系。

缺水这一项最要命啊。

早先，我们还能去外面的山泉那里抢点水，后来敌人加紧了封锁，就抢不到了。

喝尿，这在以往的战斗中常见，但在上甘岭的坑道里，又与以往截然不同。在这里，是舍不得喝而送给战友们喝。特别是那些伤员同志，他们爬着把解下来的小便，端给坚持战斗的战友们喝，谁能忍心喝呢？

要说苦，他们伤员最苦。

没负伤之前，他们顽强战斗，有的甚至几次负伤都不下火线。下来以后，在坑道里忍受着常人无法忍受的痛苦，可是没有一个人叫苦，没有一个人喊疼。听说坑道口外面有任务，伤员们爬起来，靠在坑道的墙壁上向弹盘里压子弹，拧手榴弹盖，一个弹盘接着一个弹盘，一个手榴弹接着一个手榴弹地传到外面，他们就用这种方法来支援战斗。

连长说："伤员同志们，请放心，我们一定能守住坑道，守住阵地，把敌人打下去，坚持到最后的胜利。如果你们相信我的话，就把它喝下去，如果不信的话，那就倒在地上。"伤员同志们本来舍不得接受，但听了这番话，也就只好接受了。

由于缺水，战友们的嘴唇裂开了许多口子。我和战友们就落起弹药箱，把坑道顶壁潮湿的泥巴一点一点刮下来吃掉。我们还用毛巾在坑壁上沾泥巴，然后，再拧下来点湿泥给伤员吃。伤员们不要，他们把嘴贴在坑道壁上吸气，以缓解嘴巴干裂。后来，又想到了一个更好的办法，大家用嘴在坑道壁上长时间地吹气，这样，墙上就出现了一些小水珠，再用舌头舔回，湿一湿嘴。

运输员刘明生在路上捡到两个苹果，战友们一致请求把这两个苹果给伤员吃。

伤员发现只有两个苹果，他们又一致要求给没受伤的战友们吃。最后双方来了个转移目标，大家一致认为应该给连长、指导员吃最合适。连长和指导员又怎么吃得下呢？为了把这两个苹果吃下去，指导员动员大家说："同志们，不要小看这两个苹果，为了它，说不定就有战友们的鲜血洒在这条运输道路上。我们接受的不是苹果，是接受后方战友们的关心，是接受守住阵地，把敌人消灭在山上，给祖国争光的任务。现在，让我们共同来完成这个任务吧。”接着，他叫卫生员数一下，有多少人就把苹果分成多少块，一人一块，然后，一一分给大家。战友们没了办法，只好服从命令，这是人类军事史上一个多么神圣的命令啊……

二排长孙占元被敌人一发炮弹打断了双腿，一条腿已脱离了他的身体，可他还在阵地上指挥战斗。

我对他说：“排长，我们把你送回坑道里吧，我们保证完成任务。”他说：“我是共产党员，我就是牺牲了，也要和敌人拼在阵地上！”他拒绝了我们的帮助，用两挺机关枪发射2000多发子弹，掩护易才学同志完成了连续爆破任务。

他拖着一条腿带着机枪向前爬了近200米。敌人为了包围我们，就从我们右侧后面打上来200多人。

孙占元带着全排打退敌人两次冲锋，那时，他已经说不出话来。他命令一个战士回来报告情况。

成群的敌人拥到他跟前，他用最后一颗手雷和敌人同归于尽。

七班长连续负5次伤，连长多次让他进坑道休息，他说：“请你让我再打半个小时吧！”大量的敌人向阵地冲过来，七班长抱着两个爆破筒顺着山坡向敌人滚下去了。班长下去了，战士周太书也拿起两个爆破筒向敌群冲了下去。

两个战友就这样牺牲了。

像这样英勇的战士不仅我们连有，整个上甘岭战役中数不胜数……

就写到这里吧，军文工团来慰问了，听说各师文工团的骨干也来了。说不定我姐又要给我们唱《杨家将》呢。得啦，我先不邮这封信，等见了我姐，再写几个字。

又：亲人们，我真的见到我姐了，她真给我们唱了《杨家将》，她的穆桂英演得真是好，有我二姑祖太的影子，有我二婶的影子，有她自己的影子。她下台的时候，直奔我来了，她给我系紧了风纪扣，她还给我擦眼泪，骂我没出息。可是，可她自己也哭了……

再见，你们的国强军礼！

金国栋念到这里的时候，大厅里静得出奇。忽然，门外响起了掌声，红叶推开门一看，原来是三五个拄拐杖的志愿军伤员在那里。红叶请他们进大厅喝茶，他们摇摇头，那个领头的班长喊了一声“敬礼”，大家一齐向金家人敬礼，然后，在金国栋、红叶的护送下，他们排着队走下了楼梯。

金昆仑老泪纵横，叶氏更是泪水涟涟，她的左边是江素萍，右边是缪秀芳，两个媳妇轻轻地扶着她。

“你们看，他们讲起打仗，就是军人的样子，讲起亲情来，就又是孩子了。”

“妈，你别担心，他们都长大了，他们长成了革命军人。他们就是在我们面前像孩子，特别金毅，说着说着还说上了唱戏，还说上了我。”

金振一说：“秀芳，你教她《杨家将》可不只是唱戏，更主要是教她爱咱们的国家，爱咱们的人民。”“振一说得对，杨家满门忠烈，对我的心思。年轻时，令公、六郎，我都唱过呢。”金昆仑表示赞同长子的观点。

叶氏说：“给孩子们写回信吧，现在就写。我这当妈的当奶奶的，头一个写，红叶，拿我的笔墨来。”金昆仑说：“还有我呢……”

四十二

终于，云开日朗，终于，和平再度回到了东方。

1953 年 7 月 27 日，战争双方在朝鲜停战协定上签字。至此，历时 2 年零 9

个月的抗美援朝战争宣告结束。

在近三年的抗美援朝战争中，辽宁共有74374人参军，参战总人数达到242285人，牺牲13374人，是全国各省区参军、参战、牺牲英烈人数最多的省份。

金振之、金振雄、金毅、金国强都给家里写来了信，报告胜利的消息，同时，也通知大家，中国人民志愿军A军、C军等部将在1954年4月中旬，第一批撤回到国内。

金昆仑回信说——我们在安东等着欢迎你们，到时我们一起回沈阳，回家见二姑太，我们金家再来一次大团圆。

4月15日上午10点，满载两支英雄部队的军列一列又一列地开进了安东，开进了祖国的大门。

安东，作为志愿军归国的第一站，在一夜之间变成杜鹃花的海洋。

站台上，广场上，车站大楼的窗台，宽阔的马路两旁，开遍了杜鹃花。

在冰雪消融、春寒料峭的时候，山坡上就泛起片片紫红的霞云，这就是杜鹃花。它看上去勇敢、坚强、自信，正好与英雄城市的品质相当，因此，深受安东人民的喜爱，也因如此，安东人民用杜鹃花的海洋来欢迎自己的英雄。

在将近三年的时间里，安东人民为这场卫国战争做出了巨大的贡献。男人冒着战火为前线抢运弹药；女人参加拆洗、缝纫、护理等拥军队伍，一针一线为志愿军赶制布鞋、被褥。

现在他们站在江边迎接自己的子弟兵回家。

在鸭绿江大桥的桥头，安东市文化馆干部林成家与市政府秘书科王爽精心设计了一个创意独特新颖的“凯旋门”。

大门面向朝鲜方向两侧的立柱上方都装饰了“和平鸽”图案，左面“和平鸽”下方的文字为“庆祝抗美援朝斗争的伟大胜利！”，右面“和平鸽”下方的文字为“欢迎中国人民志愿军光荣归国！”，文字两边为装饰图案。“凯旋门”三个大字在门的正上方，两边装饰精美图案。

在2000多人的欢迎队伍中，有金氏一家老少。他们是金昆仑、叶氏、金振一、江素萍、缪秀芳、金冰玉、张铁石、国栋、国梁、红叶。

一列又一列火车缓缓驶入“凯旋门”，火车窗口挤满了那些英姿勃勃的面孔。

“昆仑，哪一张脸是我家振之振雄，哪一张脸是我的小孙孙小孙女？我怎么瞅着都一样呀？”叶氏流着眼泪，悄悄问道。“我也看不清啊，我现在满眼都是泪水。”金昆仑嘟囔着。

突然，就传来金振雄的声音——“爸，妈，我们在这儿！”又过了很长时间，传来了金毅的声音——“爷爷，奶奶，妈妈，姑姑，我们回来啦！”接着就是国强的声音——“爷爷，奶奶，爸爸，妈妈，婶子，姑姑，姑父，大哥二哥，我在这里！”

听到这声音，金昆仑和叶氏站立着，金振一和夫人江素萍抱在一起流泪，金冰玉抱住缪秀芳，她哽咽道：“二嫂……”缪芳说：“妹妹，不哭。我们去搀着妈。”说罢，两人紧紧搀住叶氏。

那边，国栋、国梁搀扶金昆仑，他们明显感觉爷爷的身子像铁板一样。

列车的窗口，好不容易出现了金振之的面孔，振之大喊：“爸，妈，一会儿我们到站前广场参加万人欢迎大会，我们杨军长还要见你们呢。”金昆仑和叶氏向金振之挥手，春风吹动他们稀疏的白发。

这时，金国梁拉着爷爷奶奶的手，说：“走，我们去站前广场吧。”金冰玉说：“对，到了那里，我们也好与他们说话。”“对，站前广场。”金昆仑说：“到了那里，我们就在花坛前面等着。国栋，你和你弟弟到队伍里去找他们，记住了，部队上要是有纪律不让他们出来，我们就过去看一眼挥挥手再说。”“好的，爷爷。”

安东站前广场，一排排高大的银杏树下，摆满了杜鹃花。A军和C军的英模代表站立在广场中心，他们高唱《志愿军之歌》，接受祖国人民的检阅。

金氏一家刚走到花坛前，就有一男一女两个青年军人奔跑了过来。

金昆仑一看，是孙子金国强和孙女金毅。他们胸前挂着奖章，满脸的光芒。“奶奶看看，奶奶看看，你们伤着没有啊？”叶氏走上前去，一下子抱住了两个孩子。

金昆仑在一旁叼着烟斗，眯起眼睛微笑。

金国梁说：“奶奶，让我们也抱一抱呀，还有大爷大娘，还有我妈，我姑姑。”叶氏说：“就不让你们抱，你们呀，一个赛着一个心硬。”说罢，松开了手，把金毅轻轻推给缪秀芳，把金国强推给江素萍。抱住儿子，江素萍不觉抽泣起来，金振一对儿子说：“快三年了，你妈想你没睡过一个好觉，每天睡得晚醒得早……”金国强说：“妈，我说过我没事，子弹哪，炮弹哪，它们都绕着我飞。”

缪秀芳看不够女儿呀，她捧着女儿那张美丽的脸，一边看一边说：“我闺女长成大姑娘了。”金国梁说：“小妹，你走以后，就是二哥想你，大哥才不想哪。”金毅说：“我才不信哪，大哥最疼我了。大哥，对吗？”金国栋笑笑，说：“对呀，大哥更想你。别听你二哥瞎白话。”金冰玉轻轻推开这哥儿俩，说道：“秃小子们，靠边点儿，金毅想小姑没有？”“小姑，我想你……”金毅话刚说到这儿，就哭了起来。国栋、国梁两人笑嘻嘻地转身去拥抱国强。

一家人经历了生离死别，现在战后重逢，自然是有说不完的话。

这边正说着话呢，A 军杨军长带着金振之、金振雄走了过来。杨军长还是那样结实，那样富于神采，金氏兄弟俩则英气十足。

“金老先生，您好哇！金大娘，您好哇！”

“杨军长好。”

“好好，杨军长您好吗？”

“二位老人，我很好。喏，我把你们两个儿子带回来了，不但完好无缺，而且还都成了人民功臣。”

振之、振雄将其他家人一一介绍给杨军长，当介绍到金振一时，杨军长的目光里流露出敬佩，他说：“您好，振一同志，我没少听振之、振雄说起你，老革命了呀。对啦，四八年那份蒋军从葫芦岛登陆增援东北战场的情报就是你送出来的吧？谢谢你，帮了我们纵队的大忙。”金振一说：“这不要谢的，我们都是为党和人民而工作的。您是闻名中外的大英雄，我们都应向您学习。”

金昆仑一摆手，国强变戏法似的拿出两瓶茅台启开了，红叶拿出了两个酒碗，一一倒满。

“二十年的老酒，杨军长，今天我们俩一人一瓶，你说什么也要喝。我是一个老党员，我代表辽沈人民，代表……也代表我们金家，敬您，祝贺我们志愿军、我们 A 军班师还朝。”

“金老先生，我从不喝酒的，振之、振雄是知道的。前天在朝鲜，兵团指挥部欢庆，我也没喝，为这司令还骂了我一顿。但今天这酒我喝，但我有个要求，就是我借您的酒给金家每人倒一点，剩下的我全喝了。”

“好，好一个爽快的大将军。”

红叶给大家每人分一酒碗，杨军长则给每人倒了酒，连红叶也倒好了。

金昆仑手执酒碗，抢先走上前，他说：“我敬中华民族的大英雄。这第一碗，我们干了。”杨军长说：“谢谢老前辈，干！”

杨军长给金昆仑倒满了一碗，又给自己满上了。他端起酒碗，对全体金家人说：“这一碗酒，我敬金老英雄，敬金氏满门英雄。”

杨军长说罢，向大家略一示意，举起酒碗一饮而尽。金昆仑和家人们见状，也都纷纷干了碗中的茅台。

杨军长看了看大家，说道：“部队要在安东休整一个月，然后开拔到南方。金振之和金振雄，我给你们一个月的探亲假，好好在家陪陪老人。金老先生，我要到主席台上去了，东北局和军区的首长马上就来了，我要去一下。再见啦，各位！”“再见，杨军长！”金昆仑向杨军长挥手，金家人目送杨军长向主席台那边走去。

叶氏目不转睛地看振之、振雄，然后，又去看孙子、孙女，她颤颤巍巍地承受着内心的波澜。

金振雄见状，连忙说：“妈，你可以尽情地去疼你的孙子、孙女，我们哥儿俩不会嫉妒的，我们是他们的叔叔呀，是长辈呀。”叶氏一听这话，就说道：“就你坏，国梁的贫嘴就随你。”缪秀芳说：“可不，跟他老叔学不出好来。”振雄说：“二嫂，我，我没教他呀。”众人都笑了，那边振雄与国梁爷儿俩互相挤挤眼。

金昆仑忽然想起了什么，他问道：“振之，振雄，二姑太临走时交给你们的任务完成了吗？不然，回了沈阳要挨骂的。而且，我也要骂。”振雄说：“报告爸爸妈妈，还有远在沈阳的二姑太，我们胜利完成了任务。”

叶氏没听明白，她问道：“你们在说什么呀，二姑太交给什么？还任务？怎么听着像部队上的话？”振之说：“出发前，二姑太命令我们俩找媳妇带回家。”叶氏惊喜地问：“啊？这么说，你们给我带回来了？”

金振之说：“爸妈，我们带回来了。她们俩也是功臣，就在队伍里。等明天我们带回家，我们要向军长再申请个婚假，军长知道我们的事。明天吧，明天郑重其事地跟你们见面。我们在战场上约定，胜利了，就回沈阳结婚。”

金昆仑说：“这可太好啦，你们等于又打赢了一场仗呀。事不宜迟，我们沈阳见吧。今天下午我们就启程回沈阳，让二姑太见见，她虚岁都 99 岁了，可了不得。马上见，马上见。你们回部队准备一下，也要告诉人家姑娘准备准备，要是行的话，马上办婚礼。一是你们到了岁数，二是一定要二姑太看见你们的婚礼。唉，对啦，国栋、国梁，你们俩呢？”

金国梁看了一眼哥哥，问道：“哥，我说不？”金国栋说：“你这会儿倒谦虚起来了。说吧，怕什么？”“我怕我奶奶我妈妈又骂我贫嘴，还要连带我四叔受委屈。”

金昆仑是个急性子，听到这里，笑道：“太啰嗦了，国栋，还是你说吧。”金国栋见爷爷下了令，就认真地回答说：“爷爷，我们两个确实有对象了，她们都是我们师卫生院的医生。”叶氏听了，说：“好哇好哇，真真是苦尽甘来呀。忘了问了，振之和振雄，你们两个的媳妇是做什么的？”振之笑着答道：“妈，你看你急的。我的女友是军卫生院的医生，我们正好都是学医的，谈得来。老四的女友是军文工团的独唱演员……”

叶氏听到这里，脸上充满了喜悦，她看了看这个老儿子，说道：“振雄，妈妈那年在江边送你推开你，你明白妈妈的用意吗？妈是想，那么多战士的妈妈都没来，我一抱你，他们看了，心里会难过。”振雄说：“妈，这个我当然知道。”

金毅听说振雄的对象是C军文工团的，就急急地问：“四叔，是谁呀，是谁呀？叫什么名呀？说出来我肯定认识，肯定。军里大会演时，我们两个文工团经常见面，我肯定认识。这下子完喽，好好的战友，这回矮了一辈，要叫人家四婶了。但也没什么，再过年的时候，我给她拜年，她可得给我赏钱哪。四叔快告诉我，她到底是谁？”

这回连不苟言笑的金振一也笑出了声。

金振雄说：“明天见了你就知道了，还别说，她还真认识你，直夸你的穆桂英唱得好哪。”

金昆仑看了看金毅，问道：“金毅，国强，你们呢？”

金毅说：“爷爷，我们可是早呢，我18岁……”

金国强说：“爷爷，你忘了，我才16岁。我和我姐商量好了，胜利了，我们要考大学，学成了本事，参加社会主义建设。”

金振雄说：“我听人说，军人考大学，特别对功臣，是要照顾的。”

金毅说：“我们不要照顾，我们要凭高分，我们俩的成绩没有问题的。”

金国强接过话来说：“爷爷奶奶，放心吧，过些年毕业了，我姐给你们领回个大学生女婿，我给你们领回来个大学生的媳妇。”

金毅就弹了弟弟一个脑崩儿，笑骂道：“小屁孩儿，你能不能知道一点害臊？”

缪秀芳打了一下金毅的手，说道：“我看你小弟这话说得实在。”

江素萍在一旁听了，轻轻笑了起来。

金昆仑听了这些喜讯，兴奋异常，说：“收拾收拾，下午两点半的火车，这就走，回沈阳！”

回到兴隆街甲-38号，红叶赶紧给金公馆打电话：“喂，德福叔吗？我们今天下午回沈阳，二林哥要在大概4点的时候到车站接我们。”

张德福在电话那头大叫一声：“太好啦！”

四十三

金昆仑带领全家一走就是两年多，六合店东胡同的邻居，乃至于小南关一带的邻居都有些想他，他那高大健壮的身躯，他那爽朗的笑声，都成了人们的念想。

这段时间，管家张德福只要在街上一露面，人们就总是要问：“胜利了，你亲家啥时回来呀？”“金先生快回来了吧？”张德福总是说：“快啦！快啦！”

今天中午接到红叶从安东打来的电话，说是全家要回沈阳。张德福出了大门，无论见着谁都要说一句：“金爷今天晚上肯定回来，这回准啦！”

到晚上傍黑的时候，金昆仑的那辆“克莱斯勒”开进小南关下头，大街两侧已挤满了左邻右舍的人。

张德福走上前，对金昆仑说：“大伙想你了，都想看看你。”金昆仑也想看看这些老邻居，他走下车，向大家拱手致意。

那边，吴天顺带人放起了鞭炮。

金昆仑问：“天顺，你这是干什么？”

吴天顺说：“这是街道王主任的意思，他说欢迎老英雄回家，要有个响动。”

刚说到这里，王主任就从人群里走出来了，笑吟吟地说："金先生，我们都想您哪。您这两年在安东所做的工作，我们都知道了，好，给我们沈阳人争气。特别是捐赠飞机的事，小南关是家喻户晓呀，所以……"

金昆仑摆摆手，说："就为这就兴师动众折腾大家，这乡里乡亲的，我过意不去呀。""没有什么，我就是想看看您。"人群中好几个人这样说。

金昆仑说："那好，我谢谢大家啦，改天到家里喝茶。"有个小伙子喊道："喝茶没劲儿，改喝酒吧！"金昆仑说："行啊，一点问题没有呀。正好我从安东带回了几箱凤城老窖。"

人们鼓起掌来。

车子总算开进了金家大院，金昆仑向大家挥挥手，邵祥这才将大门徐徐关上。

张德福和邵祥把前院和后院、长廊和各个甬道都打扫得干干净净。前院的榆树上、葡萄架上还挂上了小彩旗。

金昆仑一边看，一边不住地夸奖："好，讲究，我心里舒坦。"叶氏说："快三年了，屋里屋外的还是一如当年，亲家，你可真行。邵祥也是很能干的。"

张德福说："这哪里全是我们？大少爷和大少奶奶，不是天天在我们这老院子住吗？不整洁点还行？他们倒是不督促我们，他们自己有时还亲自动手收拾。一点也不像少爷的样儿，更不像高干的样子。"

金振一笑笑，没说什么，江素萍帮红叶从车上往下搬细软等杂物。

金昆仑接过话茬儿，说："解放都五六年了，还老爷少爷地叫着，我听着就别扭。让我想想，这老规矩得改一改了。这不行啊，我们共产党就是要消灭阶级，可是，在我的家里却天天这么叫着。而且，我还使唤着佣人。这不合适呀。振一呀，我们得改改了。倒开空闲，我们研究一下怎么办。"

"爸，您说得对，我们是要改了，要不然让人家会笑话的。"

"我早想过这个事，可是，这两年打仗，忙活忘了。这个礼拜天，全家齐了的时候，我们专门讨论一下新的章程。对啦，赶紧给二姑太打电话，报告一下我们回来的消息，让她高兴高兴。就说我和夫人马上去看望她老人家。”

张德福说：“亲家，上午的时候，二姑太来了好几次电话了，一个劲儿地问到没，看来，她是真想您和太太啦。”“那是肯定的，我也想她老人家呀。”金昆仑的语气里有太多的兴奋。

红叶拨通了二姑太家的电话，接电话的是善继大爷。红叶将话筒递给了金昆仑，就听善继大爷说：“昆仑哪，你快来吧，老太太着急了。说了，晚饭在我这儿吃。我已安排下去了。”金昆仑说：“请转告她老人家，我们沐浴更衣后，马上就到。”叶氏听了，就吩咐红叶说：“快去告诉刘师傅，炒几样二姑太爱吃的小菜，我们一会儿带上。”“好啦，太太！”

不到一袋子烟的工夫，金昆仑和叶氏、金振一、江素萍都收拾利索了，出屋一看，那边二林子把车子擦得锃亮，二林子说：“我了解二姑太的脾气，好干净，车子上有一个泥点子也是不让开进院的。”金昆仑说：“要不怎么说你人机灵呢，不光是八卦掌打得好。”“嘿嘿……金爷，你这是夸我，我知道。”

红叶挎着食盒，从厨房那边走来，一边走一边说：“刘师傅做的是熘肝尖、炸小虾、炸茄盒，里脊炒鲜蘑。”金昆仑说：“刘师傅还真行，这四样都是二姑太顶爱吃的。走吧！我说亲家，你们也开饭吧。告诉刘师傅再炒几个，你们好好喝几杯……”

金昆仑、叶氏、金振一、江素萍、红叶上了车，直奔城东的堂子胡同。

清初，努尔哈赤在这个胡同里敕建堂子庙，胡同因而得名。

“堂子”，在满语里是“神庙”的意思。想当年，努尔哈赤、皇太极每有出征、遣将、凯旋等重大军事行动，都要来到这里拜堂子，祈求上天的保佑。

天命十一年（1626），努尔哈赤去世后，皇太极把他穿过的服装，即“太祖御服”还有弓箭、佩刀等遗物，都收藏在堂子内供奉。

一般说来，这个胡同里居住的都是清宗室人员，即努尔哈赤父亲塔克世一脉下来的人。二姑太的丈夫博俊是努尔哈赤长子褚英的后裔，他属于宗室中的近支。他当然可以在这里居住，而他在这里选址盖房，主要是为了拜神堂方便。

二姑太的这个宅院，坐落在堂子胡同靠东一点点的路北，是一个三进四合院，比原来烧掉的那个贝子府小了将近一半，比金公馆也小了一些。但是足够精致。四合院的功能齐全，居住、会客、宴饮、游玩，都很适合。

金昆仑的汽车刚一开到大门口，还没等按喇叭呢，门房俞升就在里面高喊："金昆仑金老爷到啦。"说罢，大门敞开，他跑了出来。

金昆仑下了车，悄声说道："说你多少遍了，我来了是小辈看望老人，还敢称爷吗？"俞升说："这正是我家老祖宗让这么叫的，我叫别的，她要骂我的。再说了，这也不是一天两天这么叫的，我爸爸活着的时候，他在这贝子府就是这样招呼您的。"金昆仑笑道："还别说，你的声音跟你爸一样。"

这样说着话，金昆仑一家人就进了中堂大厅，大厅里灯光灿烂。

二姑太端端正正地坐在黄花梨圈椅上，灯光映照她坚毅的面容。

"二姑太吉祥！"

"二姑太吉祥！"

金昆仑、叶氏、金振一、江素萍齐声问好。

二姑太一一地细看了他们，面露微笑。

"坐吧，孙媳妇、重孙媳妇挨着我。瞧瞧，振一呀，你多有福，这素萍多么端庄秀丽，一看就是大户人家的教养，像她婆婆一样。"叶氏赶紧说："看咱二姑太多么会说话，夸重孙子媳妇，连我也一起褒奖了。"二姑太说："我说的是实在话。昆仑哪，你多长时间没来看我了？"金昆仑起身恭恭敬敬地回答："我走了三年，中途回来三次，最近的一次是七个月前，那天我来看您，您还给我写一幅字呢，写的是精忠报国。"二姑太说："振一倒是比你更孝顺，每个礼拜天都和媳妇一起来。昆仑，我没有怪你的意思，你在安东嘛。""谢谢二姑太不怪我。"金昆仑及时表达了谢意。

“你在精忠报国，我怎么会怪你呢？我是说，你回了沈阳，还要我三番五次地打电话请，你才来。”

“哎哟，我的二姑太，我不能灰头土脸地来见你呀，我总得收拾收拾呀，我总得像个金昆仑的样儿啊！”

“哈哈，金昆仑样儿是个什么样儿？你还别说，昆仑当年在沈阳城里可是数一数二的人，一表人才。现在，你和街上的那些老头子比，也是要盖过他们的。”

“谢谢二姑太。”

“好啦，你一来就逗我，让我乐和。咱们说正事吧。我听善继说，振之、振雄、国栋、国梁都有了媳妇？”

“是的，都有啦。您高兴吗？”

“还用问吗？我太高兴了。仗打完了，我们得好好生活。我争取再见金家一辈人。你们准备什么时候办？”

“这不是来请示您老吗？”

“要问我，我的意思就是越快越好，我都 99 岁了……”

“他们部队正好在安东休整一个月，下月 15 号开到南方去，今天是 16 号。那就‘五一节’，咱们办喜事，您看怎么样？”

“就这么定了。善继呀，开饭！今晚我与昆仑好好喝点，你也得喝，今儿个我高兴。”

“二姑太，我带了一瓶 20 年的茅台。”

“好，那就喝了它！”

四十四

1954 年的 5 月 1 日，小南关六合店东胡同发生了一件奇异的喜事。这一天，四对新人办婚礼，新人们都是身穿军装的军人，两对是长辈，两对是晚辈。对啦，这就是金公馆的喜事。

那天的天空像清水洗过的一样，胡同里大榆树上的喜鹊一边绕着圈儿飞旋，一边叽叽喳喳地向人们报喜。

二姑太和金昆仑、叶氏领着大家进入后院西侧的祠堂，给历代祖先烧香磕头。

香火点燃了，眼看着缕缕达子香升了起来，二姑太、金昆仑、叶氏带头跪下后，阖族的男女老少都跪了下来，他们行了三拜九叩之礼。然后，金昆仑诵读了祖训——“爱我高天，爱我厚土。为官为民，清风亮节。社稷兴亡，赴汤蹈火。”

四位新媳妇一面被震动，一面跟着诵读。

这时，金振一说：“请新人们前来，以你们的名义每人再上九炷香，以求先人们恩准你们的婚事。”

话音刚落，金振之就领着吴惠莲、金振雄、何小妮、金国栋、曲文华、金国梁、师丽芬走到神案前，他们焚香，然后跪下磕头。

这时，金振一又说：“祖先恩准你们了，祝福你们！”

婚礼，按二姑太的原意，本来是要在鹿鸣春饭庄置办一百桌宴席，要好好热闹一番。

那天晚上，经过金昆仑和金振一再三劝说，老人家总算同意在金公馆摆几十桌，请街坊邻居来喝点喜酒，但是还要附加一个条件，谢绝任何来宾的礼金。

金昆仑说："孩子们都是共产党员，革命军人，我是一个老党员，不能搞铺张浪费的那老一套，过去的那一套太奢侈。冰玉当年曾因为买汽车说我奢侈，当时我还不服气。现在看来，我是奢侈了。在那个年代，多数人受苦，少数人享福，那是不公道的，那是无耻的。现在是人人平等的新社会，我们要省下钱来，以后支援国家建设，国家富了，更多的人才能享福。"二姑太说："支援国家建设咱另外再拿钱呗。"

"二姑太，这还不是钱的事，这是党的作风、军队的作风，不能让老百姓看着我们和国民党一样，您好好想想，对不对？"

"那好吧。昆仑，听你的，但也不能太寒碜了，让街坊们笑话我们金家。"

"笑话？这不可能。他们得比以前更尊敬我们，你就放心吧！"

这样，金家就在前后院准备了 50 桌，桌上摆了干果与瓜子，还有茶酒。

亲朋好友谈笑着，陆续走进了金公馆，走进了一派喜气当中。

在张德福的指挥下，二林子、邵祥等人将多年不用的小戏台装饰一新。婚礼在热烈的鞭炮声中正式开始了，由金振一和金冰玉兄妹俩当司仪。

新人金振之、吴惠莲、金振雄、何小妮、金国栋、曲文华、金国梁、师丽芬精精神神地站在大家面前，胸前都佩戴闪闪发光的军功章，他们向大家敬了军礼。面向领袖像鞠躬，然后，拜天地，拜老人。

新事新办，一切繁文缛节都简化了，一切都是那么简约。

金振一说："祝我三弟金振之和爱人吴惠莲、我四弟金振雄和爱人何小妮、我大侄金国栋和爱人曲文华、二侄金国梁和爱人师丽芬百年好合！"金冰玉说："祝我三哥金振之和爱人吴惠莲、我小弟金振雄和爱人何小妮、我大侄金国栋和爱人曲文华、二侄金国梁和爱人师丽芬白头偕老！"

这时，金昆仑站了起来，他说："现在请我们金家的老祖宗二姑太说几句祝福的话。"

人们热烈鼓掌，并纷纷站了起来。

二姑太坐直了身子，摆摆手，示意大家坐下，等大家都坐好了，她这才慢慢开口说道："宝贝们，我是说在座的所有的宝贝，你们都是我的宝贝。宝贝们，仗打完了，从今往后好好过日子，我……我永远喜欢你们！好好过日子。现在，按照我们金家的规矩，当老人的，要给新媳妇戴个戒指。来，新媳妇们，过来吧，都来。"说罢，从身边的丫鬟手里取出一个大首饰盒。

金冰玉领着吴惠莲、何小妮、曲文华、师丽芬来到二姑太面前，老人家取出戒指，给她们一一戴上，并与她们一一贴脸，嘟囔道："像朵花似的，一个赛着一个美。"

何小妮表现得更羞怯一些，因为她年纪最小，刚刚 20 岁，金毅就使劲给她鼓掌。

正如振雄前些日子在安东所讲，何小妮真的认识金毅，她们曾经在全军会演时见过好多次，金毅对这个苏州的姐姐印象特好。可是，从现在起，他要恭恭敬敬地叫人家"四婶"了。有什么办法呢，谁叫自己辈分小了。

前天，她们整整唠了一个晚上。她们达成了一个协议，家里是家里，在家里叫四婶，回到部队里见了面，还是要叫大名。

叶氏脸上放射着光彩。缪秀芳看着两个儿子儿媳，不由得想起丈夫金振世，一时泪水涌满了眼眶。金毅搂住妈妈的肩膀，叶氏虽然紧紧握住了缪秀芳的手，自己却也不觉滴下泪来。

四对新人给二姑太敬酒，给金昆仑、叶氏敬酒，给金振一、江素萍、缪秀芳、金冰玉、张铁石以及金家各支的长辈敬酒。

轮到金昆仑讲话了，他举起酒杯，大声地说："孩子们，你们是无愧于金家、无愧于沈阳、无愧于辽宁、无愧于祖国的英雄，你们打垮了日本人，你们打垮了国民党，现在你们又打垮了美国人，我祝你们幸福，我同时祝在座的各位，祝普天下的人们幸福。来呀，干杯！"

金昆仑说罢，举杯就干了。

四对新人也干了杯，众人在祝福声中，也同时一饮而尽。二姑太举起杯子，抿了一口，然后，微笑看着大家。

婚礼进入尾声，客人们一面说着祝福的话，一面渐渐散去了。大家带来的鲜花摆满了前后两个大院子，迎春花、兰草、丁香、桃花、樱花、连翘、牡丹，金公馆一时竟成了百花园，芳香浓郁。

金家的大门徐徐合上了。

大餐厅里的阖家团圆饭安排停当。

一张大红酸枝百鸟朝凤纹圆桌上，摆满了各等菜肴。

当家菜是在沈阳流行了数百年的八碟八碗。

八碟为四冷四热，冷菜基本为拼盘类，如素拼、猪头肉等，热菜以炒菜类为主，如木须肉、鱼香肉丝、糖醋里脊等。

八碗主要是炖、汤类，有四味之分，酸、辣、香、甜，如梅菜扣肉（酸）、海参汤（辣）、鱿鱼汤（香）、水果汤（甜）等。

考虑到四位新娘都是关里人，吴惠莲是济南人、何小妮是苏州人、曲文华是昆明人、师丽芬是成都人，刘师傅和二姑太家的单师傅联手又为她们每人做了两道家乡菜，如鲁菜中的滑炒里脊丝、蒜爆羊肉，川菜中的宫保鸡丁、鱼香肉丝，云南菜中的宜良烤鸭、黑三剁，苏州的酱方、樱桃肉。

二姑太在上座位置上坐好，左右分别为善继和夫人姜氏、金昆仑、叶氏、张德福、金振一、江素萍、缪秀芳、金振之、吴惠莲、金冰玉、张铁石、金振雄、何小妮、金国栋、曲文华、金国梁、师丽芬，最末座的，是金毅和金国强。

大餐厅一时安静下来。

金昆仑看了一眼二姑太，二姑太端起酒杯，说："各位新娘宝贝，我代表金家全族欢迎你们。我刚才在婚礼上忘说了一句话，那就是姑太太我祝愿你们早生贵子呀！啊，对对，早生贵女也很好。达到我们金家真正的大团圆。"说罢，她抿了一小口酒，偷偷瞄了金冰玉和金毅一眼。

叶氏笑着说："二姑太现在也怕得罪人啦。"

二姑太说："嗯，怕，她们两个像我小时候一样，邪乎着呢。"

接着，在金振之的率领下，新人们敬二姑太、敬金昆仑、叶氏、敬全家。

在大体上的礼数行过之后，金昆仑放下酒杯，说道："我与振一前一段议了一下，家里的一些旧章程要改改了，我们要有新章程了。我们是共产党人的家庭，我们是革命军人的家庭，可是，二林子、邵祥、红叶还是老爷太太地叫，这不合适呀。我想，这个要改，见着二姑太，叫老奶奶，见了我和太太叫大爷大娘。少爷小姐的叫法一律废除，这个我说了多少遍了？前几天，我到二姑太家去请安，门房俞升高喊一声'金爷来啦'，我听着那个别扭呀。现在必须改过来。我们老了，不然，我们就学习劳动，什么大事小事的，自己做，不要雇人。一有雇佣关系，就不会有平等。还有这金公馆的叫法也不妥，从现在开始，就叫金家大院，你们以后对外写信落款就都这样写。你们看，过两天，我把这辆车也卖了，自己走路，身板会更结实，我就是要打掉自己的威风阔气，一个共产党员、一个革命之家，在人民面前有什么威风好耍呢？还有这房子，你们都走了之后，我住不过来呀，大院套小院五十多间，有什么用？能不能分给那些无房户？我留一两间就行。"

叶氏听了这番话，没说什么。金振一、江素萍、缪秀芳、金振之和年轻的军人们一同鼓起掌来，金国强说："这才是我革命的爷爷哪。"金毅也说："我爷爷就是高风亮节，真正的共产党人。"

这时，二姑太摇摇头，说："我同意取消称呼那第一条，什么老爷太太的，我也听着起腻，像有多大的气派似的。但车和房子的事可以缓一缓再说。就说我吧，来来回回地，改不了跑娘家的毛病，怎么走？昆仑你背我呀？房子嘛，慢慢再说，怎么分，分给哪些人，这也要好好合计合计，再说我和你太太都有个夜里睡不着的毛病，太吵了也不行。另外，逢年过节孩子们回来住哪儿呀？住小南关大街上呀？这后两条先放一放。"金振之听了这话，出来打个圆场："二姑太说得在理，这后两条先放放不急。”

金昆仑说：“那就听二姑太的，后两条先放一放吧。我还有个事想问问你们，就是振之、振雄、国栋、国梁，仗打完了，我看现在的国内外形势，现在都打腻了，接下来恐怕都要追求和平与发展。我这是天天看报听广播学来的词儿。那么，接下来你们想做什么？振雄，你说说，我想听听你的意见。”

金振雄本来一向是家里的活跃分子，可是，他现在夹在长辈与晚辈之间，他必须要学着稳重一些。现在父亲问到他，他这才说道：“我与三哥谈过，我也与国栋、国梁、金毅讨论过，我们金家自古有出则为兵入则为民的传统，我们的本愿是解甲归田参加家乡的经济建设。我看我姐的文章说，国家要把我们辽宁建成重工业基地，我们想在这方面为国家出力，如果打起仗来，我们扛起枪就走。”金振之说：“按照我们的战功，也许我们将来能晋升为高级军官，甚至可能当将军，但这不是我当兵打仗的本意，那么多战友都牺牲了，我们不能有这种想法。我们要是这样想了，我们就是无耻的人。”

金昆仑听了这些话，深深的眼窝里放射出缕缕光芒，他兴奋地问孙子孙女：“国栋、国梁、国强、金毅，你们也都是这样想的吗？”“是的，我们跟三叔、四叔想的一样，我们开过会的，我们讨论过。我和我姐决定考大学，我学习英语，将来翻译外文资料，她学习机器制造。大哥、二哥，你们呢？”国强转身问国栋国梁。

金国栋放下杯子，说：“我们也是这个想法，国家被战争祸害得千疮百孔，我们有责任来重新建好她，并从而追上发达国家。正好，传闻中央就要发布裁军的通令，说是要到明年年底完成，精简员额 23% 左右，很多战友舍不得部队，首长们可能也要很为难。但我们会积极主动写申请，这次归队，我们就写，要求复转到地方，为国家的经济建设服务。如果将来再打仗了，可以再找我们。”金国梁听到这里，索性放开闸门：“我大哥有个理想，就是为国家造飞机，让我们自己的飞机飞起来。”金国栋看了看弟弟，说：“到底还是你嘴快。是的，我是有这个想法，所以，我也要去大学读书。”

“好哇，你们这些想法都对我的心思，我支持你们。从此以后，我们金家又要为国家出大力气了。没有比这个更让我高兴的了。特别是国栋造飞机的想法，好极了。来，国栋，爷爷敬你一杯，来，我们大家都敬他。”

“爷爷，这我怎么承受得起呢？这样吧，我来敬大家，来，姑祖太、爷爷奶奶、我母亲、我大爷、我大娘，我所有的亲人，我和文华祝大家幸福，永远快乐无边。”

金国栋说到这里，和新婚妻子曲文华一同站了起来，敬大家酒。

这时，年纪最小的金国强说：“我提议让我四婶何小妮同志、我姐姐金毅同志每人唱一段《杨家将》好不好？”金毅嗔怪地说：“你这个坏小子鬼主意就是多。”金国强表示不认同姐姐的判断：“喜事嘛，就要高兴呀。今天不是一般的喜事，是四喜临门，是两个大双喜呀。我二姑祖太、我爷爷我奶奶我们全家最爱听《杨家将》了。快来吧，一人一段。”缪秀芳插言道：“你小弟说得对。”金毅说：“妈，我算发现了，你总向着我小弟。行啊，我四婶先唱吧，我陪着。”

何小妮红着脸站起来，她说：“我只跟金毅就学了一段《穆桂英挂帅》，我唱了，她唱什么呀？我不能夺人之爱呀。”

二姑太说：“你只管唱，她会的多了去了，待会儿就让她唱《百岁挂帅》。”说罢，二姑太轻轻哼了起来——

“乘月光瞭敌营山高石险，百岁人哪顾得征鞍万里、冷夜西风、白发凝霜，杨家将誓保三关。……”

众人纷纷鼓掌喝彩。

金毅跑过来，轻轻搂住二姑太的脖子，在她额头上亲了一下。二姑太笑道：“我的小宝贝儿，真是好香。”

四十五

这一场特别的婚礼过后，金家的人们发生了好些新奇的变化。

到了 1954 年 12 月底，金家 10 位军人，除了金振之和妻子吴惠莲之外，其余的 8 位都实现了解甲归田的愿望。他们是金振雄、何小妮、金国栋、曲文华、金国梁、师丽芬、金毅、金国强。

金振之由 A 军野战医院调到某军区总医院，妻子吴惠莲也调入这个医院的分院工作。金振雄正营职转业到了鞍钢，坚决要求到一线当工人，这样，他成了唯一一个拿科级干部工资的工人，而且，他还幸运地成了孟泰的徒弟。他的妻子何小妮分到了鞍钢的工会，他们全家落户鞍山。

金国栋的转业报告也被批准了，由于具有丰富的飞行经验，他被分配到刚刚成立的东方飞机制造公司做助理工程师。组织上非常重视这位战斗英雄，直接送他到北京航空学院深造，学习飞机制造。妻子曲文华分配到了公司的职工医院。四年以后，金国栋回到东方公司，参与战斗机的研发制造工作。

金国梁转业到了沈阳重型机器厂，他的态度和四叔金振雄一样坚决，去一线当了普通工人。他也是正营职，回到地方理应享受科级待遇，但他谢绝了。他说："就按学徒工给我工资吧。我不要什么级别。"他的妻子师丽芬随他进了这个厂，在职工医院做了一名医生。

金毅复转后的第二年参加了高考，考入东北工学院机械设计制造专业。

金国强也是复转后的第二年参加高考，以全沈阳市总分第一名的成绩进入北京大学外语系学习。

金家还有一个生活上的变化，也很奇异。

就是在 1955 年六一儿童节那天，金振之、金振雄、金冰玉、金国栋、金国梁每人得了一个宝贝，四男一女，女孩是金冰玉所生。

孩子们都是在军区总医院妇产科出生的。

和所有人一样，妇产科的陈主任感到特别惊奇，她对金振之说："金院长，你们家这是干什么？娃娃们开大会呀？你要请客，给我全科的人买糖吃。特别是你妹妹，差点累死我。可是我也服了她，那么折腾，竟然一声不吭，我都快心疼哭了。真不愧是个女英雄。"

金冰玉这一年 46 岁，属于高龄产妇，分娩比较艰难，吓得母亲叶氏在走廊里一直念佛。最后，她的漂亮女儿总算出世了。"哇"的一声哭，叶氏说："这声音好脆，跟她妈当年一样。"

金昆仑坐在走廊的长凳上，听着孙子、外孙女、重孙子们此起彼伏的啼哭，心底的蜜意汩汩流淌。

他笑眯眯对夫人叶氏说："这哪里是啼哭？这就是唱诗，就像咱们小南天主教堂里的唱诗一样。亲家，你说像不像？"

在走廊里走来走去直搓手的张德福，听了这话，停下脚连连说："像！像！像！"金昆仑又问张铁石："你说像吗，铁石？""像，像呀！""像，你怎么不乐呀，因为生个女孩？""不是的，爸，我是想如果我母亲在就好了，可惜她走了三十多年了。""铁石，我相信你母亲在天上会看到，她会保佑孩子的。"

刚强的缪秀芳流着眼泪对叶氏说："妈，我也当奶奶了，两个大孙子呀！妈，我多有福呀。"叶氏说："我也有福，一天得了两个孙子、一个外孙女、两个重孙子。你说我多有福呀！"

金昆仑说："是呀，你有福。唉，对啦，我忘了，赶快给二姑太挂电话呀，老人家等着我们报喜哪！振之，你用办公室电话挂二姑太家，通报一声。"

金振之说："爸，我们医院是军线挂不了地方的，即使能挂也不可以，这是公家的电话不能说私事。楼下大门外有个公用电话亭，我这就去。"

金昆仑说："好，快去，晚了，老太太要骂的。告诉她，准备回小南关喝满月酒。另外，你再给国栋、金毅、国强也打电话报告一下。不行，他们接不到，这样你拍电报给他们，拍电报。""好的，爸爸！"说罢，金振之这位48岁的老军人奔跑起来。

这时，五位护士每人抱一个小娃娃在产房门口列队，陈主任说："请各位看看宝宝们吧。只有五分钟的时间啊，宝宝们也累了，也要休息。"

"唰"的一下子，金昆仑、叶氏、张德福、金振之、张铁石、金振雄、金国梁同时聚了过来。

他们痴情地看着那些宝贝，努力在他们的小脸上寻找自己的特征、家族的特征。"好啦，五分钟已到，跟宝宝们再见吧。""嗨……"七个人又同时叹了一口气，觉得五分钟实在太短，他们在叹息中反复品味幸福的香甜味儿。

一个月后的7月2日，天气刚刚有点热，正好婴儿可抱出来，大院又热闹起来了。

金昆仑在这一天要为两个孙子、一个外孙女、两个重孙办满月酒，客人嘛，并没有请什么客人，只有金家的近支，还有二姑太一家。对了，善继大爷的儿子佛宝领着儿子、女儿从北京回来了，他们是和金国栋乘一趟车回来的。

金振雄从鞍山跑来，回家来看儿子。

金国强的功课太忙，实在抽不出身，他请大哥国栋给两个小弟、一个小妹、两个侄子每人带了个小玩具，四个男孩的玩具都是一把小手枪，女孩的玩具是洋娃娃。

头一天晚上，金昆仑和二林子就开车把二姑太接了过来。二姑太一进屋，就问道："今天谁给我收拾的屋呀？"红叶赶紧回答说："那会儿我忙，是金毅替我收拾的。怎么了，老人家？"二姑太说："没什么，是忘了点炷香在屋里。"红叶说："我这就给您点上。""不用啦，是我讲究太多。""我还是给您点上吧。""好吧。那就辛苦你啦，孩子。"

这一天，天空晴好，上午 9 点 30 分，吴惠莲、何小妮、金冰玉、曲文华、师丽芬抱着孩子，从各自的屋子里走了出来，来到前院晒太阳。

二姑太坐在靠北面的大躺椅上，一一浏览五个小娃娃。

善继大爷问道："昆仑哪，名字是不是都起好了？你这当爷爷当太爷的，可不能白当呀。"金昆仑说："我当然不会白当。振之的儿子我起的是国昌，振雄的儿子我起的国盛。外孙女我不管了，让她爷爷起，德福到现在还没起出来呢。国栋、国梁的儿子，他们这一辈从'兴'字，那国栋的儿子就叫兴志，国梁的儿子就叫兴旺。我在家里从不搞独断，我这是尊重他们父母的意见的，他们都同意，我才起的。国栋，爷爷给我大重孙子起的名怎么样？"国栋说："文华打电话告诉我了，当时我就说好，男儿就是要有大志嘛，金家的男人更应该是这样。"国梁也说："我的兴旺，也是好，寓意国家兴旺，好。丽芬也喜欢这个名字。"

金冰玉听到这里，说："我是看出来了，外孙女就是差一层，两个孙子、外孙都起好了，单单就把我的宝贝撇下了。"

金昆仑说："冰玉，咱可不带这样的，我说过张家的孩子张家起，再说你是个大记者，你自己就能起出好名字来呀。你公公起一个你就否一个，起一个你否一个，你让人家怎么办哪？铁石让你起，你又说起不出来，这你看……""爸，你还不明白吗？我说起不出来，我就是想让你起，就是想你将外孙女与孙子一样对待。"说到这里，金冰玉显得特别委屈。

金昆仑说："那你直说呀，你是女英雄，不是一般的文人，说起话怎么也绕来绕去的？其实，我早起好了一个，我这外孙女就叫张金琳，既寓她是张金两家的宝玉，又含了你名字中的玉。"

金冰玉听了，脸上这才浮现了笑容。张德福和铁石也连连叫好。

二姑太评价道："这个名儿起得豁亮，这个姥爷当得有样儿。我说，振一呀，半天不听说话你在想什么呢？赶紧把相匣子拿出来，给大家照相啊。我要与五个大宝贝合影，我要挨个儿抱一抱亲一亲，我们金家真是人丁兴旺啊。"

红叶听到这里，跑回大厅，取回那架德国蔡司相机，递给金振一。

按照二姑太的设计，先给老人家与五个小宝宝合影，这样，就由他们的母亲抱着，围着二姑太合影，然后，金家老少全体合影，然后，是每个小家庭一起合影。金振一“咔嚓”“咔嚓”忙活得满头大汗，他又是个追求完美的人，用精致的标准要求每一张片子，这就不能不累了。

好在小宝宝们还都比较配合，都咧着小嘴笑，没一个哭闹的。终于，金振一拍完了这个满月系列照。他对大家说：“午饭后，我就洗出来，保准你们喜欢。”

金昆仑说：“我知道，你的拍摄和暗房功夫都很厉害，我知道的。”

江素萍说：“这个倒是的。当年在上海搞地下，经常要偷拍情报，摄影不过硬是不行的。”

金振一笑，说：“等我退休后，到四平街开个照相馆，应该没有问题。”

“大哥，你可得了吧。堂堂大厅长退休回家开照相馆，那成了什么了？”张铁石表示了不同意见。

金昆仑听了这话，皱了皱眉头，然后说道：“大厅长怎么了？大厅长就不能开照相馆？你这思想要不得。共产党的干部就是能上能下。铁石呀，咱可不能忘了共产党是怎么起家的，我们共产党起家，就是靠的与人民血肉相连。”

张铁石听了岳父的教导，顿时涨红了脸，金冰玉瞪了他一眼，他马上说：“爸，您教训得是。我说错了。”

金昆仑接着说：“不光是说错了，而是想错了。铁石呀，你也是30年代就参加革命的老同志了，与广大人民群众离心离德的思想，一丁点儿也要不得。我们是什么人？我们是人民的仆人，也叫人民公仆，这不是说着糊弄人玩儿的。老大，你将来若是真开照相馆，我给你拿本钱，房子现成的，在金店和绸庄旁边，我们闲着好几幢呢。”

金振一说：“好的，爸爸，到时候再说。”

张铁石说：“大哥，你将来开了照相馆，我做你的第一个顾客，我支持你。

到时候，拍一张大大的全家福。”

金昆仑听了这话，满意地笑了。

这时候，就听厨房的刘师傅从后院传来一声：“二姑太，老爷，太太，少爷，少奶奶们，开席了，今天大餐厅。”金昆仑听了，说：“听听这称呼，多啰嗦，不行，我还得跟刘师傅说说，叫他改。”

叶氏和江素萍起身搀起二姑太，向后院大餐厅走去，近支与金昆仑同辈的在左右簇拥着，其余的按辈分高低在后面跟着。

二姑太一边走一边说：“五个大宝贝我一人一个黄金的长命锁，冰玉的那个宝贝我另加一对金手镯。昆仑，你呢，你给点儿什么？可不能抠门呀，让宝贝们长大了笑话我们。”“姑奶奶，我跟您老是一个标准。虽说是要节俭，中等人家的标准是有的。再说，好歹我也是个开金店的，这不算什么。不信，你一会儿看。”金昆仑笑道。

在后院的大餐厅，宴席开始了。

照例是二姑太第一个讲话，老人家清了清嗓子，说：“从我爷爷起，到现在国栋的儿子兴志和国梁的儿子兴旺，上上下下，我见了金家八代人。我这一辈子知足了，我是有福的老太太。我想说，金家的儿女都是好人家的儿女，是好样的。根儿好呀，无愧于祖训，那祖训是怎么说的来着？”

众人齐诵道：“爱我高天，爱我厚土。为官为民，清风亮节。社稷兴亡，赴汤蹈火。”

二姑太看看五个婴儿，不由得赞叹道：“龙驹凤雏哇，好！我满饮此杯！”说罢，七钱杯的茅台一饮而尽，众人不由得发出了一阵惊呼。

对于二姑太在宴会上的一番话，金昆仑觉得有点奇异，他与夫人叶氏交换了一下目光，又与善继大爷夫妇交换了一下目光，四个人的表情一时有些肃然。

聪颖的金毅，走过去轻轻搂住二姑太，眼睛里闪动泪光。

宴会，继续向下进行，自然是一番又一番的热闹景象。

窗外的槐花香一阵一阵地飘进来，隐隐地，好像还有小南边门外面郊野的歌声。

一周以后，二姑太在堂子胡同的老宅里无疾而终，享年 101 岁。

去世的前一个小时，他问善继："儿子，赵亚洲的人打到哪儿了？" 80 岁的善继回答说："额娘，赵司令的队伍攻进沈阳城了，鬼子都被他打跑了。"二姑太说："好哇，那我就放心啦。让稻香村的老板谢自林亲手给我做一份萨其马……"孙子佛宝听了这话，立即给稻香村打电话，接电话的正是谢老板。半小时后，谢老板和伙计刚走进堂子胡同，就听到了哭声。

二姑太的遗嘱感动人心，她用她熟练的颜体字写下了如下一段文字——

"有一天，我路过胡同口，看到日本人留下的破工棚里集聚了一群小孩子在读书，我一打听这竟是个小学校。我心里很难过。到了冬天，孩子们怎么办？我把现在这个院子捐出去给这小学校用吧。我孙子重孙们都在北京。我死后，这院子就剩我儿子和媳妇两个人，太浪费了。我已给他们买好了三间小房，在小南关甜水井胡同，就是金家大院的后院。金家人多，可以照顾他们。把这个院子给孩子们读书吧……另外，珍珠年初来看我，说是赵亚洲将军现在做小买卖，日子过得艰难，我给他留下六个金元宝，让他把买卖做大些吧……"

赵亚洲携刘副官及珍珠从抚顺赶来了，面对二姑太的灵位，将军大叫一声："妈！"接着，他跪在地上，哭得震天动地。

二姑太的葬礼十分隆重。

省民政厅送来书有"抗日老人"的挽幛，市民政局送的挽幛上写的是"一代巾帼"。

六合店东胡同、水簸箕胡同、堂子胡同的老街坊老邻居好多都来送行，有工人、有市民、有小商贩、有大老板、有干部、有学生，更有当年辽北义勇军的赵亚洲等一些将士。

从堂子胡同到城西北塔湾的祖墓，13 公里的路上，送葬的队伍排成一条长龙。

丧事办完之后的一个月，金昆仑召开金家全族会议。金家本来有规定，嫁出去的女性不可以进入祖宗祠堂的。

但金昆仑族长在会上宣布——

“二姑太列入祀祠堂！”

众族人鼓掌。

四十六

战争的硝烟渐渐散尽之后，天空重新呈现出湛蓝。

根据组织上的安排，金冰玉的采访焦点转回了经济建设。

火热的生活，不断激发金冰玉的写作热情与灵感。

1954 年 10 月，东方公司开始试制单座单发第一代战斗机歼 -5，公司组织了包括苏联专家在内的科研团队。

寒假到了，在北航读大一的金国栋经常被调回来参与设计研究。老总对他说：“你寒暑假就回来，特殊的时候，我给你向学校请假回来，整个试制过程，你争取都跟下来。到时候，飞机的五脏六腑都了如指掌了。多吃点苦，中国飞机的未来靠你们这茬人哪。”“我懂了。”金国栋点点头。

金冰玉带着新华社辽宁分社的介绍信找到东方公司的老总，要求跟进采访。

这位老总说：“金记者，你前期介入可以，新华社嘛，国家大社。但我有一个条件，就是成功之前不做任何报道，试飞成功了能不能报，也要请示航空工业局。”金冰玉说：“没问题，我接受这个条件。”

又过了几天，在食堂吃饭，老总恰好与金冰玉一个桌子。

老总说："闹了半天金国栋是你侄子呀，你怎么不早说？"金冰玉笑着说道："我说这个干吗呢？我们各做各的工作。"

"你们金家满门忠烈，沈阳城几乎是家喻户晓。您也了不起呀，地下党，抗联的神枪手，现在又是闻名全国的大记者。"

"都是过去的故事了，我和我们家所做的一切，都是作为中国人的责任和义务。"

"嗯，说得好。"

研发制造上的要求，东方公司派科研小组前往苏联参观学习，金国栋也随同前往。

在苏联共青城，金国栋和大家一同参观了米格-17飞机的生产线。在朝鲜战场上，金国栋驾驶的爷爷捐赠的是米格-15，属于上一代产品。

一番考察之后，金国栋看了看苏方专家，说："我刚从朝鲜战场上下来，那时我用的米格-15，我想体会一下，这米格-17与它有什么不同，可以吗？"

苏方专家问："要上天吗？"

金国栋回答说："那当然更好。"苏方专家说："那可不行，那得请示空军总司令和国防部长。这样吧，你可以在地面滑行一段。"

金国栋说："这样也很好，谢谢您。"

金国栋登上了米格-17，在跑道上滑行了起来。

这款战斗机，是在米格-15基础上发展而来的。它采用后掠翼常规气动布局，单发单座，推重比0.57，装备1门37毫米机炮和2门23毫米机炮，最大飞行速度1100千米/小时，航程2000千米。

在滑行过程中，金国栋明显感觉到这个机型比米格-15先进多了，它稳健而富有轻盈感。更重要的是，由于种种因素的阻碍，米格-15达不到超音速，而米格-17摆脱了这些限制，在浅俯冲时等特定条件下可以达到超音速。

金国栋在会上谈了自己的切身感受，经过科研小组研究决定，目前首先仿制米格-17，但同时关注苏联正在生产的米格-19。

根据引进试制计划，整个试制过程分为四个阶段。

第一阶段，用苏联提供的部件来装配飞机；

第二阶段，用苏联提供的组合件装配飞机；

第三阶段，用苏联提供的零件装配成组合件，再装配成部件，最后再装配成飞机；

第四阶段，是用自制零件装配成组合件，再装配成部件，直到最后总装成国产飞机。

四个步骤，一步比一步成熟。

为了缩短试制周期，根据苏联专家的建议，工厂采用了四个阶段平行交叉作业的快速试制方法。这样，进度就上来了。在不到一年的时间里，就完成了需要几年的试制周期。

1955 年 9 月，东方公司正式开始制造飞机。

五个月后，到了 1956 年 2 月，整个飞机的 14719 种 253550 个零件全部制造完毕。

金国栋的寒暑假都回来住在厂里，他根本没有时间回金公馆。

金昆仑打电话，骂道："混小子，不想我和你奶奶了？可是我想你呀，我想小兴志呀。"

金国栋说："爷爷，你问问我小姑就知道我有多忙了。爷爷，再坚持一下，我们的歼-5 就要飞起来了！"

那段时间，金国栋在晚饭后，大部分时间要在办公室里继续工作，找资料、看书、摘抄。回到家的时候，已经很晚了。每次回来后，曲文华都要给他烧一瓶开水。然后，冲一杯奶粉放在小桌子上。剩下的热水倒在洗脚盆里。这样，他就一边泡脚，一边看英文书。

书看得差不多了，他就拿起杯子一饮而尽。然后，这才上床休息。

金国栋还给自己揽了额外的一个工作。

飞机发动机上有一涡轮叶片，巴掌大小，每片价值人民币700元，但它的加工合格率不高，剩余的都要扔掉。

金国栋见了心里头疼啊。

他向车间建议，要利用业余时间，修复废品，保质保量。

他自制了小锉、小铲、小夹具，趴在废品堆上一片一片磨削。

白天，他在科研组工作。

晚上，他到废品库工作。

一个假期下来，他修复了150片。他那细长的曾被钢琴师叫绝的手指全部变形，十个指头七扭八歪的，每个手指肚都是平平的，指甲大都开裂了。

曲文华一边给他上药，一边流眼泪。她有些责备地对丈夫说："领导没要求你做这个呀！"金国栋说："我们的国家底子薄，全国人民都在支持我们搞飞机，我们要为国家节省每一个铜板哪。咱们是党员，是曾经的军人，肩上要多扛一些。"

金冰玉后来在写报道时，写了这一段，但是她给金国栋化了一个假名。

公司老总问她："金老师，为什么不提我们金国栋的真名？"金冰玉说："因为我是他姑姑，我不能这么做。他是战斗英雄，党和国家已经给他很多荣誉了，他做什么都是理所当然的。"金国栋在一旁说："姑姑说的话，也正是我的心里话。这国家是我们自己的，人人都有一份的。我们做一点工作，那都是再正常不过的事啦。"

在那篇名为《中国战鹰一飞冲天》文章的开头，金冰玉以散文的笔法深情地写道——

这是一个令中国人民自豪且难忘的日子。

1956年7月19日，中国东北某机场，一架银白色的喷气式歼击机腾空而起。在飞机机身前部，印着鲜红的大字——中0101。

这个代号的意思，是新中国生产的喷气式歼击机的第一批第一架。歼 -5 的试制成功，标志着我国的航空工业跨入了喷气时代。

到了 1957 年春节，全家人总算齐了，金昆仑为金国栋、曲文华庆功，表彰他们夫妇为中国第一架战斗机起飞做出的贡献。

全家人的热烈目光都投向了他们夫妇，纷纷举杯向二人敬酒。

金国栋放下了杯子，他说："爷爷，奶奶，这不太公平呀，难道这一年来我们国家仅仅是试飞了一架飞架吗？况且，歼 -5 又不是我们俩造的，我们只是参与而已。"金冰玉听了，表示赞同，她说："对，每一个人都是英雄，每一个人都是奉献者。"

金国栋接着说："对呀，姑姑，就说你刚刚发表的文章《'鸭绿江一号'奔向祖国大地》吧，您写的是安东机器厂的工人们制造的 30 马力单缸轮胎式拖拉机，那些工人师傅多么可敬啊！他们克服了技术、工具、材料设备和资金的不足，用三年时间改写了中国没有拖拉机的历史。您说这是辽宁人民的又一创举，说得特别好，我在这行字的下面还画了红杠杠。还有您过去报道的国梁他们重型厂制造的新中国第一台重型机器 5 吨蒸汽锤，它开创了我国重型机器生产的历史。"

听到这里，金国梁忍不住插了一句："我大哥说得对，告诉你们个好消息，我刚刚拜汽锤的设计师王铮安为师傅了。下一步，据说，我们还要生产 1.25 万吨有色金属卧式挤压机，据说就是专门为飞机制造服务的，这个项目我就要参与了。是的，王师傅说，奇迹来源于万众一心。大哥，你接着说，我很想听。"

金国栋笑着说："你还是有爱抢话的毛病，不过，这回抢在了点子上。还有新中国最大的机械化露天煤矿阜新海洲露天煤矿，那是亚洲最大、世界第二大的呀，这些惊人的奇迹，而这一切又都离不开我四叔他们鞍钢生产的钢材，这些都不是一两个人单兵作战能够完成的。所以说，人民才是真正的英雄。"

金昆仑饶有兴致地听着长孙的侃侃而谈，他说："我也天天看报纸，怎么没有这么多新思想呢？”

金振一听了金国栋的这话，频频点头。

金振雄说：“爸爸，您多少还是有点个人英雄主义，但不要紧。”

金昆仑说：“是吗，我有？那我一定改，共产党人嘛，知错就改，活到老改造到老。喝酒吧，来，为我们的国家越来越强大，人民的日子越过越红火，干一杯。”

金冰玉说：“爸爸说得好，我昨天看一材料，到今年年底，第一个五年计划就完成了，我们辽宁基本上就形成了一个以向全国提供原材料和基础设备的重工业基地，为新中国形成独立完整的工业体系打下了坚实的基础。来，干！”

众人跟着干了这一杯。

金毅给金国栋又倒满了一杯，说：“大哥，知道我为什么给你满上吗？”金国栋脸红了，说：“你刚才瞪我，我就知道了。对不起，爷爷奶奶，我刚才说话语气太强了，忘记了是在跟长辈说话。我现在自罚一杯。”

曲文华把小兴志放在婆婆的怀里，端起一杯酒，说：“我也陪着自罚，爷爷奶奶，我们下次不敢了。”

叶氏说：“语气强？我怎么没听出来呀？”金毅说：“就是有！”金振之笑了笑，说：“好像是有那么一点。”

金昆仑说：“我相信国栋是一时激动，但金毅提醒得对，老礼还是要讲究点。”

缪秀芳说：“爸，您说得对。”

金毅说：“姑姑，你应报道一下我们抚顺。我们今年马上建成一个铝厂，这是全国最大的金属镁生产基地，年产金属镁锭 1200 吨，下一步的目标是 3000 吨呀。”

缪秀芳说：“可不是，妹妹，你真落了一空，好新闻哪。”

金冰玉说：“我看到《辽宁日报》发了消息，节后我就去采访，争取写个长篇通讯。”

终于轮到年纪最小的金国强敬酒了，他说："祝愿爷爷奶奶健康长寿，祝全家人平安快乐。我和我姐今年夏天就毕业了，马上就要投入到建设热潮中去。大哥，你们造飞机很了不起，但我们还要把理想升得更高一些，我们还要造万吨巨轮，我们还要造航空母舰。我相信，这一切都将出自我们的手。最近，我看《北京日报》连载王蒙的新小说《青春万岁》，他那小说里有首诗，叫《所有的日子都来吧》，我特别喜欢。"

金冰玉带头鼓起掌来，她说："是，这诗特好。那么，国强，你和金毅给大家朗诵一遍好不？"金毅说："好哇，我和我小弟给大家朗诵一遍。我们学校的同学都会背。"

这样，金毅和国强大大方方地站了起来，用他们青春的声音朗诵了这首诗——

所有的日子，所有的日子都来吧，
让我们编织你们，用青春的金线，
和幸福的璎珞，编织你们。
有那小船上的歌笑，月下校园的欢舞，
细雨蒙蒙里踏青，初雪的早晨行军，
还有热烈的争论，跃动的、温暖的心……
是转眼过去的日子，也是充满遐想的日子，
纷纷的心愿迷离，像春天的雨，
我们有时间，有力量，有燃烧的信念，
我们渴望生活，渴望在天上飞。
是单纯的日子，也是多变的日子，
浩大的世界，样样叫我们好奇，
从来都兴高采烈，从来不淡漠，

眼泪，欢笑，深思，全是第一次。

所有的日子都去吧，都去吧，

在生活中我们快乐地向前，

多沉重的担子，我不会发软，

多严峻的战斗，我不会丢脸，

有一天，擦完了枪，擦完了机器，擦完了汗，

我想念你们，招呼你们，

并且怀着骄傲，注视你们！

金家大院，这个古老的宅院一时变得朝气蓬勃。

1957 年夏天，金国栋从北航毕业，回到东方公司继续做助理工程师。1958 年春天，金毅从东北工学院毕业，本来学校考虑她是烈士女儿，可以留校当老师，也可以到省机械厅机关做干部。但她一一谢绝了，她说：“谢谢校领导的好意，但我爸是我爸，我是我。我要是答应了你们的照顾，那我爸在天之灵会不安的。”最后，她分配到沈阳东北机器制造厂技术处。

同样在这一年，金国强在北京外国语学院毕业。父亲金振一的老战友在北京某部某司工作，这位老战友为报答当年在上海一次历险中的救命之恩，特地来学院调取金国强的档案，准备把他留在北京某部机关工作。

金国强说：“叔叔，我不能这样做，我要回家乡搞建设。”这样，被分配到刚刚成立的中科院沈阳自动化研究所，从事科技文献翻译。金振一得知后，特意给这位老战友打电话，他严肃地批评了人家：“我当初救你，那是革命工作。你现在安排我儿子，那算什么？难道我们当年出生入死就是为了现在为自己行方便吗？老战友，我罚你三杯酒！”对方连连说：“认罚！认罚！”

金昆仑听到两个孩子的选择，感到心里特别舒畅。他对叶氏说：“这才是金家人的门风，这才是共产党人的风范。有骨气。凡事凭自己本领闯，不靠祖荫，

不要关照。可以，太可以啦！”

金国强这个20岁的青年，当时可能没有想到，他那天的预言，有一半在第二年就实现了。

这就是万吨巨轮。

1958年的12月1日，金冰玉发出了新的一篇令世人震惊的长篇通讯《巨龙腾飞——我国第一艘万吨远洋货轮出海》，文章向人们热情介绍了新中国第一艘国产的万吨远洋货轮“跃进号”的诞生过程。这艘巨轮由苏联专家帮助设计，由大连造船厂建造，使用的是最新的技术装备。它全长169.9米，载货量1.34万吨，排水量为2.21万吨，能在封冻的区域破冰航行。

“跃进号”，1958年9月开工建造，只用短短58天时间，到了11月27日就竣工下水了。它的船台周期记录是世界造船史上的创举，标志着中国船舶工业水平的飞跃。

“这是辽宁人民为年轻的共和国创造的又一奇迹性贡献。”金冰玉在文章中高度评价了“跃进号”。

那一年，城市的大街小巷开始传唱最新的歌曲《社会主义好》，新中国在这样的歌声中，像骏马一样奔驰。

四十七

1959年元旦这天上午，金家大院门口出现一个身材高大的解放军军官。

他恭恭敬敬地叩响了门环。

出来开门的是金国强。

“同志，您找哪一位？”

“请问，这是金家吗？我找金毅同志。”

“您找她什么事？”

“我是她的战友，特地来看望她的。”

“哦，那好，请进来吧。”

今天又是全家大团圆，金毅和姑姑金冰玉在帮着厨房刘师傅忙活。金家征求佣人的意见，没出路的可以继续留用，愿意出去找工作的，可以另谋出路。

金昆仑要在大院里逐步消灭阶级。

邵祥说：“我年轻，我出去找个工作吧，如果找不到，我再回来。金爷，到时候你可得收留我。另外，有什么可以出力的活儿，您随时叫我，我一准儿来。”金昆仑说：“好哇，没问题。”这样，邵祥就离开了金家大院，刘师傅因为年纪大出去找工作有困难，就继续留在金家。二林子和红叶，金家实在是离不开他们俩，他们俩又不愿意走，这样，也就留下了。

金振一的一番劝慰，解开了父亲心结。

他说道：“爸，妈，你们年纪大了，家里需要人照顾。另外，家里有保姆服务员，也不能算是剥削，彼此之间还是平等的同志关系，不能叫老爷、太太，也不能叫下人，都是革命同志，只是分工不同。”

金昆仑愣了一下，然后点点头，他总算找到了一个心理支撑点。

这样，刘师傅和二林子、红叶就又留了下来。

金国强领着青年军官走进了中堂大厅，现在大厅里没有人，金昆仑与夫人叶氏正在品茗轩里喝茶，一面逗着孙子、外孙女、重孙子玩儿。

金国强请客人坐下，倒了一杯茶，就去厨房找姐姐去了。

青年军官站在大厅里，好奇地看着那些古色古香的罗汉床、桌子、椅子，还有墙上挂着的清代罗聘的《松鹤延年图》。

画面上苍松托云，白鹤独立，白鹤的身旁泉流淙淙，月季怒放；松下灵芝硕大如盘，一紫藤攀援松干而上，花开满枝。题识乾隆二十年春广陵罗聘写。

看到这里，青年军官的表情若有所思，似乎又有奇愕之感。

这时，金毅走进了大厅。

“同志，您找我？ 您是……哎呀，罗连长，是您哪！快请坐！快请坐！”

“金毅小妹，我的救命恩人，我找了你整整 6 年哪！”

青年军官向金毅敬了一个军礼。

一看青年军官的肩章，金毅笑了。

“哟，您现在是上校了，我还叫连长，对不起。罗团长！”

“小妹，您还是叫我的名字，你还不知道我的名字吧？我叫罗劲峰。”

“那好吧，劲峰同志！”

“小妹，我回国后，就到处找你。文工团的人说你复员了，到了哪里，却没有人说得清，就说是东北辽宁。这次利用探亲假，我就来辽宁一个市一个市地查，第一个查的就是沈阳。人家说没有安置过这么一个人。后来，我就查其他城市，都没有你这个名字。我回到沈阳，准备乘火车到南京军事学院报到。可是我还不死心，就又到民政部门查他们的复转军人登记簿。我对工作人员讲了我们的故事，他们感动了，这回就更细心了一些，不但查到了你的名字，还有家庭住址……”

“你探亲假不回家，费尽周折来找我，劲峰同志，这太让我感动了。”

“我其实已经没有什么亲人可以探望了……”

“哦……为什么？”

“我父母都是金陵大学的学生，九一八事变，他们参加了我党的地下活动，宣传抗日，被日本特务暗杀了。当时，我只有三岁，是奶奶把我带大。大军南下时，我就跟着 C 军走了。我从朝鲜回来，回到老家扬州，家里的门锁都生了锈，族人告诉我，奶奶因为想我，在我走后不久就去世啦……”

这时，大厅里那架老式德国“莱福”落地钟“咚咚”响了 12 下。

金昆仑和叶氏、缪秀芳、金振一、金国栋、金国梁相继走进了大厅，金国强从屏风后向姐姐做了鬼脸，一晃不见了。显然，这些长辈是他通知来的。

金毅把罗劲峰介绍给大家："这是我战友罗劲峰同志。"罗劲峰站起身来，给大家敬礼："各位好，我是来看望我的救命恩人的！"金毅笑了，说："哈，对啦，他就是那年我在信中说的从大火里背出来的那个罗连长。噢，现在是罗团长了。"缪秀芳看着罗劲峰那英俊的相貌，不由得眼睛一亮。

金昆仑说："好哇，那就一起用餐吧，我们一起过新年。"罗劲峰说："那我就不客气了。"

金国栋端详着罗劲峰，金国梁说："当兵的走到哪里哪里是家，欢迎你，好兄弟。我们家男男女女十多个人都当过兵。有抗联的义勇军，有解放军，有志愿军。"金国强从小门走了进来，说："罗团长，我也是C军的，欢迎你，老战友！"金昆仑高兴地说："那还愣着干什么？入席！红叶，告诉刘师傅，请他再做个扬州的名菜将军过桥……""好啦！"

于是，大家陆续向后院的大餐厅走去。

金毅和罗劲峰走在最后，罗劲峰走出大厅的时候，忍不住又回头看一眼那幅《松鹤延年图》。

进入大餐厅，金昆仑和叶氏坐下以后，众人纷纷落座。

金昆仑说："金毅呀，把你的战友再介绍一下，刚才你大爷大娘他们没听着。"

罗劲峰站了起来，说："爷爷，我自己说吧。各位，我叫罗劲峰，C军某师某团团长，现在是南京军事学院战役系学员。我来沈阳，我来金家大院，是来看望我找了六年之久的救命恩人金毅同志！"

人们的目光一下集中到这位英俊的青年军官身上，而金毅的母亲缪秀芳的目光则更富于探究。

金毅说："罗团长，你不要总这样恩人恩人的，我们是战友，反过来，我要是被大火困住，你肯定也会救我的。这没有什么呀，这不算什么！"罗劲峰没有接受这个意见，他说："不，金毅同志，这个我必须说，恩人就是恩人。"

这边，金昆仑起杯了。

金昆仑说："来吧，今天是新历的新年，我们金家大团圆，又从远方来了尊贵的朋友，噢，你们叫战友。这样，我们全家先敬尊贵的朋友一杯。"罗劲峰连忙站了起来，他说："爷爷，这不行，这无论如何也不行。这样，请我们晚辈中的长者大伯带领我们大家敬爷爷奶奶，祝二位老人健康长寿。"缪秀芳说："这个建议好！"

金毅听了母亲的话，心里飘动了一下，又飞快地看了母亲一眼。她庆幸，母亲没有看她，母亲正在看罗劲峰。

金振一举起酒杯，他说："我父亲和罗团长说的都有道理，但还是罗团长说的更有说服力，我们先敬老人。来呀，各位，为了二位老人健康长寿，我们干啦！"他的话音刚落，罗劲峰率先干了杯，那一杯喝得干净利落，显得特别豪气。

金国强忍不住轻轻叫了一声："好！"并且补充说道："是我们 C 军的风格。"

这时候，刘师傅端着一盘"将军过桥"走了进来，一面走一面说："将军过桥好喽，祝我们罗团长将来晋升为大将军！"众人听了，都开心地笑起来。

将军过桥，是扬州传统名菜。一条黑鱼两吃，有菜有汤，鱼片洁白而滑嫩，鱼汤则呈奶白色，喝起来香醇醉人。

这道菜上来，大餐厅里的香气就更浓郁起来。

金昆仑说："罗团长，这是我特意让刘师傅给你做的。你先尝试尝试有点那个意思没有？"罗劲峰把那盘鱼端到金昆仑和叶氏的前面，说道："请爷爷奶奶先吃，不然的话，劲峰是不会动的，快请！"金昆仑看了一眼叶氏，叶氏夹了一片鱼肉放到罗劲峰的小碟里，说道："孩子，你是远道而来的贵宾，还是你先来。""孩子，难为你万水千山地来看我们，东北天冷，喝点暖和暖和。"金昆仑又用汤勺舀了一勺汤放到他的汤碗里。

罗劲峰，这位打过几十次生死大仗的军官，突然眼圈红了起来。

他给自己满了一杯，对大家说：“抱歉，我再干一杯，我父母牺牲、奶奶去世后，我就是个孤儿，我好久没有享受过这样的温暖，谢谢爷爷奶奶！”说罢，他一饮而尽。

缪秀芳说：“孩子，快吃口菜，喝得太急了。”

金毅瞄了妈妈一眼，偷偷笑了。

在今天的晚宴上，除了金国强和五个小孩子，都是金毅的长者，有爷爷奶奶，有妈妈，有大爷大娘、有叔叔婶子、姑姑姑父、哥哥嫂子。

面对金毅的朋友，大家都自然而然地表现出长者应有的矜持，连一向喜欢开玩笑的四叔振雄，也是一副正襟危坐的样子。

聪明的金国强满面微笑地问道：“罗团长，看你这样的喝法，不像是南方人，倒很像我们东北人。”罗劲峰说：“我祖籍是安徽歙县，到扬州也有二百多年了。不过扬州属于苏北地区，苏北人喝酒比苏南人还是有点酒量。”“那好哇，我们同为 C 军战友，我现在敬您一杯。为了战友情，为了你千里迢迢来看我姐。”

金国强举杯向罗劲峰这边走了过来。

缪秀芳瞅瞅江素萍，又瞅瞅金振一，两人微笑不语。金冰玉悄声说：“二嫂，别担心，你在部队待过，你还不知道，哪个当兵的没两下子？”

金国强给罗劲峰倒满了酒。

罗劲峰说：“在金家，谁敬我酒我都喝，敬多少喝多少，而我敬的酒大家可以随意。”

金国强好奇地问：“老战友，这是为什么呢？”

罗劲峰回答说：“原因有二，一，我的第二次生命是金毅同志给的，这没的说，她对我有天高地厚之恩。二，我发现我们两家还有份旷世情缘。这个我一进门就发现了。”

众人听到这里，都有些发愣。

金国强问道：“旷世情缘，这怎么讲呢？”罗劲峰说：“大厅里挂的《松鹤延年图》，是我十一世祖先罗聘公的作品，而且，我断定它是真迹无疑。”金国强刚要细问，罗劲峰说：“干了吧，来，为了这份旷世情缘，干！”金毅说：“我说您怎么一进大堂就盯着这幅画呢……”

金国强扶了扶眼镜，接着问：“那您凭什么断定它就是真迹呢？就凭您是画家的后人吗？”“不，老战友，这幅画笔调新奇，同时还兼具澹冶清妙之风，显然这是受他妻子我十一世祖母方婉仪的影响。”

这时，张铁石悄悄问了金冰玉一句：“我说，说了半天这罗聘是谁呀？”

“亏你还是金家的姑爷呢，那画一直挂在大厅里，罗聘是扬州八怪的最后一怪。”

“噢……我这几十年，光知道这画好看，从没有问是谁画的。”

金昆仑坐不住了，他放下酒杯，问道：“罗团长，这么说您是罗聘罗两峰的后人？”

“是的，爷爷，就叫我小罗吧，我是罗聘长子罗允绍的后人。那么，我想请教下爷爷，这幅画上款写的是‘尚德公清鉴’。那位尚德公是哪一位呢？”

“尚德公是我九世祖，乾隆二十八年在京师从兵部退休，回盛京之前，与郑板桥和你的先祖相别，两位画家每人送他一幅画。郑板桥送的《墨竹》，而你祖先送的是《松鹤延年图》。这个在他的年谱里记得很清楚。”

叶氏说：“这么说，我们是世交呀，乾隆到现在，快二百年了吧，振之？”

金振之算了算，说：“是的，妈，乾隆二十八年是1763年，到今年1959年，是196年。”

罗劲峰愣住了。

金毅说：“我三叔早年是南开历史系的。”

金昆仑的白胡子微微抖动，他站了起来，对大家说：“我今年88岁了，头一回遇到这样奇异的事，这赶上说书的了。二百年的世交如今又续上了，来，我们共同干了这一杯。”

金家的这次家宴很是新奇，罗劲峰跟大家一杯接一杯地干了起来，但却毫无醉意。

傍晚的时候，罗劲峰起身告辞回到了宾馆。第二天早上，他乘火车去了南京。

罗劲峰给金毅留下一封信，信中有一句话，让这个年轻的姑娘脸红了起来，他这样写道：“——其实，我这次来还有一层重要的意思，小妹，我要向你求婚。可我担心你拒绝，又担心你已有了对象，白白让我落得尴尬，所以……”

金毅为罗劲峰的真诚质朴所感动，提笔回了一封信。

金毅在信中说：“劲峰同志，你的到来让我感到意外。当然，也有惊喜。事情过去那么多年了，你还念念不忘，并且，你还不辞辛苦地寻找了我六年之久，这是我没有想到的。另外，让我感到新奇的是，我们的先人在两百年前还是好朋友，天哪，世上竟有这样的事，太新奇了。我现在大学刚刚毕业分配到厂里工作，你也刚入军事学院，我们都先把工作和学业做好行吗？你知道吗？当你说到你是孤儿时，我好难过。以后再不要说自己是孤儿了，放假时，你就回沈阳来。我们全家人都欢迎你，特别是我爷爷、我奶奶、我妈……”

罗劲峰是在操场上读的这封信，他当时兴奋地跳了起来，一口气在单杠上做了一百个引体向上……

四十八

慢慢地，金毅的精神气质在发生变化，她曾是军人，她曾是大学生，现在她在向工程师的气质上演变。

与此同时，她的爱情在萌发并且长大。

她每日一面哼着《社会主义好》，一面骑着自行车上下班。

工人师傅们看到一个美丽的坚强的知识女性形象，她笑眯眯的，满脸阳光。

回到家里，第一件事，就是看门口的信箱，第二件事，如果发现二堂大厅里没有人，她就偷偷看几眼那幅《松鹤延年图》。

初夏的一个星期天，缪秀芳起大早从抚顺回来，进了金毅的房间，就目不转睛地观察女儿。

金毅故意板起脸。

“两眼直勾勾地瞅什么呀，妈呀，我都快不喜欢你了，这一段时间你总是这样。”

“姑娘，跟妈说句实话呗，让妈心里踏实。”

“妈，你有什么不踏实的？”

“这全家眼瞅着就剩你和你小弟没结婚了，你小弟是男孩，不怕晚。你是女孩，不行啊。说说，小罗最近来信没？”

“没来，来了也不跟你说，你嘴快，到时候，我小弟又该逗我了。”

“瞧你说的，你妈是家庭妇女呀？你妈是堂堂的抗联老兵，抚顺市委宣传部副部长。”

“妈，我上班去了。晚上咱俩加上我姑，咱们去太原街，天要热了，我要买条碎花的裙子，你们帮我挑挑。”

“星期天还上班呀？”

“妈，咱们厂加班加点呢。”

新中国，那初升的太阳照耀大沈阳每一个角落，让古城焕发青春，并且熠熠闪光。

沈阳东北机器制造厂的马达，在这样金色的光芒里飞速旋转。

就在去年的 8 月，金毅和工程师赵奎元等老师一同掀开了中国机械加工史上的崭新一页。

在无资料、无经验、无设备、无足够资金的恶劣条件下，他们研制出我国第一台2400马力的氮氢气压缩机。

氮氢气压缩机是一种双列卧式六级压缩机，是生产合成氨化肥的主要设备。

它全长12米、宽7.3米、重182吨，是一个庞然大物。可是，在重型车间，却只有几十台小机床，根本就没有加工10多吨部件的大型机床。

没有大设备怎么办？

工厂组成领导干部、技术人员和工人三结合的攻关小组，决定用小机床生产大型机器设备的办法完成这一重大任务。

金毅说："这就叫蚂蚁啃骨头！"

赵老师说："小金子，你讲得好，我们就是要蚂蚁啃骨头。"

接着，他们设计、制造出7种19台专用机床，专门为氮氢气压缩机接生。

压缩机有一个大部件的毛坯居然重达12吨，加上沙箱，总重50多吨。

这是一次空前的挑战，工厂从来没铸过这么重的部件。

工厂领导决定向一线工人师傅请教。

这样，攻关小组就在铸造车间召开了老工人座谈会。

金毅代表专家们，给工人师傅们鞠了一躬，她真诚地说："老师傅们，我们来求教了，请帮帮我们。"老工人左俊恒说："孩子，这事不分你我，这是大伙的事，是全厂的事，是全沈阳的事，也是全中国的事。"

经过热烈讨论，最后，大家一致通过采用左师傅提出的裂皮铸造法。

金毅听了，特别惊讶，她说："这裂皮铸造法，欧洲没有，亚洲没有，中国没有，沈阳也没有，这么说，我们厂要创造历史纪录啦！"

运用这种办法，金毅他们顺利地铸造出了汽缸等精密的大型铸件。

苏联专家看了之后，激动地说："这是中国工人的创举！"

工厂利用这些"小蚂蚁"似的机器，去"啃"那些硬骨头般的大部件，先后加工出6个缸体、2个机身、1个主轴等1067种共6067个零件。

半年多一点的时间，“红旗牌”2400马力氮氢气压缩机诞生了。

“蚂蚁啃骨头”的经验一经出现，立即引起党和国家的高度重视。

1958年8月9日，中共中央办公厅专门发来贺信予以鼓励。

8月20日，新华社记者金冰玉发出了消息，《人民日报》头版头条发了一篇社论《谁说蚂蚁不能啃骨头？》。

在整个研制过程中，赵奎元老师的牺牲精神，给了金毅极大的感染，厂里的工人师傅们对共和国深厚的感情，让她觉得在朝鲜吃多少苦流多少血都值得。

她在给罗劲峰的信中说：“你不知道我们的工人师傅有多好，他们是那么地爱我们的共和国……”

赵奎元老师当时患高血压，厂领导发现后，曾强令他在家休息，对他说：“你用电话指挥就行！”但是，他却三番五次找领导请求批准他干半天休半天。厂长勉强同意了，可到了车间他就变了卦，吃住在床子边，没有白天也没有黑夜，只有工作。

他带领攻关小组到外厂学习经验，一走就是一个月，回到沈阳，却并不回家，又一次钻进车间，直到累得病倒了。

1959年初夏的这个星期天，金毅来到厂里，听说赵老师成立了技术革新小组，她第一个报了名。

赵奎元说：“我非录取你不可，你是机械系的高才生，你一定能行。”

金毅说：“我可是真心认了师傅的，师傅不能不教我。”

赵奎元说：“其实，我很佩服你。孩子，你上了战场能打仗，下了战场还能考上大学，还能读完大学。我们互相学习吧。”

金毅说：“哪有师傅向学生学习的？这不行，没这规矩，师傅您这是客气。”

赵老师憨厚地笑了。

在革新小组，金毅看书多，看外国书多，提问题多，解决问题也多。

她像脚下踏两只风火轮似的，在各个车间里往来穿梭。她每天早来晚走，兜里揣着一个小本子，养成了“眼勤、手快、好问”的习惯。

有一天，车间的一个姐妹在给车床分送原料时，稍不留神，手指被轧断了一节。这个姑娘几近绝望的哭声，金毅听了特别揪心。

床子落后，只能是手工送料，断指事故就免不了要发生。这种车床历来被工人们叫做“老虎口”。

姑娘们怕得要命，工作起来战战兢兢。

金毅决定要制作一个自动送料器。

正好这一天，车间工会主席就通知她去参观市里技术革新展览会。

第二天，金毅来到了展览大厅。

忽然，一台自动化机床强烈地吸引了她的目光，围着机床转圈儿看，也不知看了多少遍，直到展览会休会下班的铃声响起来，她才痴痴地离开……

从展览会回来之后，金毅的心里有了底。

她开始画图，画好了，就做模型。生产任务繁重，技术革新可以，可是床子却不能停下来。这样，每天下班后，金毅把机床拆开，安装上改进的模型进行试验。有时，忙得顾不上回家，就在车间里找块红砖当枕头睡上半宿。

有一天，赵老师上早班发现了睡在地上的金毅，心疼地责怪她：“孩子，你这样睡要生病的。你……你也不像金公馆的大小姐呀？”金毅揉揉眼睛，说：“什么大小姐呀？我还是志愿军战士呢，这比朝鲜的坑道里暖和多了。”

再三试验，再三失败。终于，她发现问题的症结是在自动打拐上面。

怎么办呢？

她跑到铁道边观察机车轮拐的转动，她捉来螳螂观察它的四肢，她买来猪蹄研究它的屈伸。然后，再去图书馆找资料查看那些机器弯曲关节的图片。然后，一遍又一遍地修正自己做的那个模型。

11 次的试验，耗去了她五个多月的时间。自动送料器终于成功地与机床连接在了一起。

车间外面，鞭炮声轰然响起，工厂院里的宣传栏上贴满了喜报。

很快，所有的床子都安上了这种自动送料器，一下子生产效率提高了5倍，冲床工序仅用21天就完成了全年任务量。更为重要的，是彻底堵上了“老虎口”，确保了青年女工的人身安全。

姐妹们手捧鲜花，从车间各个角落奔跑过来，把金毅高高举了起来。

接着，金毅又完成了另一项革新——自动卡具，使产量一下提高了80%。这个项目的成功，大大地激发了她的创造性。她先后完成了“双头双刀”“六角车床”“半自动开关”等100多个技术革新项目。

技术革新，大大提高了生产效率，到1959年9月12日这一天，金毅已经干完了1970年3月的工作，等于提前10年完成了生产任务。在沈阳的工业战线，她被称为“技术革新女王”。1959年末，她被评为沈阳市和辽宁省的先进生产者。

赵奎元高兴地说：“金毅是我徒弟当中最好的一个。”金毅说：“师傅不能这么说，我师哥、师姐、师弟、师妹都对我帮助很大。我发奖金了，今天正好是周末，下班后，咱们小津桥老边饺子馆撮一顿。”

工友们听了她这话，一片欢腾。

赵老师说：“你这丫头像个假小子，听说酒量还很好。”

金毅略带自豪地说，“师傅，您又忘了我是军人出身哪。再说，我们金家人的酒量都可以。”

赵老师说：“是的，我听说你爷爷金老先生曾喝倒了满桌子的鬼子军官，让义勇军打进了沈阳城。”金毅说：“师傅，这个传说不大准，真实情况是，我爷爷把他们骗到了宝发园，让他们自己喝的，爷爷对掌柜的说一声记账就走了。我爷爷才不陪他们呢。”

那天晚上，金毅回到家里，金昆仑看了看她，说：“我听了广播，大孙女干得不错，明天早上吃饭的时候，我会有个新提议。”“新提议？爷爷，您可千万别提议让大家向我学习，他们都干得很好。”“不完全是，正好你四叔从鞍钢也回来了，我要提这个，这个……好啦，明天早上你就知道了。休息吧，快休息吧。”

四十九

第二天是星期天，正好大家谁也没有加班的。叶氏特地告诉刘师傅晚点开饭，她说：“让孩子们多睡一会儿，9 点开早餐吧。”“好嘞！”刘师傅爽快地答应道。

金昆仑起得早，先打了一套太极，然后，坐在大厅里喝茶，一面出神地看那幅《松鹤延年图》。

在落地钟敲了九下的时候，正巧电话响了。

红叶接起来一听，忽然捂住话筒，悄声问道：“是找金毅的。好像是罗团长，叫不叫？”金昆仑说：“叫哇，这还不叫？”

红叶跑到了后院，不一会儿的工夫，金毅梳妆整齐地跑了过来，见到爷爷，又放慢了脚步，轻轻地拿起了电话。

金毅说：“喂，哪一位？噢，是你。”那边是罗劲峰的声音：“小妹，祝贺你，我看了《人民日报》，长篇通讯介绍你的技术革新，说你是转业军人的骄傲，说你在第二战场上打得好，《解放军报》也同时发表了这篇文章。小妹，我向你致敬！”金毅说：“这也没有什么大惊小怪的，你别学报纸上的夸张。我可告诉你，你的成绩要上来，这次寒假回来，我可是要看成绩单的。”罗劲峰在那边答道：“是！”“好，就这样吧，我要吃早饭了。再见！”“再见！”

早餐开始了，金昆仑举目看了大家，目光里全是慈爱。他开口说话了：“秀芳刚才来电话了，今天不过来了。今天就缺她，咱们边吃边说。金毅技术革新的故事，上了辽宁人民广播电台，上了《人民日报》，这是我们全家的光荣。当长辈的要努力呀，特别是振之、振雄，更要努力啊。”听到这里，吴惠莲不由得看了振之一眼，何小妮则直接用手指在脸上羞了振雄一下。

金毅笑着说道：“爷爷，您真急死我了。我生怕你这么说，昨晚我还特意嘱咐你了，可是你到底还是这么说了。”

叶氏笑了，说：“这孩子说的这是什么，是绕口令吗？”众人都笑了。

金振之说：“我和惠萍、文华、丽芬这医务工作不好比赛，我最大的成绩，是为我们金家安排医生成功地接生了五个小宝宝，这个也是贡献。他们是谁？他们是祖国的未来呀，我接生的是祖国的未来。对不对，兴旺？”“对，三爷爷！”4岁的兴旺并不懂这话的意思，但他拍着小手表达了自己的态度，其他四个小孩也跟着拍起了小手。

众人看他们可爱的样子，都笑了起来。

金国栋看了看爷爷，又看了看小妹，说：“爷爷说得对，三叔说得也对。我们能比赛的还是要比赛，歌里不是也唱要掀起建设高潮吗？可是，有些工作，也不是一时可以比得了的，要有一个较长时间，比如，我们马上就要立项的歼-8战斗机，怎么着也要五年八年的，这个不好比赛。”

金国梁说：“对呀，还有我们厂的1.25万吨有色金属卧式挤压机，据说也要五六年的时间。比速度，肯定是不行的。”

金国强说：“我们自动化所要搞机器人，我和老师们预测，至少要20年。”

金昆仑说：“我的天，20年，那我是看不到了呀。”

金毅赶紧接过爷爷的话，说：“爷爷，您没问题，您一定能看得到。我明白您的意思，您老人家是说比干劲，比精神，对吧，爷爷？”

金昆仑连连点头，说：“对对，我就是这个意思。你们现在这样说，就是比精神头儿，我听了心里得劲儿。咱们国家落后，要追上世界一流国家，是要有个过程，这个我懂，我天天看报纸，听广播。”

何小妮悄悄踩了一下丈夫的脚。

金振雄笑着说道:“小妮踹了一脚，提醒我发言呢。”金毅“扑哧”一声笑了。

金振雄继续说道——

“我被爸爸点名了，我是得说说。但我个人作为一个学徒工，真的没有什么好说的，只有处处向我师傅孟泰学习，学得一身绝技，才能高效率高质量工作。我讲讲我师傅和王崇伦之间刚刚发生的故事吧。这个故事让我感动。英雄相惜呀。王崇伦，你们都知道吧?对，他是我们鞍钢的技术革新能手。国栋、国梁你们在朝鲜飞的飞机，有的飞机副油箱拉杆需要加工。五二年，王师傅设计并制造出利用刨床加工拉杆的特殊卡具，比原来的铣床加工提高工效 24 倍，而且全部达到一级品。”

金国栋点点头，说:“原来那些拉杆是鞍钢产的呀……”

金振雄说:“他发明了 7 种工具，平均提高工作效率 3 倍以上。

“凭着万能工具胎的一项，他一年时间就完成了 4 年零 17 天的工作量。

“今年年初，他找到孟泰，说出要组织全鞍钢能工巧匠开展大规模技术协作活动的设想。我师傅听了特别高兴，经过两人精心筹划，我们厂就拥有了一支以劳动模范为骨干的技术协作队伍，人数达 1500 多。每到星期天，各个厂矿的‘刀具大王’‘焊接大王’‘吊装大王’都来了。王崇伦的家成了能工巧匠交流聚会的据点。我师傅为了给这些人改善伙食，把家里仅有的两头肥猪杀了。因为有这样的精神，我们鞍钢才会在‘一五’期间，把自己建成了新中国第一座大型钢铁基地。人民万岁，不是一句口号，而是一句真心话。这个问题，我与金毅交流过，为这样的人民，我们当年在前方吃多少苦流多少血都是值得。

“面对这样的工人，我还摆什么功臣的架势?我还摆什么干部的架势?我只能俯首称臣，当好他们的小学生，每天都虚心向他们学习，学习他们的品质，学习他们的技术。现在，我学会了刀具、焊接、吊装。我看好刀具，我争取成为新一代刀具王。”

金昆仑听到这里，忍不住赞叹道:“振雄，你讲得好! ”

连素来不大爱讲话的振一也说："四弟讲得确实好，有感人事例，更有思想认识的深度。"

金冰玉"唰唰"地在本子上记录，头也不抬地说，"这个技术革新的事，我就还得跑趟鞍钢。这是一篇好稿子呀。"

何小妮说："姐，那我们明天早晨可以一起走呗。"

"好哇，小妮。振雄，你讲得真是精彩。面对这样的工人，我还摆什么功臣的架势？我还摆什么干部的架势？我只能俯首称臣，当好他们的小学生，每天都虚心向他们学习，学习他们的品质，学习他们的技术。这段话我原封不动地用到稿子里了啊 。"

"行啊，姐。不过，你可别忘了拿稿费请客。""没问题，我请，让你姐夫算账。他从安东调到省民政厅当副厅长这么长时间了，还一直没请客呢。"

张铁石听了这话，马上纠正道："我请客可以，但不为当副厅长，当副厅长也是为人民服务嘛。难道还要像旧社会那样升了官就要祝贺一下，搞什么贺官宴会？那还是共产党人吗？再说，回到省城工作，我们全家团圆，我可以为老人们尽孝道，这个倒是可以请客。"

金冰玉的脸"唰"地红了起来，说："真是的，我怎么说出这样的话？我不是那个意思，但我错了……"金国强不失时机地问道："姑父，那你什么时候请呀？电影《列宁在十月》有句台词叫'革命不等'。"

江素萍笑着用手点着儿子。

张铁石说："今天中午，明湖春。我记得爸爱吃他家的金龙卧雪，妈爱吃他家的贵妃金瓜翅……"

金昆仑说："别光可着我们的口味呀，问问亲家爱吃什么，问问大伙……"

张德福说："我吃什么都可以呀。"

兴旺说："太爷爷太奶奶喜欢吃什么，我们就喜欢吃什么。"

金家的一个早餐，像一次别开生面的家庭会议，既交流了思想，同时，也充满了情趣。

五十

1962年8月15日，一个圆脸的笑眯眯的小战士因公牺牲了。

他叫雷锋。

第二天早上，金昆仑读了省城各大报纸刊发的消息，马上给二儿媳妇缪秀芳挂了电话。

“秀芳啊，这个星期天你要回家，给孩子们说说这位雷锋同志的故事。你在抚顺，又是在宣传部门，肯定知道得更多。这人实在是太好了，他也是英雄，他是品德英雄。可惜各报都发的是简讯。你搜集好他的故事，回来讲长一点，我也要听一下。做人哪，真是要做这样的人才好。共产党员更应该是这样的人。”

“爸，我们宣传部正准备让《抚顺日报》做长篇报道，记者们正在采访。今天冰玉也来了，她进入采访了。看来新华社也要发表长篇通讯了。但是恐怕也要等一段。爸，您别着急，星期天我去和妹妹一起给大家讲。”

“好吧。请代我问候孩子的姥姥，千万别委屈了人家。今年85岁了，生日那天，这回要请到沈阳来过。”

“爸，我妈说年年都麻烦全家给她过生日，她说今年不过了。”

“请转告她，就说我说的，恩人的生日年年都要过。”

“好的，爸，我先挂了。湖南长沙又来长途电话了，那边正等我接呢，八成也是采访雷锋故事的。”

“好！”

这个星期天，自然又是金家大团圆。

今天有点不同，金冰玉带来了两个好朋友，就是她的好同事摄影记者于兆和丈夫董哲。

这是金冰玉的精心安排，主要是请董哲来讲雷锋故事的。

董哲是沈阳军区《前进报》的摄影记者，曾多次采访过雷锋，拍摄过《雷锋擦车》《雷锋在军舰上》《雷锋忆苦》等照片。

午饭后，大家坐在品茗轩里聊天，重点听董哲、于兆和缪秀芳、金冰玉讲雷锋。他们四个人都是与雷锋见过面的，而且有过交往。

董哲至今仍记得雷锋热情微笑的样子，在火车上忙来忙去为旅客的样子，亲切地叫他董老师的样子。

金冰玉曾经到抚顺军营采访雷锋的日常工作，记忆中的雷锋特别有礼貌，给她倒一杯开水，说："金老师，您跑这么远，辛苦了。别着急，我们慢慢谈。"

缪秀芳曾经多次参加地方与雷锋所在部队的军民联欢活动，雷锋的故事她讲得最多。

缪秀芳对大家说——

"故事太多了，我们《抚顺日报》马上要做一大版宣传他的故事。他牺牲了，我真的很难过。在工作中他是积极分子，搞活动时他也是积极分子。他唱歌跳舞朗诵，样样带头，他对党、对新中国、对人民，那是满腔的热爱呀，他真是一个忠诚的战士。"

故事讲了整整一个下午，最后讲到雷锋牺牲，叶氏眼圈红红地叹道："多好的孩子呀，太可惜啦！"

一时，品茗轩里的气氛比较低沉。

国昌、国盛、张金琳、兴志、兴旺，五个孩子都 7 岁了，都在小南关第一小学读一年级。

为了调节气氛，金毅向孩子们提了一个问题——

"孩子们，刚刚讲的雷锋叔叔的故事，你们都记住了吗？"

“记住啦！”孩子们齐声回答。

“那好，一人讲出两段好吗？”

“好！”

国昌说：“下大雨的时候，他抢救国家水泥的故事。还有……还有，给战友修鞋的故事……”

国盛抢着说：“帮助大嫂买火车票的故事，背残疾人过河的故事……”

“自己省吃俭用给灾区捐掉全部积蓄200元钱的故事，看病回来到工地上义务劳动的故事……”

“连队发的苹果，他自己不吃却送给生病的战友吃的故事，雨中背大娘上医院的故事……”

张金琳、兴志、兴旺也争先恐后地讲出他们刚才听到的故事。

金毅高兴地鼓励他们说：“你们说得都很好，我相信，你们都会成为雷锋叔叔那样的人。”五个小学生高高兴兴地坐了下来，叶氏一一地摸他们的小脑袋。

金昆仑的语气中带有自豪，也带有责任：“我们金家是革命家庭，党员多军人多，我们更要带头学习雷锋，学他的大公无私，学他的全心全意为人民服务。学他干一行爱一行、专一行精一行的敬业精神，学他艰苦奋斗、勤俭节约的创业精神。我与振一昨晚商量一个事，就是准备把上海淮海路的小楼和那个院子捐出去，让黄埔区办个公益幼儿园，专门接收那些贫困家庭的孩子。我现在征求你们的意见，你们若是同意，让振一马上到上海办理手续。这是我们学习雷锋的第一个行动，你们都同意吗？”

金家的人，叶氏、振一、江素萍、缪秀芳、振之、吴惠莲、振雄、何小妮、金冰玉、张铁石、国栋、曲文华、国梁、师丽芬、金毅、国强、国昌、国盛、张金琳、兴志、兴旺共21人，他们回答一个声音：“同意！”

董哲和于兆都把镜头对准了这个画面。

金昆仑听到这个声音，显得异常兴奋。他俯下高大的身体，问五个小孩儿：

“国昌、国盛、金琳、兴志、兴旺，你们真的同意吗？这上海的房子，也是你们的财产哪，也有你们的份儿呀。”

国昌说：“帮助那些困难小孩，是我们学雷锋的行动，我们真的同意。”兴旺说：“我爸妈早就对我说过，我不要太爷爷的财产。”国盛接着说：“是的，我爸妈也是这样说的。”“是的。”“是的，我们真的很同意。”金琳、兴志也这样说。

金昆仑朗声说了一句：“好，一致通过！振一，你上海那边熟人多，最近就过去办理一下捐赠手续。记住，不要向外透露我们的名字，更不要做任何报道，这个咱们也学习一下雷锋，叫做做好事不留名。”金振一说：“好的，爸爸！”

这时，兴志跑到金昆仑跟前，问道：“太爷爷，我现在还小，没有什么好东西可以捐的，那我怎么学雷锋呀？”金昆仑笑着说：“兴志呀，学雷锋不一定非要捐东西，学雷锋表现在各个方面，比如，你好好学习，考出好的成绩，比如你爸爸现在天天和工友们在一起研究制造 1.25 万吨卧式挤压机，都是学雷锋。明白了吗？”“我明白了，太爷爷！”兴志对这个回答非常满意，他觉得自己的学雷锋变得切实可行了。

于是，他招呼国昌、国盛、金琳、兴旺：“小叔、小姑、小弟，咱们到后院玩去吧。”“玩去喽，藏猫猫还是捉蝈蝈？”“都行啊！”穿过大厅，一溜烟，五个小家伙跑进了后花园……

金昆仑在家族里还搞了一个“雷锋助学基金会”，帮助那些因贫困而失学的儿童重返校园。

这个基金会，从他算起到现在已进行到他的第五代人了，就是他孙子金国栋的孙子金安铭。这个大家族，几十年来，竟成功助学 2000 多人，他们当中有大学生、硕士生、博士生。

1965 年 3 月，八一电影制片厂拍摄的电影《雷锋》在全国公映。

金昆仑请小南关的邻居们在大南关的胜利电影院连续看了一个礼拜。

电影周过去了，有些邻居反映说，由于上夜班没有看到，他又与市电影公司联系，在洋楼（天主教堂）前面的小广场连续放映了七个晚上，全部费用他一人承担。

那七个晚上，他每晚都早早地来到小广场，坐在石凳上，满眼慈祥地看着可爱的邻居……

五十一

秋虫们叫个不停，在大榆树上，在树下的草丛里。

晚上，金家大院里的灯光在深绿的浓荫里面显得很迷离。

金国梁有好几天没回家了。

现在，他推着自行车刚一进院，就被爷爷叫住了，“国梁呀，你天天这么忙啊？不想我和你奶奶呀？来，坐下。”

金国梁在树下放好车子，就坐在了金昆仑对面的小石凳上，正好石桌上放着一壶茶，还有两个茶杯。他给爷爷的杯子里倒满了茶，也给自己倒好了，他一下子就喝干了。看起来他是又渴又累。金家人从来没有这样喝茶的。

“丽芬一个人带孩子不易，我和你奶奶年纪大了帮不上忙，你母亲在抚顺上班顾不过来，家里的保姆又不够用，你不能天天这样啊。”

“爷爷，就这一段时间，忙过了就好了。”

“还是那个挤压机？”

“是的，爷爷。”

“开晚饭还要等一会儿，上次记得你说了一嘴，我没太听懂，你再给我说说这挤压机到底是干什么的，为什么要下这么大力气搞它？”

“爷爷，这种机器全称叫 1.25 吨卧式挤压机，到目前为止，只有两个国家能生产，就是美国和苏联。它是发展航空工业的必备机器，是用于飞机、导弹的翼梁、壁板、型材、鼻锥的锻压和挤压的大型挤压模锻设备。国防工业要上去，没有它不行啊。所以，去年 5 月，中央下了决心一定要搞出来。把这个任务落到我们沈阳重型机器厂，我能够进入这个攻关小组，我太光荣了。这是在给国家制作利器，我是空军出身，如果空中没有优势，将来一旦再打起来，就会陷入被动。丽芬跟我在一个厂，她知道内情的，理解我，一点问题没有。”

“哦，我明白了。你在做大事，做国家大事。”

“是呀，爷爷，搞技术，我是半路出家，我必须努力，眼看着叔叔大爷姑姑，还有我大哥、我小弟都有了那么多成绩，我也不能落后呀。”

“谁说你落后呀？我们金家就没有一个落后的。在爷爷眼里，你是一直跑在前面的人。听丽芬说你师傅病了？”

“是的，王师傅得的可能是肝癌，他是项目带头人，一直带病坚持工作。”

“嗨，我也帮不上什么忙，这样，你明天上班给王师傅带一棵百年老山参去，让他补补身子。算啦，带去你们也熬不好，我让刘师傅明天早上就熬，中午让二林子开车送去。”

“好的，爷爷。”

果然，第二天中午的时候，金昆仑的车子开进了沈阳重型机器厂的厂区，开到了王铮安所在的车间门口。

金国梁跑出来迎接爷爷。

91 岁的金昆仑手捧一个小砂锅，里面盛的是热气腾腾的乌鸡人参汤。金国梁赶紧接了过来，祖孙二人向车间里走去。

金昆仑看见一个躺在床上看图纸的中年男人，他很清瘦，看上去也很疲惫。这就是王铮安。他刚要起身，金昆仑把他扶住了。

王铮安是湖南临湘人，1950 年从南京大学工业学院机械工程系毕业，分配到沈阳重型机器厂。

两年后，即 1952 年 12 月 16 日，他带领大家研制出压力为 5 吨的蒸汽锤，这是新中国自行制造的第一台重型机器，它开创了我国生产重型机器的历史。他因此晋升为总设计师。

那年，金冰玉专门为他写了一篇报道。

这一次，他接到制造 1.25 吨卧式挤压机的任务后，在金国梁等徒弟的协助下，仅用了 10 天就设计出了方案。这个方案，不仅在论证会上一次通过，而且在一台 3500 吨的样机试制中验证了它的可靠性。

从此以后，王铮安就带领金国梁等人，日夜工作在研制第一线。

到了 1962 年的下半年，王铮安查出肝癌晚期。他担心影响工程进度，拒绝住院治疗。

金国梁和众徒弟们苦苦相劝，甚至提出要强行把他抬走，他摇摇头说："雷锋不是有种钉子精神吗？现在我的时间很有限了，反正也是治不好了，我现在就像钉子一样钉在车间里。什么时候 1.25 吨卧式挤压机诞生了，我什么时候就住院。"

每日腹部剧痛不已，王铮安依靠大量的止痛片来维持。他时而用手按压，时而用膝盖顶压。

病情一点点加重，终于有一天，他站不起来了。金国梁和师兄弟们特意给他做个行军床，请他躺在床上指挥大家施工。

作为医生，师丽芬也守在车间里，随时监控王师傅的病情，一旦出现危急，立即叫救护车送往中国医科大学第一医院抢救。

看着王铮安苍白的面孔，金昆仑说："我早听国梁说你的故事，一直想请你到家里坐坐。可是，你一直忙项目。听说你病了，我来看你啦。"王铮安吃力地说："抱歉了，金先生，我本来想工程结束的时候去府上拜访……"

师丽芬端着砂锅，金昆仑一勺一勺地给王铮安喂参鸡汤，王铮安的泪光闪烁。

老人家说："你别不好意思，我呀，是老支前模范了，今天又来前线支援英雄，你是我们国家的大英雄啊。这是百年山参，喝下去，你的营养会上来一些，听话，多喝点……"

车间里响起热烈的掌声。

金昆仑说："国梁，去我的车里取苹果。后备箱里有一筐锦州的苹果，我刚在路上买的，我送给各位英雄，这也不是我送的，这是我们沈阳人民送的，你们为国家干大事，装备我们的国家，你们是好样的。我祝你们成功。"

他刚说到这里，二林子已经抱着苹果筐进来了，他把筐放在了地上，打开了筐盖子给大家分苹果。

这个场面，给攻关小组，给生产车间，带来了一般力量，王铮安的脸上露出了笑容。

王铮安还是没有离开一线，忍着剧痛，一直坚持到考核试验机完全达到预期效果的那一天，他才同意住院。

在病床上，摆了图纸，他叮嘱医护人员挂吊瓶要挂左臂上，他的右手要拿放大镜，要拿铅笔。

有一天，金国梁去看他，他厉声问道："你不在车间，跑到这里干什么？"金国梁急中生智，回答道："师傅，我是来请教问题的。"王铮安缓和了一下语气，说："好，你说吧，是什么问题？"金国梁想了想，说："咱们这个挤压机要想超过苏联的，核心问题是穿孔对吧？""对呀，我说过多少遍了。是这个问题，快回车间吧，你是技术骨干，挤压机指望你呢。"金国梁听了这话，一边抹眼泪，一边走出了病房。

1964 年 2 月，王铮安去世。

病房的墙上，留下他用指甲刻下的一行字——"天生我材必有用，奈何天不从我愿……"金国梁和众多徒弟洒泪相送，在殡仪馆的告别大厅，金国梁代表大家向师傅发出誓言——

“恩师，我们一定要把挤压机造出来，以告慰您的在天之灵！”

两年后，王铮安的弟子金国梁等人终于将 1.25 万吨卧式挤压机成功造了出来。中国，因此成为世界上第三个拥有万吨挤压机的国家。

第二天，新华社记者金冰玉通过各大报纸、电台向全世界发布了这一振奋人心的消息。

抚摸那枚国家授予的银质奖章，金国梁想起师傅王铮安那清瘦的面孔，不禁热泪滂沱，他说：“师傅，就差两年哪，太遗憾了，您亲手设计的机器，您却没有看到……”

那天晚上，金国梁和师兄弟们来到王铮安的墓前，将一张 1.25 万吨卧式挤压机的大照片放在墓碑下，然后，大家向师傅敬酒……

五十二

1966 年 9 月的一个星期天，金家要办三件喜事，这三件喜事要在同一天办。

那天早上，金昆仑站在前院的青花瓷大鱼缸前，笑问夫人：“你说是不是三喜临门？”叶氏说：“我看不只是三喜临门。”金昆仑愣了，“怎么？你这话里有话呀，说说……”叶氏喜上眉梢，说道：“到时你就知道了。你听，树上的喜鹊叫了多少声了，我告诉你，这喜鹊可不是白叫的。”

“哦，这么说还有新故事？”

“应该有吧，我们金家什么时候断过故事？特别是从光绪七年四月十六日以后，更是喜事连连。”

“你是在讲我们结婚以后的日子？是呀，四月十六日，据说那天是神仙的日子，那还是我爷爷请人看过的日子，说在这一天结婚可以得到神仙的祝福。哦，你这是在夸自己？”

“我是在说实话，这一大家子人，那些小辈的哪个不是我的子孙？”

“对对对，我们四世同堂了，你有功啊。”“那当然啦。”

小南关大街上偏南的地方响起了小汽车的喇叭声，金昆仑一听就是自己的那辆“克莱斯勒”。叶氏说：“我的岳妹妹到了。红叶，红叶，敞开大门迎接我们的恩人。”说罢，起身向大门走去，金昆仑笑吟吟地跟在后面。

这是岳大娘和缪秀芳回来了。

原来这天的一大早，金昆仑就派二林子去抚顺接岳大娘。

这一天，是岳大娘的 89 岁生日。

岳大娘，高高的个子，慈祥的表情里透着不易察觉的坚强。

“大妹子，我们等你一大早上了。”

“老姐姐，我对秀芳说年年给我过生日，今年就不过啦！”

“那还行了？秀芳头一个就要闹翻天，第二个闹翻天的就是金毅。还有国栋、国梁，还有我自己。”

金昆仑笑眯眯地看着岳大娘，等她们老姐俩寒暄好了，这才说：“大妹子，断乎没有不过的道理。”

岳大娘看到的金昆仑像一棵老树一样结实，面色紫红，印堂闪闪发亮。她忍不住赞叹：“老大哥，你越来越精神啦，一点不像 90 多岁的人。我大嫂也是一样的越老越精神，你们这些识文断字的人与咱们庄稼人就是不一样啊。”

这时，金毅从后院一路小跑冲了过来，“姥姥，姥姥……”她跑到姥姥跟前，双手一下子抱住姥姥的肩膀。

“唉哟，姥姥腰疼，哪里受得了你？”

“姥姥不是腰疼，是不喜欢我了，我早发现了，您现在的心思就在兴志、兴旺的身上，眼睛一眨不眨地就瞅他俩。是不是，是不是？”

“小毅呀，你都是大工程师了，净说小孩子话，还吃小侄子的醋。你们几个都是我的心头肉，你妈、国栋、国梁、你，兴志、兴旺……”

“看看吧，闹了半天，我才排第四。”

“你这丫头……”

众人大笑，缪秀芳指点着女儿。

金昆仑和叶氏恭恭敬敬地把岳大娘请进了中堂大厅。

金昆仑对红叶说：“泡一壶明前龙井，通知大家，就说岳奶奶来啦，让他们过来请安。另外，请刘师傅过来一下。”“好的！”红叶说罢，快步走出了大厅。

只一会儿的工夫，金振一、江素萍、金振之、吴惠莲、金振雄、何小妮、金冰玉、张铁石、金国栋、曲文华、金国梁、师丽芬、金国强、金国昌、金国盛、张金琳、金兴志、金兴旺等人，纷纷走进了大厅，向岳大娘行礼问好。

刚刚从本溪老家回来的张德福和后老伴索氏也过来问候岳大娘。

这时候，刘师傅急急地赶来了。

“老爷，您叫我？”

“老刘呀，我说你多少回了，怎么还是老爷老爷的，太难听了。”

“叫顺嘴了，几十年了，再说，叫同志也不好意思，咱们不是一辈人哪。”

“同志，不一定非得是平辈，这样，以后就叫我金先生吧。”

“好的，老爷，不，金先生。”

“刘师傅，今天中午你就休息，我们大家每人做一个菜，小孩子除外，国强以上的人都要做。”

“金先生，您这是？”

“你不用问，到时你只管品尝就是了，我们家有成都人，有苏州人，有昆明人，还有山东济南府的人，南北菜系全了。而且，他们个个心灵手巧，保管做一桌美味佳肴。你呢，就陪我到品茗轩喝茶去。”

“金先生，我就是一个厨子呀，怎么能陪您喝茶呢？”“走吧，你们也都按我说的忙去吧。”

“好吧，反正我已经把料备好了，幸亏我备好啦。”

“别操那么多心，今天你放假了。”

那边，红叶扶着岳大娘随同叶氏也进了品茗轩。

这天上午的阳光呈现金色，透过红方格子的玻璃窗照射了进来，让屋子里的绿萝、月季花显得格外水灵。

岳大娘再三谦让，金昆仑还是请她先坐下之后，自己和叶氏才坐下，刘师傅也才跟着坐下。

红叶给大家一一地倒好茶。

金昆仑说：“我们喝会儿茶，闲聊一会儿，也就开饭了。大妹子远道而来，正好也歇会儿。”刘师傅特别不习惯这样的礼遇，他不安地说：“金先生，我……我还是回厨房吧？”

叶氏说：“刘师傅，难得放你一天假，安心喝茶吧。放心，他们若是毛手毛脚打坏了碗碟，我给你换新的。”

金昆仑看了看岳大娘，忽然提了一个问题：“大妹子，不是因为我老了，感情变得软弱了。20 多年来，我一直想两个场面，就是秀芳把小金毅托付给你，你怎么就敢收留？秀芳走投无路的时候，逃到你家，你怎么就敢收留？你明知道她是抗联的人呀。”

岳大娘说：“嗨，我是中国人，我不救抗联的人谁救？我当时想好了，大不了就是一个死呗。大哥，这么多年了，别老提这个事儿了。”

叶氏拿起茶壶，红叶要接过来，她摇摇头，非要亲自给岳大娘倒上不可。

“感天动地呀……”金昆仑叹道，然后，他问身边的刘师傅：“你来到我家多少年了？”“金先生，我是九一八事变的头三个月来的，那年我刚出徒，那年我16 岁。33 年了，我今年虚岁 50 了。”刘师傅说。

叶氏感叹道：“这时光咋就这么快，一晃，一个毛头小伙快变成小老头了。”

金昆仑说：“都是我们金家的功臣哪！嗨，今天，我是多么高兴呀！唉，兴志，兴旺，你们慢点跑。”

兴旺大声说：“太爷爷太奶奶，还有贵宾们，请入席吧！”说罢，弯腰并伸出右手，看上去有点绅士范儿。

叶氏笑道：“这是谁教的呀？”兴志说：“电影里，还有我姑姑我小叔。”

这时，金振一和夫人江素萍走进了大厅，“爸爸妈妈，岳妈妈，刘师傅，我们代表晚辈们来请你们入席。”

金昆仑利落地站了起来，刘师傅要扶他，被他摆手谢绝了。

叶氏和岳大娘在红叶的搀扶下，也起身往大餐厅走去。

看到他们进来，大餐厅里的人们纷纷起立鼓掌。

金昆仑见叶氏和岳大娘落座，他这才在正座上坐了下来。刘师傅坐在末座的位置上，金昆仑对他说：“刘师傅到前面来，坐在我的左边。”

刘师傅说什么也不肯，金国强就拉起他，坐在爷爷的左边。

金昆仑举起了那只七钱的小杯子。

“今天，我破一下常规，先不讲什么，先干了三杯再说。”

这位 95 岁的老人真的就一连干了三杯。儿孙们也跟着连干了三杯。

三杯白酒落腹，金昆仑说——

“我为什么要连干三杯呢？因为今天是三喜临门。我常想，在深山老林里面，在大雪纷飞的黑夜里，秀芳抱着只有三岁的金毅跑到岳大娘家，她说，大娘，我是抗联的，我没地方去了，大娘您能收留我吗？岳大娘就毅然决然地收下了他们母女，那时收留抗联的人是死罪呀。这样的恩情不能忘啊，所以，我们金家在这里给她过 89 岁的生日，所以，我要干杯。刘师傅从 16 岁就到我们家做厨师，给我们一家老小做饭，特别是还要给我和夫人做小灶。有时，谁半夜饿了，还要起来给做夜宵，起早贪黑啊。我每年都要给他过生日，他说他也不知道到底哪天是生日。前些天，我到派出所查户籍，终于让我给查到了，原来今天也是他的生日，我就安排了给他和岳大娘一起过。所以，我要干杯。”

这时，刘师傅站了起来，“啊，我生日？今天是我生日？谢谢金老先生！我从小就来府上做厨子，您和家人，没有谁拿我当下人，从来都是高看我。我没爹没妈，是金先生在民国三十二年还给我娶了媳妇。我，也再干一杯。”

金昆仑接着说：“第三喜，就是从现在起，我们国家有了 1.25 万吨卧式挤压机，这个机器的问世具有里程碑意义，它标志着我们国家重工业飞了起来，并且在挤压机领域与美国、苏联形成三国鼎立。在这个项目的建造中，有我们家的国梁，他和师兄弟们继承了王师傅的遗志，完成了这个遗志，国梁在战争年代是战斗英雄，在和平年代是建设英雄，他不愧是金家骄傲的子孙。你们说，我能不干杯吗？”

老人家说到这里，缪秀芳、金国栋、曲文华、金国梁、师丽芬、金毅纷纷站了起来，连兴志、兴旺也站了起来。

金国梁说：“爷爷这么说，我虽受之有愧，但爷爷高兴了，我就干一杯。哟，我们二房的都站起来了，那就一起祝福爷爷奶奶，还有岳奶奶，刘师傅、张爷爷、索奶奶健康长寿。还要特别祝福岳奶奶和刘师傅生日快乐。干杯！”

叶氏说话了：“国强，你不是有好消息要让爷爷奶奶高兴吗？还不快说，难道要等奶奶罚你酒吗？”金国强举杯站了起来，他看了一眼父母，金振一和江素萍的目光里满满的是对儿子的鼓励。

金国强说：“爷爷奶奶，各位长辈，我处女朋友了，有一年多的时间了。她是机器厂的女工，是我姐介绍给我的。说起来也不是外人，她来自于黄显声将军的家族，是黄将军的侄孙女，她叫黄冬雪，中专毕业本来可以进机关当干部的，可是，她选择了当工人，她不但业绩优秀，还是全厂的学雷锋标兵。我们谈得来，我们的感情很纯真。”

金昆仑说：“那今天为什么不带来呢？”“今天她加班，下星期休息，我带她来家。”金国强回答说，忽然，他又补充了一句：“对啦，我姐和罗劲峰准备明年元旦结婚了。她亲口对我说的。”

人们鼓起了掌。

金昆仑问道："金毅，秀芳，这话确实吗？"缪秀芳点点头，金毅站起来，举着酒杯说道："是的，爷爷。当初我答应他从军事学院毕业，等我搞完卡具革新，现在这些都实现了。六年的相处，我们的感情成熟了。前天我们在电话里共同决定，明年元旦结婚。爷爷，您高兴吧？"

金昆仑说："我当然高兴，而且都是我们金家的世交，黄家与我们是世交，罗家更是世交。这下好啦，我还以为二姑太留下的最后两个镏子给不出去了呢。"金国强问道："爷爷，今天是几喜临门了？""五喜呗，五喜临门。不对，还有一喜，六喜。"

"六喜？"众人一时猜不出。

金昆仑说："二林子前妻亡故这么多年，红叶又跟他好了这么多年，二林子前天对我说，希望我做个大红媒。我现在就想做这个红媒了。红叶，这些年来，耽误了你的终身大事，是我们的责任，我们太自私了。我和夫人待你如女儿一样，你现在也不必磨不开面，你就告诉我们一句话，同意还是不同意？我说话就算，我怎么聘冰玉的，我就怎么聘你。"

红叶捂着脸不说话。

叶氏说："红叶昨晚对我说了，她同意。国强，快叫你二林叔，请他进来。"金国强跑出去不一会儿，就拉着二林子进了大餐厅。

金昆仑说："二林子，你托我的事我给你办了。说说，你怎么喝？今天是六喜临门呀。"

二林子抑制不住内心的狂喜，说："从我爸那论，我叫您大爷，我就不叫先生了。大爷，六喜临门，我就喝六大杯，来，小少爷，给叔叔满上。"

"好嘞！"金国强赶紧摆一溜酒杯，然后一一倒上了酒，正好六大杯，二林子一一喝干了，喝得红叶直皱眉。

金昆仑说："二林子，你三十多年跟随我鞍前马后，那年小野暗杀我，还差一点替我死了。你小子听好了，我儿子娶媳妇怎么办，我就给你怎么办。你们要是没有婚房，北院东房有三间闲着呢，你收拾一下当婚房。”

金国强说：“爷爷，我看哪，那我们就元旦那天一起办吧，我姐，二林叔，还有我。”

金毅说：“你着急了吧，小弟？”缪秀芳捅了女儿一下，“这话也是当姐姐说的？”“就说他，谁叫他把我推到前台的？”金毅假装生气地说。

金国强看了姐姐一眼，说：“倒也不是着急，只觉得像三叔、四叔、大哥、二哥当年那样来个家庭集体婚礼，热闹！”

“国强说得对，就这么办！”金昆仑的醉眼里似乎出现了一场盛大的婚礼场面，二林子、红叶、金毅、罗劲峰、金国强、黄冬雪向他走来……

五十三

早在 1961 年的时候，国外敌对势力就开始对我国领空制造新的威胁。

空军和海航部队急需高空高速歼击机来拦截敌机的侵扰。

1964 年，歼-8 战斗机设计方案敲定。

顾诵芬先生担任副总设计师。金国栋作为顾先生的助手，他们开始了一场艰难的跋涉。

现在时间已经过去两年多了，研制工作仍处在跋涉状态里面。

完全自主研发功能强大新一代的歼击机，这对于刚刚起步的中国航空工业来说，困难实在是太多了。好在东方公司在这之前有歼教-1、歼-5 的研制经验和教训。但多数的领域还要一点点探索。

越是先进的东西，那些拥有专利的国家越是严加保密，金国栋他们几乎找不到任何公开资料。

为了得出最精确的结论，顾先生夜以继日地查找资料、不断地计算载荷。金国栋从一个参战飞行员的角度，在身边给老恩师提供各种参考意见。

路，在他们脚下一步一步地丈量。

又是一个星期天的早饭后，好久没回家的金国栋回到了金家大院。

金昆仑看着长孙憔悴的面容，他忍不住劝慰："别急，什么事都要有个过程。越是好事，就越是这样。这是我九十多年的体会。"

"爷爷，这个道理我懂。可是，我还是免不了要着急。"

"你呀，这就和你在空中与美军作战一样，光着急能行吗？你还记得吗？在朝鲜，你打得多么沉着冷静，你那股劲头还要拿出来呀。"

"爷爷，我懂啦！是的，我还要像从前那样沉着冷静。"

几声门铃响过之后，金振雄与何小妮已走进了中堂大厅。

"爸，我们回来啦！"

"哦，起大早来的吧？"

"是的。5 点钟的火车。"

"四叔，四婶。"

"国栋。"

金毅听见了何小妮的声音，很快，她走进了中堂大厅，她轻轻地抱住老战友，然后，她说："四婶，我真想你了。"

何小妮说："我早晚得让你叫老了不可。"

金国栋给爷爷添了茶，又给四叔四婶倒好。大厅里立刻就有了明前龙井的香味。

金昆仑说："咱们还是去品茗轩吧，讲讲新闻说说故事。"

金振雄说："好哇，正好我有重要的事要和大家说呢。哟，不行，我得先看妈去。"

金昆仑说："走吧，我保证她现在正和红叶在品茗轩里唠家常呢。这两人像亲娘俩，你妈对她比对你姐还好呢。"

金家的男女老少，已经在品茗轩里落座了。

叶氏精精神神地看着大家，目光里满是笑意。

金振一正与三弟振之聊着什么。

江素萍和缪秀芳在下跳棋。

金冰玉在读刚刚送来的《辽宁日报》和《沈阳日报》，她似乎在比较两张报纸的特色。

师丽芬仿佛有什么心事，在看着几个小孩子玩儿，一边看着，一边发呆。

国梁正用"大生产"牌的香烟包装盒给孩子们叠飞机，目光时不时地看看年迈的爷爷和奶奶。

国强和他的恋人黄冬雪正在读一本外文画报，上面印满了机器人的图片。

见金昆仑坐了下来，大家不由得把目光向老人这边投过来。

金昆仑开口了。

"全家的人，这就算齐啦。我想说两个事，学雷锋，不能只是喊几天口号就完了，要干点真事。咱们金家是革命家庭，要有个革命家庭的样子。第一件事呢，我们的丰源号金店和茂源号绸缎庄，从五六年开始到现在，已经实行社会主义改造十年了，我现在决定放弃股权，彻底献给国家。你们看怎么样？"

叶氏说："这么说，我以后要换个新样式的镏子，还要到丰源号去自掏腰包去买了？这个我不习惯。但我不反对你的决定啊。你一般总是先决定了再来找我商量。"金昆仑笑道："你不用掏腰包，我给你买。"叶氏听了这话，笑了，不再说什么。

金振一说："走全民所有制的路，是迟早的事情，爸爸的想法是对的，提前一步，我们就走在前面了。革命家庭是要有个革命家庭的样子。"

金昆仑说："那，老大，明天你和冰玉去办手续，越快越好。还有一个，我们家这么多间房子，你们又都在单位里分了房子，平时就我们老两口住着，太空了，也太浪费了。国梁啊，还有金毅，你们明天回厂里找厂长，每人选出十个无房户的劳动模范、老工人，让他们来住，一分钱不要他们的，或者直接分配给他们也行。学雷锋，助人为乐，这是我最后一点能力了。”

“好的，爷爷。”金国梁点点头。

“爷爷，我知道了，我上班就办这个事。”金毅说。

年少气盛的金国强表达了不同的意见：“爷爷，我总觉得咱们怎么做也不行，现在门口有人贴大字报骂我们是资本家、是汉奸，是这个是那个……”

金振一看了儿子一眼，欲言又止。

金昆仑笑了笑，说：“我看到了，吴天顺和二林子都撕掉了。我已告诉他们了，再贴的时候，不要撕，让大家看个够。我金昆仑是什么样的人，我们金家是什么样的人，党知道，沈阳城的人民群众也知道。”

金振一也说：“国强，你这个情绪要不得，你曾是军人，又是三等功臣，现在又是党的科技工作者。你的主要精力就是全身心地投入到科研上面。早一天生产出机器人来。学雷锋，也学习他的任劳任怨。今后，无论发生什么事情，当你想不通的时候，你就想想国歌吧，想想你二叔他们那一批仁人志士吧，你就会想通了。”

金国强说：“爷爷，爸爸，你们教导得是。”江素萍慈爱地看了儿子一眼，那里面有理解也有鼓励，金国强发现，奶奶也是这样看他。

金国梁瞅瞅四叔金振雄，又向上推了推自己新配的眼镜。

金振雄说：“国梁的意思，是让我先说，那我就先说，谁让我是叔叔呢。我不下地狱，谁下地狱？”叶氏听了，连连摆手：“老四，别说得这么邪乎，什么地狱不地狱的？”金冰玉放下报纸，笑道：“妈，他这是说外国的一句诗，意思是有担当。”叶氏说：“是说担当的事？这话还行。我就不爱听地狱。”

“爸，妈，我和国梁报名去‘三线’了，要去四川一个叫攀枝花的地方建一个大型钢铁基地。马上，后天就要出发了。”

“振雄，我怎么越听越糊涂了，‘三线’是什么？”

“妈，‘三线’就是……”

“奶奶，”金国梁接过话来说，“奶奶，‘三线’是国家的一个特大建设项目。为加强国防建设以及整个经济建设，中央要把工业做一次极大规模的迁移，要到四川省、云南省、贵州省、青海省和陕西省的全部，山西省、甘肃省、宁夏回族自治区的大部分和豫西、鄂西、湘西、冀西、桂西北、粤北等地区去。我和四叔要去的攀枝花在四川的最南部，与云南紧挨着……”

叶氏说：“天哪，我怎么听得乱马蝇花的？”金昆仑听了，很不以为然，“一点也不乱，就是经济布局大调整，不要集中沿海地区和主要大城市。一旦打起仗来，大后方不空虚。我看报纸了，当时就琢磨，咱们家得有人去报名。你们能被选上，说明你们有过人的本领。说说，你们都有什么本领。”

金振雄说：“在孟泰和王崇伦的科技革新小组学习锻炼这么多年，我一直没说。爸，我现在终于成了刀具大王了，我发明了深孔钻、深孔套料刀，获得冶金部的嘉奖。”金国梁说：“我们的 1.25 万吨有色金属卧式挤压机研制成功以后，我的技术提高很多，特别穿孔技术，爷爷，我已经是七级工了。我报了名，当天就批准了。”

这边，缪秀芳问儿子：“要去多少时间？是一个人去，还是全家都去？”金国梁答道：“不知多长时间，但动员会上说，要做安家落户的思想准备。因此，这次老婆孩子要一起带上。”

叶氏无奈地叹道：“咱们家好不容易团聚了几年，眼看着又要分了。”金冰玉握住妈妈右手，轻轻抚摸。

金昆仑看了看大家，觉得一锤定音的时候到了。他清了清喉咙，说：“那就这样吧，我也看出来了，今天你们爷儿俩是回家来告别的。我送过你们抗日，我也送过你们打老蒋，我送过你们去打抗美援朝战争。现在，我再送你们去‘三线’。可是……我可能是岁数大了，怎么忽然就心难受了呢？就觉着舍不得了呢？就觉着我活着怕是见不到你们了呢？啊，我的国盛，我的小兴旺？你们到了南方，会想爷爷、会想太爷爷吗？”

“我们都会想您的！”两个孩子一先一后回答。

大厅里的人们听了老人家这番话，一下子都沉默起来。

金振之看了看大哥，金振一忽然感觉到了作为长子的责任。

他说道：“爸，您没有老。在我们晚辈的心中，您一直是顶天立地的人物。四弟和国梁虽然要远走他乡，但他们是去做国家大事。我们这些人当年流血牺牲是为了什么？不就是为了让国家强大起来吗？正像您刚才说的，我们金家是革命家庭，他们两个人是谁？是曾经的革命军人，是曾经的人民功臣，他们就应该冲在最前面啊。”

金昆仑说：“振一，你说的这些我当然懂，可是不知怎么忽然就……”金振雄说：“爸爸，其实我刚才说但丁的诗，一点也不过分，我姐和我大哥也对那句诗做了注解。如果真有地狱，那我们共产党人不下让谁下？只有我们冲上去了，人民才能过上天堂一样的生活。当年在朝鲜战场上，杨军长就对我们说，什么叫共产党员？共产党员就是在生死关头替人民挡子弹的，就是替人民去死的那些人。何况，现在去‘三线’再苦也苦不过朝鲜，妈，您放心吧。爸，你小儿子一定会为金家祖上争光！”

金国梁说：“爷爷，没有事的，我们会经常回来看望家人。”

叶氏把头转向老儿子媳妇何小妮、二孙子媳妇师丽芬，“你们也都愿意去那个攀什么花？”

何小妮用她的苏州普通话柔声细语地说：“妈，叫攀枝花。妈，我是当兵的出身，我还是个党员。就像大哥说的那样，我们这样的人应该冲在前面。我们记得雷锋讲过一句话，我是革命一块砖，哪里需要哪里搬。我听振雄的。再说，他一个人到了‘三线’会孤独的，我要跟去照顾他。”

师丽芬见奶奶、婆婆看着自己，就说出了自己的心里话——

“奶奶，我是四川人，攀枝花也算是我的故乡。我看到报纸上报道鞍钢有1200多名干部和技术业务骨干，5000多名技术工人报名奔赴攀枝花，我感动得哭了好几回。我又有什么理由不支持国梁呢？我又有什么理由不冲在第一线呢？我是曾经的军人，我是共产党员，我必须冲在最前面。奶奶，我愿意去。您放心，我会照顾好国梁、照顾好兴旺的。”

缪秀芳忽然搂住了小孙子兴旺，这一幕让叶氏看在了眼里，她的心突然就疼了一下，那一下是那么难受。

叶氏擦了擦眼眶，说：“昆仑哪，他们讲的这些话，我怎么听着这么像咱家的祖训呢？”

金昆仑听了这话，一愣，说：“现在的新思想新说法，好多是从老祖宗那里来的。国强呀，你去琴剑阁把爷爷的笔墨纸砚和章子拿来，我要给他们爷儿俩每人写一幅祖训带上。”“好嘞！”金国强跑向后院，不一会儿跑了回来，把笔墨纸砚放在那个八仙桌上。

金国强开始给爷爷研墨，金毅在爷爷的指点下，将一张八尺宣纸裁成两张。

金昆仑拿起那支胡魁章笔庄出品的大狼毫，挥笔写下了金家的祖训——

“爱我高天，爱我厚土。为官为民，清风亮节。社稷兴亡，赴汤蹈火。”

老人家一口气写了两幅，一幅题上“爱子振雄存之”，落款“盛京九旬老叟”，另一幅题上“贤孙国梁存之”，落款“盛京九旬老叟”。然后，他盖上著名金石家周铁衡先生为他治的印章。

金昆仑说：“你们收好，我的字不算什么，但祖训却是十分重要的。”

振雄、国梁叔侄二人点点头，小心翼翼地卷了起来。

金昆仑接着说：“振雄啊，一会儿送到你佟三哥的店里裱好，然后拿走。”金振雄说：“好的，爸。”

金振一扫了一眼儿子，聪明的金国强当即心领神会。

“爷爷，给我也写一幅祖训吧。”

金毅也说：“这字直追颜真卿，爷爷给我写一幅吧。”

金国栋说：“爷爷如果不累的话，顺手也给我写一幅吧。我很想要。”

张铁石说：“爸，我也要一幅，我虽是外姓人，但我一直认为我是金家人。”

金昆仑哈哈大笑，他说：“你们别蒙我，什么直追颜真卿？差远啦。我们家人，特别是二姑太和我为什么喜欢颜真卿呢？首先是因为他清正廉洁、刚直不阿、对国家的感情忠贞不贰。这也是他刚劲圆厚、气势庄严雄浑的书法艺术的根源。作为一个文官，他敢于与大奸臣杨国忠分庭抗礼，宁愿被贬。安史之乱的时候，他敢于组织义军平叛，一度还光复了河北。这才是一个大知识分子，这才是一个合格的硬骨头，一个真正的爱国者。我和二姑太临颜体临了一辈子，体会他的心境与灵魂，把他作为人生的楷模。你们听明白了吗？”

金国强说：“爷爷，我们听明白了。”

金昆仑看了看金毅，接着说道：“我知道你们这是哄我高兴，怕我为了他们爷儿俩的远行而难受。放心吧，我那个难受劲儿过去了。我是谁？我是沈阳城里堂堂的金昆仑呀。我想好了，我要快乐地活着，我要看到国栋的歼-8上天，我要看到振雄、国梁他们的钢厂产出的第一炉钢水。”

说到这里，他一一为孩子们书写祖训。

落地钟敲了十一响，预告中午来到了。

叶氏看见丈夫写好了最后一幅，又问何小妮与师丽芬：“都准备好了吗？”两人回答：“已收拾了一个礼拜了，厂里开动员会时，我就开始收拾了，现在都准备好啦。”

叶氏朗声说道：“昆仑哪，那还等什么？请刘师傅给孩子们炒菜温酒！不管怎么说，总比到战场上去打仗要强啊。”

金昆仑说：“我早让他准备去了，而且，我还特地让红叶打电话给明湖春的李师傅要了两道菜，一道是全家福，另一道春色满堂。20年的茅台还有三瓶，统统拿出来。今天都要喝一点。我带头儿。为振雄、国梁两支人壮行！”

这时，金国强身边的黄冬雪站了起来，她说：“爷爷，奶奶，我去帮厨吧，我会做菜。”说罢，黄冬雪冲叶氏一笑，向厨房那边走去。

叶氏望着黄冬雪的背影，说：“不是一家人，不进一家门，我看她的模样跟秀芳有点像呢，也有点像冰玉。”

缪秀芳说：“人家多好看呢，我可赶不上。别说，和冰玉倒是有几分像呢。”

金国强听了这些话，心里特别舒适。

这天的午宴，大家就吃得有点异样。

金昆仑越是表现得豪气，客厅里的气氛就越是沉闷。

隔着玻璃窗射进来的阳光，照耀大餐厅。那道“全家福”，那道“春色满堂”在光芒里格外显眼，没有人舍得动一筷子，连五个小孩子也舍不得动。

看到妈妈和二嫂眼圈始终是红的，特别是二嫂一次一次举杯就干的样子，金冰玉特别难过。

忽然，小金琳的一句话说得何小妮泪水涟涟，她说：“国盛哥哥，兴旺，你们走了，以后我要是想你们，可怎么办哪？”

国盛说：“等长大了，我们就回家啦。”

金毅带头哭出声来，接着金家的女人们都抽泣起来。

振雄和国梁叔侄二人坐得笔直。

只有金昆仑和金振一，面如大理石。

金昆仑与长子碰了杯，随后一饮而尽。

这位一家之长，环顾了一圈，那些面孔仿佛有些陌生了。

金昆仑说：“喂，当长辈的，都抬起头来，别让孩子们笑话。在座的有二十年代的党员，有三十年代的党员，有四十年代的党员，也有五六十年代的党员。你们这都是怎么了？是不是和平生活过得太安逸了，不想再为人民吃苦受累了？

振雄、国梁的这次南下，比起我们金家历史上那些生离死别什么都不算。那时候，是提着脑袋去的，随时都有可能牺牲。这能比吗？我们共产党人的打天下坐天下，我的理解不是坐享天下，而是为人民建设天下。”

金振一说：“振雄、国梁，小妮，还有丽芬，如果你们当中有谁后悔了，我打个电话就可以把你们留下。真的，我完全可以办得到。”

“大哥，我们没有这个意思，我们就是心里有些难过。”

“大爷，我们不需要你照顾。我们能行！”

这时，金振之提议：“来，我们金家的男人喝一杯。”

金冰玉当即表示反对，“三哥，我们金家的女人差什么？要喝就一起喝。你们的榜样是我爸，我们的榜样是二姑太，是我妈。来，大嫂、二嫂、三嫂、小妮、文华、丽芬，来，我给你们满上。”

当天夜里，金昆仑带领全家人拜了祖宗。

在祠堂里，迷离的灯光里，在缭绕的香气里，他们先是集体背诵祖训。然后，一齐跪倒在地。

两天以后，在沈阳站，金昆仑率领全家送振雄、国梁两支人南下四川攀枝花。

叶氏对振雄说：“老儿子，这回妈妈抱抱你吧，上回送你去朝鲜在安东车站，妈妈拒绝了你，妈妈心太狠了。国梁，你也来，奶奶再不抱，这辈子怕是抱不着了。你们……你们揪我的心哪！”叔侄俩轻轻地抱住老人家，眼眶红红的。

终于，振雄和国梁带着各自的家属上车了。金昆仑举起大手，挥动着。

可是，在闷罐车即将要启动的那一刻，金国盛和金兴旺突然下车，面对金昆仑和叶氏跪下——

“爷爷奶奶，再见啦！”

“太爷太奶，我们走啦！”

两个孩子匆匆磕了头之后，起身跳上了火车。

汽笛一声长鸣，火车无情地开出了站台，开出了人们的视线。

金冰玉紧紧抱住母亲，金毅也在一边搂住妈妈。

从此以后，叶氏和缪秀芳婆媳二人都落下个毛病，就是听不得火车叫，一听见火车叫，她们就要落泪……

“三线”建设时期，辽宁援建了 100 多个军工企业，拿出了 3000 多台生产设备，输送了 30000 多名管理干部、技术人员、产业工人。

辽宁工业对“三线”建设的投入，相当于国家同期投入的 4 倍。辽宁调出的产能包括 6000 万吨生铁、8000 万吨钢材、5000 万吨水泥等等，平均每年迁出职工及家属 10 万人口。

金家的两支人，只是鞍钢为攀钢输血的一个小小缩影。

五十四

振雄和国梁两支人走了之后，大院里忽然变得有点落寞。

终于，在叶氏掐指一算正好一个月后的那天下午，他们写给家里的信，同时飞进了大院。“老金家来信啦，两封呢。”邮递员把信投到了邮箱里，抬腿跨上自行车跑进了西胡同。

振雄的信再简单不过，他这样写道——

爸妈大哥大嫂二嫂姐及全家人：

你们好。

我们两家都已平安到达攀枝花，这里一切均好，我们已开始工作了。

勿念

你们的振雄

国梁的来信则与叔叔截然不同，他说——

爷爷奶奶妈大爷大娘、妈妈、三叔、姑姑及全家人：

你们好。

我和四叔全家已顺利到达目的地——攀枝花。

这里山清水秀风景十分优美。我们的工作也很轻松，吃的住的都很好，工厂给我们提供了很优越的条件。孩子们也都上了学，还分在一个班级，他们很快乐。总之，一切都很美好，并且会越来越美好。

祝安

你们的国梁

从金昆仑开始，全家争相传阅这两封信。

金昆仑注意到金振一和金冰玉两人读信时，脸上没有那么多的喜悦。

尤其是金冰玉，她还微微皱起了眉头。

晚上的时候，金昆仑把长子振一和女儿冰玉叫到琴剑阁。

金昆仑看了看他们，问道："你们是不是看出了什么问题？"

金振一说："爸，不会有什么大问题。只是国梁可能夸张了些，那里的条件应该是很艰苦的。"

金冰玉说："大哥，那不是一般的艰苦。我在报纸上看到的情况是说那里的生活条件异常艰苦，三块石头架口锅，帐篷搭在山窝窝。喝的是从金沙江抽上来没有经过处理的江水。现在正是酷热的时候，痢疾、肠胃炎疾病在他们中间大面积暴发。但他们的精神强健，没有谁趴下，你看国梁是多么乐观。他们本着边施工边改善生活的方针，会慢慢安排部署各项工作。咦，国梁这个信封里有个小字条，呀，是兴旺写的。一定是偷偷放里的，国梁不知道。”

金昆仑一听，两眼放出奇异的光芒。

“念，念，快念念，听听这个小宝贝说什么。”

太爷爷好，这里的水太不好喝了，我们全家都拉了肚子。我想咱们沈阳的八王寺汽水了。太爷爷，能给我邮两瓶来吗？我小叔国盛也想，可他不让我说。太爷爷，我去邮信了。太爷爷，我要汽水的事，可别告诉我爸呀。

金昆仑听到这里，泪眼模糊。

金冰玉掏出手帕拭去泪花。

金振一叹道：“让孩子们受苦啦。”

金昆仑说：“满足我重孙子的要求，满足！”

金振一奇怪地问：“爸，您真要给他们邮汽水？”

金冰玉说：“爸，这样恐怕不行，咱家的孩子喝上了汽水，那别人家的孩子怎么办？”

金昆仑笑道：“冰玉，你说得对。我们干部家庭不能搞特殊。我是想采购大量的汽水发往攀枝花。你们看行吗？孩子们都喝上了，我家的宝儿们不就喝上了吗？”

金冰玉说：“爸，好主意呀。我捐三个月的工资。”

金振一说：“我也捐三个月的工资。”

金昆仑说：“都不用，这点钱爸还有。就这么定了，先搞他一车皮。另外，我想再寄去一笔钱，让他们打几口井，喝江里的水不行呀，要喝地下水，要搞个自来水工程。先寄汽水。去，叫二林子，开车，咱们去八王寺汽水厂。”

很快，金昆仑和金振一、冰玉来到了八王寺汽水厂。

正在值夜班的张厂长接待了他们。听明白来意后，这位年轻的厂长说：“不用你们花钱，我现在就下令加班加点生产一批特制的汽水发往攀枝花，不能让咱们的孩子亏着。”

金昆仑大手一摆，说：“你捐归你捐，我捐归我捐。我捐一车皮，你给我最低价就行，我好多买一些。”

张厂长说：“金先生的豪爽，果然名不虚传。好，就这么定了，两车皮。”

一个月后，国盛和兴旺小叔侄俩共同写来一封信，信中说：“亲爱的爷爷、太爷爷，我们喝到了家乡的汽水，好甜呀。”

鞍山的龙泉汽水厂得到消息后，厂长下令为攀枝花赶制汽水，并在三天后发往攀枝花。

很快，国梁来信说，不用寄钱打井了，攀枝花用上了自来水。金昆仑赞叹道：“我怎么说来着？党不会亏着孩子们的，这叫社会主义的速战速决的速度。”

缪秀芳看到公公读完了信，问道：“爸，看完了？”“嗯，看完了呀。”“那，我收起来了。”“好哇。”

夜深了，缪秀芳在确认女儿睡熟了之后，下床找来手电筒扭亮，在被窝里又读起国梁的信。过了一会儿，整条被子随她的抽泣而抖动。睡梦中，金毅听见母亲一声声呼唤国梁的名字、兴旺的名字。

天亮的时候，母亲的枕巾湿了一大片，母亲的眼泡是红肿的……

缪秀芳叮嘱金毅道：“不许对爷爷奶奶讲，大爷大娘三叔三婶都不要讲。等有一天你做了母亲，你就懂了。”

“妈，我现在才能体会到，你带我在山上那十几年，扔下大哥二哥，你的心里该有多痛啊……”

“所以，妈这辈子总觉欠你们什么。欠你大哥你二哥，妈也欠你的，那么小就扔在你岳姥姥家……”

“妈，你不欠我，我比大哥二哥有福多了。”

五十五

转眼真的就到了 1967 年的元旦。

早在一个多月前，金振一就与金振之商量一件大事。

“三弟呀，老爸老妈确实是岁数大了，老四和国梁走了以后，我发现他们情绪一直低落，这元旦说到也就到了。我们这回得让咱爸咱妈高兴高兴。”

“是呀，但元旦不比春节，能过出什么花样来？”

“嗨，你什么记性呀，今年咱们家的元旦是普通的元旦吗？”

“哦，让我想一想……大哥，我真想不起来。”

“你呀你，一天忙得晕头转向。要不是冰玉也忙，我才不跟你多说这么多的话哪。”

“大哥，我想起来了，是国强与冬雪大婚的日子，还有金毅与罗劲峰，还有二林子与红叶，三喜临门呀。”

“对呀，我实在是忙得抽不出时间与精力，你与你大嫂、冰玉，还有国栋两口子好好商量一下，特别是国强，他年轻，点子多。我们家虽然说不主张大操大办，但是怎么着也得热闹一下。一句话，让老人高兴。”

“好的，大哥，我一定办好。你说得对，让老头老太太高兴。”

“对，这是第一要义！”

元旦，这天一大早，金家的院子里就响起了电影《红珊瑚》的主题歌《珊瑚颂》和电影《芦笙恋歌》的主题歌《婚誓》等歌曲，这是放在大榆树下面那架老式唱机里的唱片在旋转。

歌声，飘出院门，飘出很远。

金昆仑捐出去的二十间房子，现在住进来二十户人家。按照金昆仑的意思，都是从金国梁当初所在的重型机器厂和金毅所在的东北机器制造厂选出的劳动模范、无房户进住。

如今，这些人成了金家的新邻居。

邻居们听了歌曲，正在品味优美的旋律，抬眼一看，院子里各个门窗上都贴满了红喜字，纵横交错的小彩旗在风中摇曳。

他们觉得喜出望外。

缪秀芳笑吟吟地把喜糖撒向大家。

“吃喜糖吧，快，别客气，晌午的时候，还要喝喜酒。”

“谁结婚呀？”

“三对儿呢，一会儿你们就知道了。”

“好哇，恭喜恭喜。我们也得准备准备。”

“你们什么都不用准备，到时只管祝福就好啦。喜酒管你们够。”

“好嘞，那我们总得换件新衣服吧，哈哈哈……这大新年的，开门就见了三喜，太吉祥了。”

金家大院，一眨眼的工夫，就飘满了喜气。

忽然，小南关大街响起了锣鼓之声。

原来，年久失修坑坑洼洼的小南关大街，在这一天的上午铺上了新沥青，边门外护城河上摇摇欲坠的小南桥也换成了一座崭新的桥。

金昆仑自去年入秋以来就想出资修这条路和这座桥。

一个月前，金振一向金振之布置筹办婚礼的任务，金振之和父亲一商量，决定让三对新人捐出全部结婚费用，用来修路架桥。不足部分，从金家的总账里出。

金振之与街道王主任洽谈时，只提出一个条件，就是希望在三对新人结婚的当天，即 1967 年元旦的当天竣工。

王主任说："这是学雷锋的一个特别行动，我们一定尽快办好。"

全长 1.1 公里的工程，真的就如期竣工。

这天早上 8 点，金毅、罗劲峰、金国强、黄冬雪、二林子、红叶应邀为工程竣工剪彩。

之后，在鞭炮声中，披着缤纷的红花雨，新人们每人骑一辆沈阳自行车厂出品的"白山"牌自行车，身着流行的草绿军装，胸前佩戴领袖像章和小红绢花，从小南门出发，一直骑到小南边门外，过了那座小桥，再折回，最后，他们骑到六和店东胡同的金家大院。

沿途的老街坊老邻居，报以热烈的掌声和亲切的祝福。

三对新人刚一进院，街道办事处王主任就带人进了胡同，一封大红感谢信贴在了大门的左边，把那些污蔑金家的大字报覆盖起来。

王主任带人进了院子，走进中堂大厅，向端坐在那里的金昆仑、叶氏道喜。

挨着金家二位老人坐着的，是张德福和老伴索氏，还有金家的恩人岳大娘。王主任也一并向他们道喜问安。

"同喜！同喜！"金昆仑和叶氏热情地回应。

王主任又问："老神仙，这阵子身体可好？"金昆仑说："硬实着呢。还有我老伴，她也硬实。"王主任说："仁者寿啊，二老是沈阳城最仁义的人，扶危济难乐善好施，更重要的是参加了革命，为革命做出了突出的贡献，还培养出了这样出色的下一代。这样的婚礼，在全市全省全国也是顶呱呱的。这是学雷锋的实际行动，真的是我们学习的榜样啊！"

金昆仑向王主任拱手致意，他说："王主任太客气了，这不正是我们共产党人应该做的吗？我只是觉得，做得还很不够，我们还应该多向雷锋同志学习。"

上午 10 点钟的时候，婚礼在中堂大厅里正式开始了。

在金振一的指挥下，新人们面对领袖像三鞠躬致敬，向金昆仑、叶氏、金振一、江素萍、缪秀芳等长辈行礼。然后，是夫妻对拜。

这时，电话响了。

电话是从遥远的攀枝花打来的。金振之让儿子国昌关掉了唱机。

大厅里安静了下来。

金昆仑拿起了话筒。

先是金振雄的声音："我是振雄，祝二林哥和红叶姐新婚快乐，祝金毅、罗劲峰新婚快乐，祝国强和黄冬雪新婚快乐。我们在祖国的大西南祝你们幸福。"

接下来，是金国梁、何小妮、师丽芬、国盛和兴旺的祝福。

兴旺最后还加上了一句，说："金毅姑姑，国强叔叔，别忘了给我们留喜糖……"

叶氏问道："他们说什么？"

金昆仑说："攀枝花的老四他们在说祝福的话呢。"

机警的金振一发现父亲的眼泪一滴一滴流了下来，妈妈叶氏和弟妹缪秀芳在擦眼泪。

他连忙示意金国昌再把唱机打开。

金振一大声地说："现在请王主任发表讲话。"

人们热烈鼓掌。

王主任说："我要讲的首先就是祝福。祝这三对革命夫妻生活美满，白头偕老。小南关大街，还有边门外的小南桥，年久失修，居民们行走十分不便，苦不堪言。我们向上级反映多次，也没有结果，可能是工作太忙了。金家三对新人拿出自己的新婚经费，修路架桥，并在竣工的今天举行婚礼，这是我参加的最有意义的婚礼。我今天带来了红宝书六本，毛主席像章六枚，作为结婚的礼物。我代表小南关的老百姓，代表小南关街道革命委员会，再次祝你们幸福。"

金振一带头鼓掌。

金振一问道："新人们谁讲讲？"

红叶爽快地说："我说。"

人们觉得有点奇怪，一向少言寡语的红叶今天是怎么了？只见红叶拉着二林子走到金昆仑和叶氏跟前，深深鞠了躬。

红叶说："各位长辈、兄弟姐妹和小辈的孩子们，我红叶有今天，除了感谢党和毛主席，还要感谢金先生和老夫人。我的身世，从来没有对外人说过，老夫人不让我说，怕左右邻居小看我。我是鬼子投降的前一年，从河北和父母闯关东来沈阳的，不料父母得瘟病而死。我那年 11 岁，满大街要饭吃。那年冬天，我走到皇学胡同，碰到两个地痞欺负我，正好金先生和二林哥路过，他们打跑了那两个人，把我领回了金家大院。老夫人一眼就看中了我，正好那时珍珠姐姐要出嫁，我就留了下来。没爹娘的红叶重新有了爹娘。金先生、老夫人从没有拿我当下人，就像自己的女儿一样。金家的人都对我好。现在又拿出三间房子让我结婚，像聘自己的姑娘一样。金家是革命家庭，我在这个院子里看到了共产党的样子。红叶没有别的，我只求二位老人长命百岁！"

听到这里，人群中再次响起热烈的掌声。

红叶突如其来的讲话，把这个奇异的婚礼推向高潮。

金毅悄悄捅了一下罗劲峰。

大校罗劲峰给大家敬了一个军礼。

他说："我和红叶姐的命运差不多，从小没了爹娘。我一走进这个院子，我就感到是回到了家。金毅小妹在战场上救了我的命，我的命是她给的。从今天开始，我就是金家的人啦。我要孝顺爷爷奶奶和妈妈各位长辈，善待全家人。我的话讲完啦！"

这时，金毅忽然向王主任提出一个问题。

"王主任，我可以穿婚纱拍结婚照吗？"

"嗯，这个……应该可以吧？"

"我怕有人说我是资产阶级。"

金昆仑说："照张相就是资产阶级了？没有什么，我看可以。"金振一听了这话，皱皱眉头。王主任说："照相是私事，我不干预。我没看见的时候，你们随便照。"

罗劲峰悄悄对金毅说："婚纱和西装我都准备好了，晚上，我们在品茗轩里拍。"金毅特有幸福感地点点头，缪秀芳看到这个细节，也很有幸福感。

金振一迅速转移话题，"国强，你也该讲两句呀。"金国强说："感谢爷爷奶奶爸爸妈妈养育之恩，感谢所有的亲朋好友，同时，祝我们六个人幸福。最后一句，开宴！"

众人听了这最后一句，都忍不住笑了起来。

于是，在金家大院，一个革命化的简易的婚宴开始了。

刘师傅给大家做了八冷八热八大碗，并配了各种小菜，还有瓜子、花生和糖果。还是老规矩，邻居们可以自愿来喝酒，但是金家不收任何人的红包。

婚宴虽然简单，但却是热闹非凡。

到了傍晚的时候，客人终于一一散去。

在金毅的召集下，三对新人走进品茗轩。

新郎们纷纷换上西装，新娘们则换上了婚纱。

宽阔的中堂大厅，一下子又亮了许多。

金国强把那架老式蔡司相机交到金振一手上，说："爸，这也是精彩历史瞬间，要留给后人的。您多受累，别管外人说什么，不要怕。"金振一笑道："你这小子……我怕什么呢？"

金冰玉特地将密友于兆带家来，请她给新人们拍摄纪念照。

她对于兆说："你是专业的，多给他们拍点，争取出经典。"于兆说："应该拍出好片子，你看他们的形象和气质，一个赛着一个。"

两台相机对准了新人们，一张接一张地拍了起来。

于兆拍着拍着，她发现了在人群的后面有一张英武的面孔，看上去与金昆仑特别相像。

于兆悄悄问金冰玉："那个人就是你大侄金国栋吗？""是的。""和老爷子真是太像了，天然一副英雄形象。等我拉近镜头偷拍几张。"

在于兆的镜头里面，金国栋坚毅而温和，深眉下的黑眼睛里藏着沉思。

于兆对金冰玉说："你看这张相片多好，这个人是干大事的。"金冰玉说："他已经干了大事，在朝鲜上空他打下了美军的飞机，立下了战功。也许他还会立功，你等着看吧。"

"哦……"于兆按动了快门。

五十六

千辛万苦之后，金国栋所在的东方公司又一个宏伟的飞天梦实现了。

1969 年 7 月 5 日，我国自行研制的第一架高空高速歼击机——歼-8 飞机在沈阳首飞。

这一天，试飞机场上人们屏住呼吸，注视着跑道一端的歼-8 飞机，顾先生手持秒表，准备测算滑行时间。

9 点 38 分，首飞指挥员大声下令——"起飞！"

两颗绿色信号弹凌空而起，01 架歼-8 飞机长啸一声，从人们眼前滑过，它抬头、拉起、爬升，最后，飞向了天空深处。

金国栋以一个老飞行员的目光，密切注视这架飞机，他对顾先生说："老师，我看没有大问题，试飞成功啦！"

天从人愿，秒表测得的数据与计算完全相符。

20分钟后，歼-8飞机在3000米高空盘旋三圈，开始返航，最后落在地上，滑行一段之后，平稳地停了下来。

歼-8 飞机就此宣告首次试飞成功。从这一天开始，中国不能自行研制高空高速歼击机的历史结束了。

观看的人群一片欢腾。

金国栋和顾老师热烈拥抱。

歼-8 首飞虽然成功了，但在跨音速的飞行试验中，它还是出现了问题，就是抖振。

金国栋给爷爷的描述，特别形象。

他说："抖振，就好比一辆公共汽车开到了不平坦的马路上……"金昆仑说："我看，你们很快就会突破这个难关，飞机都飞上了天，这个算不得什么。"

在此后的试飞中，抖振的问题一直没有得到解决。

顾诵芬和学生金国栋等人又熬了几个不眠之夜，最后，顾先生大胆提出了一个土办法。

他让金国栋买来了红颜色的毛线，把毛线剪成 20—25 厘米长，粘贴在机尾罩的前后，围绕机身，按毛线的长度一排一排地缠在表面，就像穿上了一条红裙子。

顾诵芬决定乘坐歼教 -6 飞机上天，直接跟在歼-8 试验飞机的后面，观察歼-8 飞机的飞行流线谱，观察毛线条的扰动情况。

金国栋说："老师，您不能上，我当过飞行员，我上！"

顾老师坚定地摇摇头。

金国栋发现自己不能说服老师，于是，他退而求其次，他说："老师，那我陪您上去，多一个人多一双眼睛。"老师听了，点点头。

这一次的危险系数很高，他们乘坐的不是安全系数高的民用飞机，而是危险系数高的战斗机。

更危险的是，要求他所乘的歼教-6 与歼-8 距离在 5 米左右，甚至还要更近。这样的距离，稍有不慎，很可能就要两机相撞，那就要酿成大祸，直接危及他们与飞行员的生命。

然而，师生二人现在顾不了那么多，他们心里只想着飞机抖振的事。

领导起初说什么也不同意。顾诵芬说："我不上去，问题就解决不了。歼-8高于一切呀。"金国栋说："我和老师在一起。"

领导只好请示更高一级的领导。

最后，经过航空部和空军司令部的特别批准，顾诵芬和金国栋的请战顺利通过。

师生二人连续三次随歼教-6上天，与歼-8飞机等速度飞行，在不同高度、不同方位上，他们用望远镜、照相机观察、拍摄飞机的飞行状态。

试飞员看了，内心特别震动，都是四五十岁的人了，不顾生死，眼睛一眨也不眨地盯着对面的歼-8飞机。

这是世界现代飞机研制史上罕见的壮举，这是什么精神哪？

第一次没有发现问题，第二次也没有发现问题。

顾诵芬又第三次上了飞机，终于，这回他发现机尾根部的锐角区毛线全部被气流撕掉了，因而造成了气流严重分流，进而造成了抖振。

"国栋，你看见毛病了吗？"

"老师，我看见了，毛病在气流分流。"

抖振的根源，原来就在这里。

回到地面以后，顾诵芬对飞机后机身整流包皮做了修形设计。这回试飞之后，果然，抖振的怪态消失了。

从此，歼-8飞机的翅膀更坚实了，它飞得更快更高更远了。

作为航空英雄，金国栋的大名和顾诵芬并列在一起。他们被称为航空英雄。

到这个时候，于兆才明白金冰玉那天说过的话，就是关于金国栋还要立功的那番话。

在东方公司，于兆为顾诵芬、金国栋拍摄了好多特写照片，成为各大报刊头题位置上的抢眼之作。

正好过了一年，就是到了 1970 年 6 月 29 日凌晨 5 时，金家大院中堂大厅里的电话突然响了起来。

守候在电话机旁边的金昆仑一激灵，他拿起了话筒。

就听那边金振雄在大声说：“爸，妈，报喜了！就在 8 分钟以前，对，4 点 42 分，我们的第一炉钢水出炉了。”

99 岁的金昆仑高兴地大叫：“太好啦！我们全家都没睡呀，就等着你报喜呢。红叶，红叶，拿我的茅台来，刘师傅，炒六个菜！”

早在 1970 年年初的时候，攀钢一号高炉安装就进入最后的攻坚阶段。

攀钢的领导干部、技术人员和一线工人全天实行三班倒工作制，人可以休息，机器却不能停止运转。

金振雄、金国梁和同志们一起，他们吃在工地，睡在工地，就是为了能在 7 月 1 日前生产出第一炉钢水。

在试生产的时候，设备的各种毛病不断，险情也不断。由于高炉烘得不太好，送风后各风口渣口还往外流水。送风刚刚正常，谁知两天后，蒸汽炉又出了故障，造成鼓风机被迫停风。

在那段时间，大家围在高炉边，没日没夜地干，一个一个问题去解决，从没有退却，就是一个劲地向前冲。

在电话中，金振雄说：“毛主席讲，攀枝花建不成，我睡不好觉。我们的动力只有一个，那就是要让毛主席睡好觉！毛主席让我们来这里建设钢厂，这是我们的光荣！不出钢水，我们觉得不仅辜负了毛主席的信任，而且还很给辽宁人民丢脸。那段艰辛的路我们就是这样走过来的。”

那边金国梁接过电话，“爷爷奶奶，我们的喜报已送到北京了。明天我们还要出一炉钢水，向党的生日献礼。爷爷、奶奶，我们喝庆功酒去了。”

金昆仑说：“我要给你们庆功，支援攀枝花就是我们辽宁人最切实的学雷锋，是学雷锋成功的典范。还有国栋，也要再为他庆功一次，他去年与同志们搞成了歼-8。孩子们，你们都为国家争了光呀，我为你们高兴啊！今天中午，我要请客，我要请全胡同的人喝酒……等天再亮点，我们就放鞭炮，中午，我就请邻居们过来。好啦，你们也该下夜班了，回家好好睡一觉。我也眯一会儿。”

放下电话，迎着那些喜悦的目光，金昆仑一挥手，说：“都回去眯一会儿，中午咱们好好喝点。我金昆仑这辈子活得行啊，能看到子孙们成才，看到他们为国家做成大事业。你们说，有什么比这更幸福的？我知足呀。”缪秀芳说：“爸，这还是归功于您老人家教育得好哇。”

吴惠莲说：“二嫂说得是呀，我嫁过来 10 多年了，我对我们家优良家风深有体会，我对二老的言传身教更有体会。我感到，老人就是我们党的优秀党员，是生活在我们家的雷锋。国昌呀，扶爷爷奶奶先去休息吧。”金振之、金国昌赶紧起身，去扶金昆仑与叶氏向内室那边走去。

江素萍说：“国昌快赶上他爸高了，这才 14 岁呀。”吴惠莲说：“就这半年蹿得快。”

正说着呢，那爷儿俩回来了。

金国昌说：“我奶奶困得眼皮都抬不起来了，我一直看着没敢说，怕扫了爷爷的兴致。”

金振之想了想，说道：“都是百岁的人啦，以后这高兴的事也得悠着点。我爸他不服老，可我们心里得有个数。”

金振一听了这话，好像忽然醒悟了什么，他说：“振之说得对，我们得成立个小组，随时应对老人的突发情况。振之、惠莲、文华，你们几个是医生，专业上多承担一些。其他事，我们几个来办。对啦，秀芳，你下周就把岳大娘接来，在我们家一旦有什么情况，要医生有医生，要医院也很近，我们这里离军区医院也就几公里的路。对啦，冰玉呀，让你公婆回来长期住在这里吧，老人们在一起，有嗑唠。我们照顾起来也方便。”

金冰玉说："我说过多次，铁石也劝，他们不大听我们的。"金振一笑了，说："你笨哪，亏还是大记者呢，你不会说小金琳需要爷爷奶奶照顾吗？你明天试一下，保证灵验。"金冰玉如同被提醒了一般，"唉，你还别说，大哥，你这招儿应该行的。"

金振之听到这里，手一拍说："齐啦，我们可以办个养老院了。好，大哥，好点子。"金振一说道："老三哪，你有那么好的事还瞒着家人？老婆孩子也跟你一样守口如瓶，怎么着，与家人分心哪。"

这时，金国昌抢着说道："我知道，爸，我可以说吗？"金振之笑道："既然你大爷问，必是他也知道了，你说吧。可是，大哥，你是怎么知道的？"金振之说："你呀，钻业务都钻傻了，你忘了？你大哥是上海的老地工，什么能瞒得住我？再说了，你们军区的《前进报》，每期都是要寄我一份的呀。还是让国昌说吧。"

金国昌喝了一口茶，英俊的脸上熠熠闪光——

"1969 年 4 月，黑龙江的江面上还没有完全解冻。我解放军某部医院慰问团正在小岛上看望守岛官兵。突然，江面上有人大声呼救，原来是一个小姑娘不慎踩碎了薄冰落入冰冷刺骨的江水。这时，55 岁的老院长金振之纵身跳进大江，向小孩游了过去，百米、九十米、八十米、五十米、十米、一米……就在这位老军人快游不动的时候，那个小女孩突然沉了下去，金振之同志不知哪里来的激劲，他潜入江中，突然，他将孩子托出水面。这时，我们的巡逻艇正好赶到，两人得救了……金振之同志这个见义勇为的壮举，既是我军优良传统的继承，又是当代雷锋精神的充分体现。"

金振一说："国昌行啊，竟一字不落地背下了那篇文章。"江素萍说："你还不知道吧，国昌在实验中学的语文和英文是全校的第一名呀，年年的'五好学生'。可是，国昌啊，还有一条简讯，就是给你爸爸记三等功的，你怎么没背呀？"金国昌说："那个小消息太短，我就不背了。军功章我都带来了，一会儿给爷爷奶奶看，让他们高兴下。”

这时，走廊那边响起了金昆仑的声音——

“我都听见了，国昌你那么大的声音，我还听不见？我不睡了，和你们一起高兴高兴。振之呀，你做得好，不愧为军人，不愧为金家的好汉！今天的午宴，我也要为你庆功。”

说罢，健步向自己的椅子走去。

这时，金国昌双手托着那枚军功章，递给了爷爷。

金振之有点不好意思地摸摸自己的上衣扣子，悄声说：“这在我们家根本算不得什么，好几个人立过功，你四叔、四婶，你大哥国栋、二哥国梁、三哥国强，还有你姐，你姐夫，他们曾经都是功臣……”

金昆仑说：“振之，不能这么说。我认为这很有价值，你连那张《前进报》一起给我，我要收藏起来。在我看来，这就是我们金家的传家宝呀。”

金昆仑小心翼翼地接过那枚军功章。

在老人宽阔厚实的掌心里，那枚军功章一闪一闪地闪着金色的光亮……

五十七

1982 年 4 月 5 日的早上，金国强耳边响起爷爷的那句话——“国强啊，你们的机器人搞出来告诉我一声。国栋，你也听着，有一天，你们搞出了航空母舰新型舰载机，也别忘了告诉我一声。我听了，心里舒坦。”

就在前天，就在本月的 2 日，沈阳自动化所研制成功了我国第一台具有点位控制和速度轨迹控制的“SZJ-1”型示教再现工业机器人。

科学家们开创了中国工业机器人发展的新纪元。

这是金国强和同事们在老师蒋新松的带领下完成的。

清明节这天早饭后，金国强和黄冬雪带着儿子金兴邦来到沈阳城北的回龙岗革命公墓，来为爷爷金昆仑、奶奶叶氏扫墓。

11 年前，1971 年 9 月 6 日，金昆仑逝世。两天后，他的夫人叶氏也去世了。

金昆仑逝世那天，正好是他的一百岁生日。

在寿宴结束后，金昆仑看了一眼夫人，又望着满堂的儿孙，说句："我走了，你们要好好的……"说罢，溘然长逝。

追悼会十分简易，这是金昆仑的生前嘱咐。他说："别那么虚张声势，我喜欢安静，让我安静……"

尽管如此，还是来了很多吊唁的人。

有省、市领导，有各界的老朋友，有黄显声家族的代表、高鹏振家族的代表、唐聚五家族的代表。

更多的还是沈阳城普通的百姓，特别是小南关一带的人。

大家叫他"老英雄"，叫他"一代雄杰""我们的好邻居"，人们从万泉河畔、从万柳塘边采来金菊，摆在金家的大厅里，然后，面对他的遗像深深鞠躬。

除了金家人之外，哭得最伤心的并自愿为金昆仑夫妇守灵的，还有二林子、红叶一家、刘师傅一家、吴天顺一家、佟三一家、邵祥一家、珍珠一家等。赵亚洲将军已于前年去世，他的家属闻讯也前来吊唁。

最为撕心裂肺的，是远在攀枝花那些回不来的儿孙的哭声。

那天夜里，在攀枝花的山沟里，金振雄带领妻子何小妮、儿子金国盛、侄子金国梁、侄媳师丽芬、侄孙金兴旺，面向东北，面向他们的家乡，长跪磕头……

11 年过去了，对于那些情景，金国强依然记忆犹新。

现在，他到爷爷奶奶的墓前，他看到全家都到齐了。

有父亲金振一、母亲江素萍、二婶缪秀芳、三叔金振之、三婶吴惠莲、姑姑金冰玉、姑父张铁石、大哥金国栋、大嫂曲文华，还有姐姐金毅、姐夫罗劲峰、四弟金国昌、表妹张金琳、侄儿金兴志以及其他的晚辈。

四叔金振雄和二哥金国梁两支人远在攀枝花，他们不能来，和每年一样，在这个时候，他们面向东北面向沈阳，面向他们的先人长眠的方向磕头。

现在，轮到金国强祭拜了。

他将那个机器人模型放在了祭台上。

他说："爷爷，我完成任务了，我们中国也有机器人啦。我们还会有第二代第三代第四代第五代机器人，以后，每一代诞生，我都会来告诉您……"

金昆仑已经走了多年了，他应该也走了很远。

沈阳人，特别是小南关人，每当讲起故事，讲起那些雄壮的故事，讲着讲着，就会不期而然地讲到他老人家。

特别是 2012 年 11 月 25 日，"辽宁号"航空母舰在电视上一亮相，那些在五六十年代见过金昆仑的人，那些小南关的老邻居，看到军舰的甲板上有一位老人特别像金昆仑。

那身材、那相貌、那气势，像极了。

这个人就是 88 岁的金国栋。

他是来航空母舰上看望自己参与设计的新型舰载机的。

"辽宁舰"，是一艘可以搭载固定翼飞机的航空母舰，也是中国第一艘服役的航空母舰，它标志着中国从此进入航母时代。

金国栋请摄影记者拍了一张舰载机停泊在"辽宁舰"甲板上的照片。

第二早上，金国栋从大连回到沈阳。

中午的时候，金国栋带领儿子金兴志、孙子金安铭，三代人驱车来到回龙岗革命公墓。

在爷爷金昆仑的墓碑前面，金国栋率先跪了下来，在磕了三个头之后，他说了一句话——

“爷爷，我完成任务了，我们的航空母舰出海了，我们的舰载机飞起来了！”

微风吹着金国栋的白发，他如释重负地长出了一口气。

在东方公司，金国栋是个传奇的英模人物。他是厂劳动模范、沈阳市劳动模范、辽宁省劳动模范、全国劳动模范。

退休 28 年了，可是，他没有一天离开过公司。

金国栋依然每天早 8 晚 5 地上下班。他对领导说：“只要我头脑清楚，腿脚能走路，我就会来单位。我不要工资，我就喜欢一直在这里工作。”

那些核心的技术运行确实需要他在现场指挥，有他在现场，他的那些学生心里就有底。

公司领导对他的这种坚守岗位，既信任又担心。信任他的能力，担心他的身体。担心他突然摔倒，或者突然发病。

有一天，金国栋就写了一个“生死状”，他把这个特殊的契约拿到公司办公室，领导看到这样一行字——“尊敬的领导，我自愿在岗位上工作，我的年纪与身体不用担心，如果突然出现问题，病倒或死去，那与公司无关，全是我个人的责任，我的家属不会向组织提任何要求。”后面是他的签名和盖章。

领导的眼睛湿了。

在接下来的时光里，这位编外员工翻译的外文资料有数十套、10 余万字。他搜集整理的技术资料多达 300 余万字，典型试样和缺陷标样 400 多件。

同事们说：“金国栋就是一部活字典和教科书。他先后解决了上百项科研生产难题，其中 10 多项属于重大科研生产项目。保证了国家航空装备质量，节约资金数百万元。”

还有一个奇异的故事，2023 年清明节，也是金国栋 99 岁的生日。

那天，《辽宁日报》发表了长篇通讯，题为《金氏一门三代人的忠诚》。文章详细讲述了金国栋、金兴志、金安铭三代奉献祖国航空事业的业绩。文章分别讲了金国栋发明创造的故事，讲了金兴志、金安铭在生产一线生产制造的故事。

文章说，以金国栋对公司的贡献，以孩子们的实际能力，他们本来可以安排在企业高层做管理干部。金国栋这位老党员老干部老功臣却坚持把孩子放在了车间。

就这样，他们成为大国工匠。金兴志，是车工的行业标兵，是市级劳动模范。金安铭则更厉害。他是加工中心的操作工，竟然连续10年没有出现一件废品，完成重点产品技术攻关60余项、技术革新100余项、解决技术难题300多项，总结绝招绝技60多项，取得国家专利5项。他研发的“典型零件无人值守加工”等技术创造了多个企业乃至行业第一，累计完成产值过亿元，节约成本2000万元，他被评为全国劳动模范。

读到这里时，老人家欣慰地笑了，他那读报的样子、微笑的样子，和他爷爷金昆仑十分相似。

金国栋自言自语地说：“这正是我爷爷要的，我父母要的，为什么一定要做官呢，做工匠不是很好吗？”

这时，门铃响了。

小保姆打开门，孙子金安铭头一个跳了进来。

“爷爷，我把亲人们接回来了。”

“大哥好，大嫂好，大爷好，大娘好。大太爷好，大太奶好……”

金国盛、金兴旺领着两支人齐刷刷地站在客厅里。

金国栋举着放大镜，一一地辨认那些后辈。最后，他无奈叹道：“国盛、兴旺，除了你们两个人，我谁也不认识呀。但我知道，你们都是我们金家人。你们的身材，你们的额头，你们的眼睛，你们的鼻子，都是金家的……国盛，我四叔临终前说些什么没有？兴旺，你爸又说些什么？”

金国盛说：“我爸临终前，他说他想沈阳，想老胡同、想老院子，想他的父母，想他姐，想咱们沈阳过年的鞭炮声，想沈阳大舞台的麻花，想冬天里满街叫卖的冰糖葫芦……”

金兴旺说："我爸说他想故宫、想北陵、想小河沿、想中街，想老院子里那个假山和凉亭。他还说他想您，他对我说小时候被别的胡同的孩子欺负，都是大伯您伸手帮忙……"

金国栋听到这里，叫了一声："四叔，二弟……前两天，我看了报上对'三线'功臣的评价，叫献了青春献子孙，不知怎么地，我就想起你们，我就控制不住了……"说罢，老人就转过脸去，把颤抖的背影留给大家。

许久之后，金国栋这才缓缓转过身来，他对国盛和兴旺说："委屈你们了，回家不能在家里住，我的房子小，住不下，还要在外面住宾馆。"

金安铭说："这若是在从前，我们住在金家大院里，那再回来这些人，也是能住下的，我听我奶奶说，院里有五十多间房子。"

金国栋说："那是的，那是你祖爷爷一间一间捐给了那些无房户。前些年，大院动迁了，他们都上了楼，住上了楼房。"

金安铭叹道："嗨，可惜了。"

金国栋马上纠正道："安铭，你可不能有这种思想，捐了，是学雷锋助人为乐，也是你祖爷爷作为一个共产党人的情怀。他生前多次对我们说，只要人民群众过得好，有舒适的房子住，个人损失了就是获得。他后来连大院的院墙都推倒了，为的是与街坊邻居打成一片。"

金安铭解释说："爷爷，我不是那个意思。我是说大院作为文物最后一间一间地分掉，最后完全拆掉，太可惜了。那可是乾隆中期的建筑呀。"

金国栋说："只要是对人民有好处，我们什么都可以牺牲。这也是你祖爷爷说过的。这样吧，我们先去回龙岗祭祖。然后，我们开车到辽中区看看大辽河，我们在河边吃午饭。"

说着话，金家的男女老少数十口人，纷纷上了一辆大客车，奔向回龙岗革命公墓。

在这座公墓里，长眠着金昆仑、叶氏、金振一、江素萍、金振世、缪秀芳、金振之、吴惠莲、金冰玉、张铁石等人。金振雄与夫人何小妮、金国梁与夫人师丽芬在攀枝花逝世，已埋葬当地多年。

金国栋在墓园里一露面，早已等在那里的金国强和夫人黄冬雪、金毅和丈夫罗劲峰，虽都是垂暮之人，但看到“国”字辈的老大，他们的一家之长，他们都赶紧围上来问安。

于是，金国栋率领大家祭祖。

金国栋面向爷爷奶奶、爸爸妈妈的遗像，焚香，并汇报他的成绩——

“爷爷奶奶爸爸妈妈，你们好吗？我们都很好。我们东方公司的第五代新舰载机，还有半年的时间就要飞起来了。”

接着是金国强，他向爷爷汇报了他们自动化所研制的“问海 1 号”6000 米级自主遥控水下机器人和纳米机器人。他说：“爷爷，我们这两款机器人都是世界最先进的水平。”

金国盛、金兴旺说：“老祖宗，我们远在天边，不能经常来看你们，对不起了……”

接着，爷儿俩向先人汇报了他们公司的成绩。

作为钢山钢铁集团子公司的攀枝花钢铁公司，2018 年以来，克服市场波动的影响，连续实现高水平盈利；2021 年实现经营利润 70.53 亿元，创历史最好水平；2022 年 1—8 月在钢铁行业大面积亏损的严峻形势下实现经营利润 14.26 亿元。为鞍钢在这一年实现利润 81 亿元，做出了自己的贡献。

金家的子孙们向列祖列宗献上了鲜花，然后，洒泪离开了墓园。

50 分钟后，大客车开进了辽中区冷子堡。

这里是辽河流经沈阳的第一河段。

早春的大辽河，看上去那么浑厚、那么雄劲，在青草与鲜花的野香中，在北归大雁的声声叫喊中，在宽阔的大平原上且奔腾且咆哮。

金国栋忽然想起 1931 年 9 月 19 日早在金家小学堂的那一幕，爷爷金昆仑向他们提问关于辽宁的概念。记得当时是他先答的，弟弟金国梁后回答的。

他想现在问一遍自己的孙子，辽宁是什么。

于是，老人家微笑着问道："安铭，你给爷爷简单说说辽宁省这个名字的含义，好吗？"

金安铭说："好的，爷爷。辽宁，因为取辽河流域永远安宁之意而得其名。据我国最早的史书《尚书·禹贡》记载，在上古社会的时候就有我们辽宁。此后，在每个朝代，辽宁都有卓越表现，成为极为重要的塞外大省。新中国成立后，我们辽宁是工业的摇篮，为国家贡献'1000多个全国第一'，被誉为'共和国长子'。辽宁，是牺牲者与奉献者的典型，辽宁，是一部接一部的浩瀚的英雄史诗。"

金国栋说："好，比我当年答得好，当年你太高祖爷爷也这样考我。你的答案里有大时代的新内容。还有，我们辽宁还是一个红色高地，是'抗日战争起始地''解放战争转折地''新中国国歌素材地''抗美援朝出征地''共和国工业奠基地''雷锋精神发祥地'，一个爱国主义的圣地呀！"

金国盛说："几十年来，我们一直想着家乡，作为辽宁人，我一提起来，就感到特别亲切特别骄傲。"

兴旺说："是，我现在填各种登记表时，都要在原籍里填上'辽宁'两个字，我们工作在攀枝花，但我们是辽宁人。辽宁，是我一想起来就心动就心暖的故乡。"

不知为什么，说到这里，人们的眼睛都湿漉漉的。

掠过河面的春风，吹拂着一张张激情洋溢的面孔。

金安铭忽然问道："爷爷，您说这大辽河像什么？"

这句话让金国栋想起他的一系列英雄人物，那一组组英雄群雕——

韩乐然、刘少奇、杨靖宇、黄显声、唐聚五、邓铁梅、高鹏振、孙铭武、赵亚洲、张凤岐、孟泰、王崇伦、王铮安、赵奎元，还有爷爷金昆仑、二姑太、大伯金振一、父亲金振世、母亲缪秀芳、三叔金振之、四叔金振雄、姑姑金冰玉、姑父张铁石、二弟金国梁、三弟金国强、妹妹金毅……

许久，金国栋这才缓缓给出答案——

“孩子们，这不是辽河，这是千百年来流不尽的英雄热血！”

满载着热烈的涛声，大辽河一路奔向辽阔的海洋……